नक्सल मुक्त भारत

तुहिन ए. सिन्हा एक लेखक और राजनेता हैं। वर्तमान में वे भारतीय जनता पार्टी (भाजपा) के राष्ट्रीय प्रवक्ता हैं और अपनी सूक्ष्म अभिव्यक्ति, संतुलित आक्रामकता तथा गरिमापूर्ण तर्क शैली के लिए जाने जाते हैं।

राजनीति में सक्रिय होने से पूर्व तुहिन भारत के प्रमुख लेखकों में शामिल रहे हैं, जिन्हें विविध और अपरंपरागत विषयों पर लिखने के लिए जाना जाता है। उनकी हाल की पुस्तकों में भारत के अनसुने आदिवासी स्वतंत्रता सेनानियों पर आधारित त्रयी—*द लीजेंड ऑफ बिरसा मुंडा*, *द ग्रेट ट्राइबल वॉरियर्स ऑफ भारत* और *सिद्धू कान्हू*—विशेष रूप से उल्लेखनीय है। उनकी पुस्तक *मोदीज़ नॉर्थईस्ट स्टोरी* तेईस निबंधों का संकलन है, जो प्रधानमंत्री नरेन्द्र मोदी के नेतृत्व में पूर्वोत्तर भारत में हुए परिवर्तन को रेखांकित करती है। तुहिन की हालिया पुस्तक *क्लाइमेट एक्शन इंडिया* भारत के नेट-ज़ीरो कार्बन उत्सर्जन लक्ष्य की दिशा में उठाए गए कदमों को प्रस्तुत करती है।

अब तक तुहिन चौदह पुस्तकों के लेखक हैं और विभिन्न मीडिया मंचों पर 400 से अधिक लेख लिख चुके हैं। टीवी चर्चाओं और लेखों के माध्यम से वे समसामयिक राजनीतिक मुद्दों पर सक्रिय और प्रभावी हस्तक्षेप करते रहते हैं।

इलाहाबाद विश्वविद्यालय से दर्शनशास्त्र में पीएचडी प्राप्त **डॉ. आलोक कुमार द्विवेदी** वर्तमान में असिस्टेंट प्रोफेसर के रूप में कार्य कर रहे हैं। एक युवा और संवेदनशील चिंतक के रूप में उनका मुख्य लक्ष्य शिक्षा के माध्यम से समाज में नैतिक मूल्य-व्यवस्था का निर्माण करना है। वे दर्शन को सैद्धांतिक ज्ञान के बजाय जीवन जीने की कला मानते हैं और इसी दृष्टि से भारतीय ज्ञान परंपरा (आईकेएस) के प्रसार में सक्रिय हैं। उन्होंने विभिन्न संस्थानों में 'भारतीय ज्ञान परंपरा केंद्र' स्थापित कर युवाओं को रामायण, महाभारत और गीता जैसे कालजयी ग्रंथों से जोड़ने का सार्थक प्रयास किया है। नीतिशास्त्र, प्रशासनिक नैतिकता और 'रामत्व' की अवधारणा में विशेष रुचि रखने वाले डॉ. द्विवेदी ने देश-विदेश के अनेक मंचों पर अपनी विद्वत्ता प्रस्तुत की है। उनके सत्तर से अधिक शोधपत्र और समसामयिक लेख प्रतिष्ठित समाचार पत्रों व अंतरराष्ट्रीय सम्मेलनों में प्रकाशित हो चुके हैं।

नक्सल मुक्त भारत

तुहिन ए. सिन्हा

डॉ. आलोक कुमार द्विवेदी

MANJUL

मंजुल पब्लिशिंग हाउस

MANJUL

मंजुल पब्लिशिंग हाउस

कॉरपोरेट एवं संपादकीय कार्यालय

• द्वितीय तल, उषा प्रीत कॉम्प्लेक्स, 42 मालवीय नगर, भोपाल-462 003

विक्रय एवं विपणन कार्यालय

• सी-16, सेक्टर 3, नोएडा, उत्तर प्रदेश, 201301

वेबसाइट : www.manjulindia.com

वितरण केन्द्र

अहमदाबाद, बेंगलुरू, कोच्चि, कोलकाता, चेन्नई,
हैदराबाद, मुम्बई, नई दिल्ली, पुणे

यह संस्करण मंजुल पब्लिशिंग हाउस प्रा. लि. द्वारा 2026 में प्रकाशित

यह संस्करण 2026 में पहली बार प्रकाशित

ISBN 978-93-7317-043-5

Cover Design: Gavin Morris

टाइपसेटिंग : डीजीअल्ट्राबुक्स प्रा. लि., नई दिल्ली

मुद्रण व जिल्दसाज़ी : रेप्रो इंडिया लिमिटेड

पुस्तक की प्रशंसा में

"नक्सल आतंक के साये से गढ़चिरौली की मुक्ति महाराष्ट्र के लिए एक परिवर्तनकारी अध्याय का प्रतीक है। जो क्षेत्र कभी भय और ठहरे हुए विकास से जकड़ा हुआ था, वह अब अभूतपूर्व शांति, बुनियादी ढांचे के विकास और जनजातीय सशक्तिकरण का साक्षी बन रहा है और भारत का स्टील सिटी बनने की दिशा में अग्रसर है। यह ऐतिहासिक उपलब्धि प्रधानमंत्री नरेन्द्र मोदी और केंद्रीय गृह मंत्री अमित शाह के दृढ़ नेतृत्व का परिणाम है, जिनकी रणनीतिक दृष्टि ने हमारे लोगों में आशा और समृद्धि का संचार किया है। तुहिन सिन्हा और डॉ.आलोक कुमार द्विवेदी की यह पुस्तक इस विजयगाथा को प्रभावशाली ढंग से प्रस्तुत करती है।" — **देवेंद्र फडणवीस, मुख्यमंत्री, महाराष्ट्र**

"नक्सल-मुक्त मध्य प्रदेश, विशेषकर संवेदनशील बालाघाट क्षेत्र और जनजातीय इलाकों में, विकास और समावेशी प्रगति की अपार संभावनाओं को खोल रहा है। विद्यालय, सड़कें और आजीविका के अवसर अब उन क्षेत्रों तक पहुँच रहे हैं, जो लंबे समय तक हिंसा के कारण विकास से वंचित रहे। यह उल्लेखनीय परिवर्तन प्रधानमंत्री नरेन्द्र मोदी और गृह मंत्री अमित शाह की अटूट प्रतिबद्धता और निर्णायक कार्यवाही का प्रतीक है। भाजपा के राष्ट्रीय प्रवक्ता तुहिन ए. सिन्हा और डॉ.आलोक कुमार द्विवेदी का यह सूक्ष्म विवरण इस ऐतिहासिक सफलता को उजागर करने के लिए व्यापक पाठकवर्ग का अधिकारी है।" — **डॉ. मोहन यादव, मुख्यमंत्री, मध्य प्रदेश**

"बस्तर से नक्सलवाद के उन्मूलन ने छत्तीसगढ़ के जनजातीय हृदय क्षेत्र में एक नए सवेरे का आगमन किया है, जहाँ भय का स्थान अब आशा और विश्वास ने ले लिया और अलगाव के स्थान पर अब यह क्षेत्र शिक्षा, स्वास्थ्य, संपर्कता और आर्थिक अवसरों को अपनाते हुए आगे बढ़ रहा है, जो लंबे समय तक आतंक के कारण दबे हुए थे। यह महान विजय प्रधानमंत्री नरेन्द्र मोदी और गृह मंत्री अमित शाह के साहसिक नेतृत्व तथा निरंतर प्रयासों का

परिणाम है। तुहिन सिन्हा और डॉ.आलोक कुमार द्विवेदी की यह पुस्तक इस असाधारण यात्रा का एक प्रामाणिक और प्रेरणादायक विवरण प्रस्तुत करती है, जो स्थायी शांति की ओर अग्रसर है।" — **विष्णु देव साय, मुख्यमंत्री, छत्तीसगढ़**

"नक्सलबाड़ी के विद्रोह से लेकर रेड कॉरिडोर के पतन तक, *नक्सल मुक्त भारत* यह दर्शाती है कि भारत ने अपने सबसे लंबे आंतरिक संघर्ष का अंत कैसे किया। तुहिन ए. सिन्हा का तर्क है कि नरेन्द्र मोदी और अमित शाह के नेतृत्व में रणनीतिक स्पष्टता, सशक्त कार्रवाई और कल्याणकारी पहुँच ने माओवादी हिंसा को समाप्त किया, राज्य की सत्ता को पुनर्स्थापित किया और उपेक्षित क्षेत्रों को राष्ट्रीय मुख्यधारा में जोड़ा।" — **राहुल शिवशंकर, संपादकीय कार्य निदेशक,** *CNN News18*

"मैंने बस्तर, अबूझमाड़ और गढ़चिरौली के जंगलों में माओवादी और नक्सली क्रूरता को लंबे समय तक देखा है। मेरी फिल्म *बस्तर : द नक्सल स्टोरी* भारतीय सिनेमा में 'जल-जंगल-ज़मीन' के नाम पर उनके संघर्ष के पीछे की क्रूर सच्चाई को पहली बार दर्शाती है। अकल्पनीय बर्बरता ने गरीब ग्रामीणों, स्थानीय जनजातियों और सुरक्षा बलों पर गहरा आघात पहुँचाया और हमारे देश की सबसे पुरानी सामाजिक-आर्थिक संरचनाओं में से एक को लगभग नष्ट कर दिया। आज, जब भारत नक्सल और माओवादी मुक्त होने के कगार पर है, मैं इस दिन को साकार करने के लिए प्रधानमंत्री नरेन्द्र मोदी और गृह मंत्री अमित शाह का जितना आभार व्यक्त करूँ, वह कम है। तुहिन सिन्हा और डॉ.आलोक कुमार द्विवेदी की पुस्तक *नक्सल मुक्त भारत* इस बात का अच्छा विवरण प्रस्तुत करती है कि यह विजय कैसे हासिल की गई।"

— **सुदीप्तो सेन, राष्ट्रीय पुरस्कार प्राप्त फिल्म निर्माता**

"तुहिन ए. सिन्हा और डॉ.आलोक कुमार द्विवेदी की नक्सल मुक्त भारत प्रेरणादायक कहानी बताती है कि कैसे माओवादी आतंक का संकट, जो कभी मध्य भारत के हृदय में नब्बे जिलों को प्रभावित कर रहा था, 2014 से 2026 के बीच धैर्यपूर्वक समाप्त कर दिया गया। जैसा कि मलेशिया (1948–60) में गृह युद्ध के उदाहरण से पता चला, विद्रोह का मुकाबला करने की कुंजी सैन्य

प्रतिक्रिया के साथ-साथ आर्थिक अवसरों को प्रोत्साहन देना है। चीन में 1979 के बाद माओवाद को त्याग दिया गया क्योंकि यह आर्थिक रूप से विनाशकारी साबित हुआ, लेकिन यह नेपाल की सीमा से लेकर बिहार, झारखंड, ओडिशा, आंध्र, छत्तीसगढ़ के जंगलों से होते हुए महाराष्ट्र के गढ़चिरौली तक फैले क्षेत्र में भारतीय कम्युनिस्ट पार्टी (माओवादी) नक्सलियों को प्रेरित करता रहा। आतंक ने आर्थिक विकास को सुखा दिया था। 'मोदी सरकार की प्रतिक्रिया ने नल से पेयजल, स्वच्छता, खाना पकाने की गैस का कनेक्शन, बैंक खाते, प्राथमिक स्वास्थ्य सेवा, स्कूल (आदिवासी बच्चों के लिए एकलव्य आवासीय विद्यालयों सहित) और कौशल विकास उपलब्ध कराया, जिसने पूर्व नक्सलियों को मुख्यधारा में वापस आकर्षित किया। जैसे-जैसे शांति लौट रही है, क्षेत्र के खनिजों, वनों और नदियों की संपदा इस्पात और एल्यूमीनियम विनिर्माण, खाद्य प्रसंस्करण, दुर्लभ मृदा प्रसंस्करण और मूल्यवर्धित कृषि में निवेश ला रही है, जो लाखों बेहतर वेतन वाली नौकरियाँ पैदा करेगी, जिससे आतंक से प्रभावित क्षेत्र आर्थिक सक्रियता का केंद्र बन रहा है। यूपीए की निराशा (और 'मूल कारणों' की व्यर्थ बयानबाजी) से लेकर मोदी-युग की विद्रोह-निरोधक रणनीति तक आर्थिक आशा के साथ यह एक प्रभावशाली कथा है, जिसे द *लीजेंड ऑफ बिरसा मुंडा* के लेखक तुहिन सिन्हा ने शानदार ढंग से प्रस्तुत किया है। यह एक ऐसी पुस्तक है जिसे प्रत्येक भारतीय को पढ़ने की आवश्यकता है!" —**प्रसेनजित के. बसु,** लेखक, पूर्व में क्रेडिट सुइस में दक्षिण-पूर्व एशिया और भारत के लिए मुख्य अर्थशास्त्री तथा दाइवा सिक्योरिटीज़ में मुख्य एशिया अर्थशास्त्री

समर्पण

इस पुस्तक को उन 25,000 आदिवासी नागरिकों और उनके परिवारों को समर्पित किया गया है, जो माओवादी हिंसा से प्रभावित हुए और अपने साहस, धैर्य और दृढ़ निश्चय से समाज और विकास के मार्ग को बनाए रखा।

उनका संघर्ष हमें याद दिलाता है कि न्याय, सुरक्षा और समुदाय की रक्षा के लिए सरकार और नागरिकों का सहयोग कितना महत्त्वपूर्ण है।

अनुक्रम

भाग 3

भाग 4

सत्यमेव जयते

डॉ. मुरली मनोहर जोशी
पूर्व राष्ट्रीय अध्यक्ष, भारतीय जनता पार्टी
पद्म विभूषण से सम्मानित

प्रस्तावना

स्वतंत्र भारत ने अपनी लंबी और घटनापूर्ण यात्रा में अनेक चुनौतियों का सामना किया है, किंतु बहुत कम ऐसी रही हैं जिन्होंने राज्य की सत्ता, लोकतंत्र के धैर्य और समाज की अंतरात्मा को माओवादी हिंसा की तरह निरंतर परखा हो। पाँच दशकों से अधिक समय तक इस सशस्त्र विद्रोह की विचारधारा ने विशेष रूप से हमारे आदिवासी समुदायों पर गहरा मानवीय कष्ट पहुँचाया, जबकि यह स्वयं को क्रांति के नारों के माध्यम से नैतिक आवरण देने का प्रयास करती रही। नक्सलबाड़ी में एक स्थानीय विद्रोह के रूप में प्रारंभ हुई यह घटना धीरे-धीरे विकसित होकर गणराज्य के सामने उपस्थित सबसे गंभीर आंतरिक सुरक्षा खतरों में से एक बन गई।

नक्सल मुक्त भारत में तुहिन सिन्हा और डॉ. आलोक कुमार द्विवेदी इस महत्त्वपूर्ण कार्य का निर्वहन करते हैं कि उन्होंने इसका विस्तार के साथ शोधपूर्ण तरीके से वर्णन किया है कि इस लंबे और रक्तरंजित अध्याय का अंततः अंत कैसे हुआ? यह पुस्तक केवल सुरक्षा अभियानों का विवरण मात्र नहीं है; बल्कि यह इस बात का विश्लेषण है कि किस प्रकार दीर्घकालीन नीतिगत शिथिलता, रणनीतिक अस्पष्टता और वैचारिक उदारता ने हिंसक उग्रवाद को दशकों तक जड़ें जमाने की अनुमति दी। उतना ही महत्त्वपूर्ण है इसका उस बौद्धिक और राजनीतिक पारिस्थितिकी तंत्र का पर्दाफाश करना, जिसने निर्दोष नागरिकों पर प्रतिदिन होने वाले आतंक के प्रति उदासीन रहते हुए भी उग्रवादी क्रूरता को सामान्य बना दिया।

यह कृति भारत के माओवादी उग्रवाद के प्रति दृष्टिकोण में एक निर्णायक मोड़ की सही पहचान करती है। प्रधानमंत्री नरेन्द्र मोदी और गृहमंत्री अमित शाह के नेतृत्व में भारतीय राज्य ने अपने उद्देश्य की स्पष्टता पुनः प्राप्त की। एक व्यापक नीति, जिसमें कठोर सुरक्षा कार्रवाई के साथ गहन विकासात्मक पहल का समन्वय था, ने हिचकिचाहट और भ्रम का स्थान लिया। इसके परिणाम स्वयं स्पष्ट हैं—हिंसा में उल्लेखनीय कमी, प्रभावित क्षेत्रों का सिमटना, बड़े पैमाने पर आत्मसमर्पण और लंबे समय से उपेक्षित जनजातीय क्षेत्रों का राष्ट्रीय मुख्यधारा में पुनः एकीकरण।

यह पुस्तक हमें स्मरण कराती है कि माओवाद की पराजय केवल एक सामरिक या प्रशासनिक सफलता मात्र नहीं है। यह भारत के सभ्यतागत मूल्यों की पुनः पुष्टि है, जो राजनीतिक परिवर्तन के साधन के रूप में हिंसा को अस्वीकार करते हैं और सभी नागरिकों के लिए विकास, गरिमा और लोकतंत्र को सुदृढ़ करते हैं। व्यापक क्षेत्रों को शांति और समावेशी विकास के लिए खोलते हुए, वामपंथी उग्रवाद का उन्मूलन 'विकसित भारत' की व्यापक राष्ट्रीय आकांक्षा को आगे बढ़ाता है।

नक्सल मुक्त भारत नीति-निर्माताओं, विद्वानों, आंतरिक सुरक्षा के विद्यार्थियों तथा भारतीय राज्य की अखंडता के प्रति चिंतित सभी पाठकों के लिए अत्यंत उपयोगी सिद्ध होगी। यह दर्शाती है कि किस प्रकार रणनीतिक स्पष्टता और नैतिक दृढ़ता से निर्देशित लोकतांत्रिक संकल्प, उग्रवादी हिंसा के सबसे गहरे जड़ जमाए रूपों को भी पराजित कर सकता है। इस प्रकार, यह स्वतंत्र भारत के सबसे अंधकारमय अध्यायों में से एक का समापन करते हुए ऐसे महत्त्वपूर्ण सबक प्रस्तुत करती है, जिन्हें कभी भुलाया नहीं जाना चाहिए।

Dr. Murli Manohar Joshi
Former Union Minister, GOI

New Delhi
25th February, 2026

भाग 1

अध्याय एक

आतंकवाद के विरुद्ध भारत की 'जीरो टॉलरेंस' प्रतिबद्धता

"अच्छे आतंकवाद और बुरे आतंकवाद में कोई अंतर नहीं हो सकता"
—प्रधानमंत्री नरेन्द्र मोदी, ब्रिक्स शिखर सम्मेलन, गोवा, 2016

एक निर्णायक मोड़ पर भारत : 2014 का राष्ट्रीय सुरक्षा परिदृश्य

जून 2014 में नरेन्द्र मोदी ने भारत के 15वें प्रधानमंत्री के रूप में शपथ ली। उस समय भारत की सुरक्षा-स्थिति अत्यंत जटिल अवस्था में थी। यह स्थिति कोई तुरंत उपजी हुई नहीं थी, अपितु भारत के अपने रणनीतिक अनिश्चितता और भू-राजनीतिक संवेदनशीलता के लंबे इतिहास का परिणाम थी। प्रधानमंत्री मोदी के सामने जहाँ एक तरफ भारत को विकास के पथ पर तीव्र गति से आगे बढ़ाने, आर्थिक रूप से विकसित करने और वैश्विक शक्ति के रूप में स्थापित करने का अवसर था तो वहीं दूसरी तरफ उन्हें भारत की आंतरिक सुरक्षा को मजबूत करना था। एक विकासशील राष्ट्र के लिए यह निश्चित ही एक गंभीर चुनौती थी।

जब प्रधानमंत्री नरेन्द्र मोदी ने देश की बागडोर सँभाली, तब भारत भीतर और बाहर दोनों ही मोर्चों पर गंभीर सुरक्षा चुनौतियों से घिरा हुआ था। सीमा के उस पार पाकिस्तान की सैन्य-खुफिया एजेंसी द्वारा पोषित आतंकवाद भारतीय शहरों, सैन्य ठिकानों और आम नागरिकों को बार-बार निशाना बना रहा था और लंबे समय तक इसका कोई निर्णायक हल नहीं दिखाई दे रहा था।

इसी के समानांतर, देश के भीतर भी एक अलग तरह की आग सुलग रही थी। कई राज्यों के जंगलों और पहाड़ी इलाकों में वामपंथी उग्रवाद हिंसक रूप ले चुका था। इसके मूल में वर्षों पुरानी वह पीड़ा थी जो खनिज, वन और जल संसाधनों से भरपूर क्षेत्रों में रहने वाले आदिवासी समाज ने झेली थी। शोषण, उपेक्षा और विकास से लगातार बाहर रखे जाने की पीड़ा उन्हें उपेक्षित महसूस करा रही थी। प्रधानमंत्री मोदी को सत्ता में आने पर एक ऐसा भारत विरासत में मिला, जहाँ एक ओर विभाजन-पश्चात इतिहास की सबसे गंभीर आंतरिक और और बाहरी सुरक्षा आधारित चुनौती थीं तो वहीं दूसरी ओर उसी के समानांतर आर्थिक विकास और राष्ट्रीय पुनर्निर्माण की अभूतपूर्व संभावनाएँ भी उपस्थित

थीं। पिछले एक दशक में घटित आतंकी हमलों की कड़ी ने भारत की राष्ट्रीय सुरक्षा व्यवस्था की कई गहरी कमजोरियों को उजागर कर दिया था। यह साफ दिखने लगा था कि सीमा के उस पार पाकिस्तान जिहादी संगठनों को अपनी विदेश नीति के औज़ार की तरह इस्तेमाल कर रहा है, जबकि भारत अब भी रणनीतिक संयम की राह पर चलता हुआ हर चोट को सहने की मुद्रा में खड़ा था।

इस का सबसे भयावह प्रकटीकरण 2008 के मुंबई आतंकवादी हमलों में हुआ। यह हमला केवल निर्दोष नागरिकों पर नहीं था, बल्कि भारत की आंतरिक सुरक्षा, निर्णय-क्षमता और उसकी शक्ति पर सीधा आघात था। 9/11 के बाद इसे दुनिया के सबसे सुनियोजित और संगठित आतंकी अभियानों में गिना गया, जहाँ समुद्र के रास्ते, तकनीक और आतंकी सोच, तीनों का एक साथ प्रयोग किया गया।

नई दिल्ली के नीति-निर्माताओं के भीतर उस समय एक गहरी बेचैनी थी। उनका मानना था कि भारत ने अंतरराष्ट्रीय मंचों पर वित्तीय लेन-देन के सबूत, आतंकियों की गवाहियाँ जैसे ठोस प्रमाण प्रस्तुत करने में कोई कमी नहीं छोड़ी, फिर भी देश की प्रतिक्रिया अंततः काग़ज़ों और बयानों तक सिमटकर रह गई। प्रतिकार ज़मीन पर नहीं, फ़ाइलों और कूटनीतिक भाषा में दिखाई दिया—और यही संकोच धीरे-धीरे भारत की सुरक्षा सोच पर एक बड़ा प्रश्नचिह्न बन गया।

भारतीय सीमाओं के भीतर भी हालात कम गंभीर नहीं थे। नक्सली विद्रोह हर साल सैकड़ों बेगुनाह सुरक्षा बलों, ग्रामीणों और उन्हीं इलाकों के युवाओं की जान ले रहा था, जिन्हें शासन सत्ता के प्रयास से बचाया जा सकता था। 2010 में तत्कालीन प्रधानमंत्री डॉ. मनमोहन सिंह ने नक्सलवाद को "भारत की सबसे बड़ी आंतरिक सुरक्षा की चुनौती" कहा था। यह स्वीकारोक्ति अपने आप में यह स्पष्ट करता था कि संकट कितना गहरा था। सरकार एक निराशाजनक गतिरोध में फँस गई थी जो कठोर पुलिस कार्रवाई और खोखले विकास आश्वासनों के बीच झूल रही थी। स्थानीय समुदायों के लिए, इसका अर्थ था कि न तो पुलिस पर उनका भरोसा बढ़ा और न ही उनके जीवन में कोई बदलाव आया। इस अनिर्णय ने राज्य को कमजोर कर दिया, जिससे माओवादी विद्रोहियों को अपनी स्थिति मजबूत करने और नए क्षेत्रों में विस्तार करने का अवसर मिल गया।

ऐसे समय में नरेन्द्र मोदी का सत्ता में आना मात्र एक सरकार का बदलना नहीं था। यह भारत की राष्ट्रीय सुरक्षा सोच में एक निर्णायक मोड़ का संकेत था। एक ऐसा मोड़, जहाँ वर्षों से चली आ रही अस्पष्टता धीरे-धीरे पीछे हटने लगी और राजनीतिक स्पष्टता और रणनीतिक दृढ़ता ने जगह लेना शुरू किया। यह बदलाव केवल शब्दों में नहीं, बल्कि इरादों और निर्णयों की भाषा में भी दिखाई देने लगा।

पाकिस्तान के प्रॉक्सी युद्ध की लंबी छाया

मोदी सिद्धांत को ठीक से समझने के लिए भारत के बाह्य सुरक्षा खतरों की उस लंबी ऐतिहासिक पृष्ठभूमि को देखना आवश्यक है, जिसकी जड़ें शीत युद्ध के अंतिम वर्षों तक फैली हुई हैं। 1980 के दशक से ही पाकिस्तान की इंटर-सर्विसेज़ इंटेलिजेंस (आईएसआई) ने अपने पश्चिमी सीमावर्ती इलाकों को भारत-विरोधी उग्रवाद की सुनियोजित प्रयोगशालाओं में बदलना शुरू कर दिया था। यह कोई तात्कालिक या प्रतिक्रियात्मक नीति नहीं थी, बल्कि एक दीर्घकालिक रणनीति थी, जिसे धैर्य और योजना के साथ आगे बढ़ाया गया।

लश्कर-ए-तैयबा, जैश-ए-मोहम्मद और हिज़्बुल मुजाहिदीन जैसे संगठन हाशिए पर खड़े बिखरे हुए गिरोह नहीं, रणनीतिक संपत्तियाँ थीं—ऐसी संपत्तियाँ जिन्हें सैन्य प्रशिक्षण दिया गया, वैचारिक रूप से तैयार किया गया, वित्तीय संरक्षण मिला और अंतरराष्ट्रीय मंचों पर अप्रत्यक्ष कूटनीतिक ढाल भी प्रदान की गई। इन संगठनों का उद्देश्य केवल हिंसा फैलाना नहीं, बल्कि भारत की आंतरिक स्थिरता और रणनीतिक धैर्य को धीरे-धीरे क्षीण करना था। जनरल ज़िया-उल-हक़ के शासनकाल में आकार लेने वाली और सोवियत संघ के विरुद्ध अफ़ग़ान जिहाद के दौरान परिष्कृत हुई आईएसआई की सोच का मूल मंत्र था : न्यूनतम लागत पर अधिकतम भू-राजनीतिक लाभ। इसके लिए अनियमित युद्ध (इर्रेगुलर वॉरफेयर) को सबसे प्रभावी औज़ार माना गया। 1990 के दशक में भारतीय खुफिया एजेंसियाँ लगातार चेतावनी देती रहीं कि पाकिस्तान आतंकवाद को अब एक अस्थायी रणनीति नहीं, बल्कि "अन्य साधनों से राज्य नीति" के रूप में संस्थागत कर चुका है।

दुर्भाग्यवश, इन चेतावनियों की पुष्टि शब्दों से नहीं, बल्कि लहू से हुई। 1999 का कारगिल संघर्ष, 2001 में भारतीय संसद पर हमला और 2008 के मुंबई

आतंकी हमले—ये सभी घटनाएँ एक ही सिलसिले की ऐसी कड़ियाँ थीं, जिनकी तीव्रता और दुस्साहस समय के साथ बढ़ता गया। इसके बावजूद अनेक डोज़ियर (संबंधित दस्तावेज़ों की विस्तृत व व्यवस्थित फाइल) सौंपे जाने, कूटनीतिक अभियानों और अंतरराष्ट्रीय मंचों पर पाकिस्तान की निंदा होने के बाद भी, उसे वास्तविक अर्थों में कोई भारी कीमत नहीं चुकानी पड़ी। अफ़ग़ानिस्तान पर केंद्रित वैश्विक रणनीति के चलते अंतरराष्ट्रीय समुदाय ने अक्सर पाकिस्तान के दोहरे चरित्र को नज़रअंदाज़ करना ही सुविधाजनक समझा। एक ओर इस्लामाबाद पर्दे के पीछे भारत-विरोधी आतंकवाद को सहारा देता रहा तो दूसरी ओर पश्चिमी देश उससे अल्पकालिक सामरिक सहयोग की उम्मीद लगाए बैठे रहे।

लगभग 20 वर्षों तक, भारत हमेशा रक्षात्मक मोर्चे पर रहा, अपने विकल्पों को खुला रखते हुए और मजबूती से प्रतिक्रिया देने में संकोच करता रहा। दुर्भाग्य से, इसने आतंकवादी संगठनों को प्रोत्साहित किया। सीमा-पार आतंकवाद का मुद्दा, जो कभी एक अस्थायी संकट था, एक निरंतर रणनीतिक चुनौती में बदल गया। इसी दीर्घकालिक कमजोरी की अवधि ने नरेन्द्र मोदी जी को भारत की सुरक्षा पर ध्यान केंद्रित करने वाले एक मजबूत वैश्विक नेता के रूप में सामने आने का मंच तैयार किया। पाकिस्तान और अंतरराष्ट्रीय आतंकवाद पर नरेन्द्र मोदी जी की मुखरता केवल राजनीतिक नहीं थी वरन इस दीर्घकालिक बोध की उपज थी कि भारत ने वर्षों तक पाकिस्तान की नापाक चालों को बहुत अधिक सहन किया था और अब समय आ गया है कि वह पर्याप्त शक्ति के साथ जवाब देना शुरू करे।

नरेन्द्र मोदी की प्रारंभिक विश्वदृष्टि : गुजरात के मुख्यमंत्री के रूप में गढ़ा गया अनुभव

2001 से 2014 तक गुजरात के मुख्यमंत्री के रूप में बिताए गए वर्ष नरेन्द्र मोदी के लिए केवल प्रशासनिक अनुभव नहीं थे—वे एक ऐसी प्रयोगशाला थे, जहाँ उनकी सुरक्षा-संबंधी सोच वास्तविकता से टकराकर आकार लेती गई। इन्हीं वर्षों में वे एक ऐसे नेता के रूप में उभरे, जिनके लिए राष्ट्रीय सुरक्षा कोई सैद्धांतिक बहस नहीं, बल्कि राज्य और नागरिकों के अस्तित्व से जुड़ा प्रश्न था—जिस पर समझौते की कोई गुंजाइश नहीं थी।

इस अवधि में गुजरात ने कई आतंकी साजिशों और हमलों का सामना किया, लेकिन 2002 में गांधीनगर स्थित अक्षरधाम मंदिर पर हुआ हमला राज्य की सामूहिक चेतना पर सबसे गहरी छाप छोड़ गया। 33 निर्दोष लोगों की हत्या केवल एक आतंकी घटना नहीं थी; यह उस विश्वास पर हमला था कि आस्था, शांति और सार्वजनिक जीवन सुरक्षित रह सकते हैं। जाँच में जब इसके तार पाकिस्तान-समर्थित आतंकी नेटवर्क से जुड़े, तब यह स्पष्ट हो गया कि गुजरात भी उस बड़े युद्धक्षेत्र का हिस्सा है, जिसे भारत जाने-अनजाने झेल रहा था।

इस संकट के क्षण में मोदी की प्रतिक्रिया ने उनकी भविष्य की राष्ट्रीय सुरक्षा दृष्टि की एक स्पष्ट झलक दी। सबसे पहले, उन्होंने प्रशासनिक तंत्र को गति दी—पुलिस, खुफिया एजेंसियों और अर्धसैनिक बलों के बीच ऐसा समन्वय स्थापित किया गया, जहाँ सूचना का प्रवाह बाधा नहीं, बल्कि हथियार बन गया। निर्णय तेज़ी से लिए गए और ज़मीन पर उतनी ही तेज़ी से लागू भी हुए। दूसरे, उन्होंने यह स्वीकार किया कि केवल साहस पर्याप्त नहीं होता, संरचना भी चाहिए। 2008 के मुंबई हमलों ने जिस तरह भारत के पश्चिमी तट की सुरक्षा कमजोरियों को उजागर किया था, उससे पहले ही गुजरात में आंतरिक सुरक्षा ढाँचे को मजबूत करने की दिशा में ठोस निवेश शुरू हो चुका था। फ़ॉरेंसिक क्षमताओं का विस्तार, साइबर निगरानी तंत्र का विकास और तटीय सतर्कता—ये सब केवल तकनीकी सुधार नहीं थे, बल्कि आने वाले खतरों के प्रति एक पूर्व-तैयारी थी।

तीसरा और शायद सबसे निर्णायक तत्त्व था—मोदी का सार्वजनिक विमर्श। उन्होंने स्पष्ट शब्दों में यह स्थापित किया कि आतंकवाद कोई सामान्य कानून-व्यवस्था की समस्या नहीं है, जिसे रूटीन पुलिसिंग से निपटाया जा सके। यह युद्ध का एक रूप है—असमान, छद्म और वैचारिक—और इसके लिए राजनीतिक संकल्प का उतना ही कठोर होना आवश्यक है, जितना सैन्य जवाब।

अन्य मुख्यमंत्रियों ने आतंकवाद को एक छिटपुट अपराध की समस्या माना, लेकिन मोदी जानते थे कि यह इससे कहीं अधिक गहरा था। उन्होंने इसे एक मौलिक और वैचारिक खतरे के रूप में देखा, जो यदि जल्दी से निपटाया न जाए तो पूरे राज्य को भीतर से कमजोर कर सकता था। इसी समझ ने उनके

नेतृत्व में गुजरात को अपनी आतंक-रोधी क्षमताओं को इतनी जल्दी मजबूत करने के लिए प्रेरित किया कि वह अपनी दक्षता के लिए देश भर में जाना जाने लगा। यह सब तब हुआ जब अन्य राज्य अभी भी इस बात को समझने का प्रयास कर रहे थे कि आंतरिक सुरक्षा को प्रभावी कैसे बनाया जाए।

इन अनुभवों ने मोदी के मन में एक गहरा विश्वास पक्का कर दिया कि आतंकवाद की सबसे बड़ी ताक़त उसका हथियार नहीं, बल्कि उसके सामने खड़ी व्यवस्था की अस्पष्टता होती है। साथ ही, जहाँ स्पष्टता होती है—नीति में, निर्णय में और संकल्प में—वहीं आतंकवाद अपनी ज़मीन खोने लगता है।

उनके द्वारा बार-बार दोहराया गया कथन, "आतंकवाद की न कोई जाति होती है, न कोई मज़हब, न कोई राष्ट्रीयता" महज़ एक राजनीतिक नारा नहीं था, बल्कि वर्षों के प्रशासनिक अनुभवों से उपजा एक नेतृत्व का निष्कर्ष था। आगे चलकर भारत की राष्ट्रीय सुरक्षा नीति इसी विश्वास से प्रेरित होकर ऐसे रूप में ढली, जिसको पहले कभी नहीं देखा गया था।

वैश्विक मंच पर भारत : मोदी ने ताकतवर भारत की बात दुनिया तक पहुँचाई

जब नरेन्द्र मोदी प्रधानमंत्री बने तो उन्होंने केवल भारत की विदेश नीति को नहीं बदला; उन्होंने वैश्विक आतंकवाद-विरोधी विमर्श की एक बड़ी खामी को भी सीधे चुनौती दी। उन्हें साफ दिख रहा था कि दशकों की बहसों, सम्मेलनों और प्रस्तावों के बावजूद दुनिया अब भी आतंकवाद के प्रश्न पर एक बुनियादी सहमति तक नहीं पहुँच पाई है। न तो आतंकवाद की कोई सर्वमान्य परिभाषा बनी थी और न ही उसके विरुद्ध कोई ऐसी रणनीति विकसित हो सकी थी, जिसे ईमानदारी और समानता के साथ लागू किया जा सके।

अंतरराष्ट्रीय समुदाय अब भी "अच्छे" और "बुरे" आतंकवाद के बीच कृत्रिम रेखाएँ खींचे हुए था—कहीं उसे क्षेत्रीय कह दिया जाता, कहीं धार्मिक, कहीं वैचारिक या राजनीतिक। इस धुंधली परिभाषा का सबसे बड़ा लाभ उन राष्ट्रों को मिला, जिन्होंने आतंक को खुले युद्ध के बजाय एक रणनीतिक औज़ार के रूप में अपनाया। यह चयनात्मक नैतिकता मोदी की दृष्टि में केवल कूटनीतिक कमजोरी नहीं थी, बल्कि वैश्विक सुरक्षा के लिए एक गंभीर खतरा थी।

प्रधानमंत्री मोदी ने इस विरोधाभास को अंतरराष्ट्रीय मंचों पर बार-बार और स्पष्ट शब्दों में उठाया। सितंबर 2014 में संयुक्त राष्ट्र महासभा से लेकर अन्य वैश्विक मंचों तक उन्होंने यह सवाल रखा कि जब आतंकवाद की प्रकृति वैश्विक है तो उसके प्रति दृष्टिकोण बँटा हुआ क्यों है? उन्होंने संयुक्त राष्ट्र से आग्रह किया कि वह अंतरराष्ट्रीय आतंकवाद पर समग्र समझौते — (कॉम्प्रिहेंसिव कन्वेंशन ऑन इंटरनेशनल टेररिज़्म (सीसीआईटी)) को तुरंत स्वीकार करे, जिसे भारत तीन दशकों से अधिक समय से आगे बढ़ाता आ रहा था।

यहाँ अंतर केवल शब्दों का नहीं था, बल्कि प्राथमिकता का था। जहाँ पूर्ववर्ती प्रधानमंत्रियों ने आतंकवाद का मुद्दा अक्सर अवसर के अनुसार उठाया, वहीं मोदी ने आतंकवाद-रोधी कूटनीति को भारत की विदेश नीति की धुरी बना दिया। यह विषय अब भाषणों का एक अनुच्छेद नहीं, बल्कि भारत की वैश्विक पहचान का केंद्रीय तत्त्व बन गया।

ब्रिक्स सम्मेलनों में मोदी लगातार यह कहते रहे कि यदि उभरती अर्थव्यवस्थाएँ सचमुच वैश्विक नेतृत्व का दावा करती हैं तो उन्हें आतंकवाद के वित्तपोषण और सुरक्षित ठिकानों के प्रश्न पर सामूहिक और निर्णायक कदम उठाने होंगे। 2016 में गोवा में आयोजित ब्रिक्स शिखर सम्मेलन में दिया गया उनका वक्तव्य विशेष रूप से उल्लेखनीय था—जब उन्होंने बिना नाम लिए कहा, "दुर्भाग्यवश, आतंकवाद की 'मदरशिप' भारत के पड़ोस में स्थित एक देश है।" बहुपक्षीय मंचों पर यह असाधारण स्पष्टता थी, जो वर्षों की कूटनीतिक झिझक को तोड़ती दिखाई दी।

इसी क्रम में 2017 के हैम्बर्ग जी20 शिखर सम्मेलन में मोदी ने आतंकवाद को "मानवता के लिए सबसे गंभीर खतरा" बताया और वैश्विक स्तर पर सूचना-साझाकरण तथा खुफिया सहयोग की अनिवार्यता पर बल दिया। उनका संदेश स्पष्ट था—आतंकवाद किसी एक देश की समस्या नहीं है और न ही इसे राजनीतिक सुविधा के अनुसार देखा जा सकता है।

इस निरंतर और सुसंगत प्रयास का परिणाम यह हुआ कि वैश्विक मीडिया और अंतरराष्ट्रीय विमर्श में आतंकवाद को देखने का दृष्टिकोण बदलने लगा। अब इसे केवल भारत-पाकिस्तान जैसे द्विपक्षीय विवाद के चश्मे से नहीं, बल्कि एक वैश्विक संकट के रूप में देखा जाने लगा—ऐसा संकट, जिसकी

जड़ें पाकिस्तान की राष्ट्रीय सुरक्षा संरचना के भीतर मौजूद उन संस्थागत व्यवस्थाओं में हैं, जो दशकों से आतंक को संरक्षण देती रही हैं। मोदी ने भारत की पीड़ा को शिकायत के स्वर में नहीं, बल्कि वैश्विक विवेक की चुनौती के रूप में प्रस्तुत किया और यहीं से भारत की आवाज़ केवल सुनी ही नहीं गई, बल्कि गंभीरता से ली जाने लगी।

एफ़एटीएफ़ का निर्णायक मोड़ : जब कूटनीति हथियार बनी और पाकिस्तान घिरता चला गया

आतंकवाद के विरुद्ध भारत की वैश्विक लड़ाई में यदि किसी एक कूटनीतिक उपलब्धि ने निर्णायक असर डाला तो वह फ़ाइनेंशियल एक्शन टास्क फ़ोर्स (एफ़एटीएफ़) के मंच पर हासिल की गई सफलता थी। यह कोई एक बैठक या एक भाषण का परिणाम नहीं था, बल्कि वर्षों तक चली एक शांत, सटीक और निरंतर कूटनीतिक घेराबंदी का निष्कर्ष था।

एफ़एटीएफ़ की स्थापना मूलतः मनी लॉन्ड्रिंग और आतंकवाद के वित्तपोषण पर नज़र रखने के लिए की गई थी, लेकिन लंबे समय तक यह मंच राजनीतिक हिचक और रणनीतिक अनदेखी का शिकार रहा। नरेन्द्र मोदी के नेतृत्व में भारत ने इस कमजोरी को अवसर में बदला। 2014 से 2017 के बीच नई दिल्ली ने यह तय कर लिया कि पाकिस्तान को केवल नैतिक उपदेशों से नहीं, बल्कि उसके वित्तीय तंत्र की नसों पर चोट करके जवाब दिया जाएगा।

यह अभियान भावनात्मक नहीं था—यह पूरी तरह तथ्य पर आधारित था। भारतीय कूटनीति ने पर्दे के पीछे एक-एक ईंट जोड़नी शुरू की। जमात-उद-दावा, जैश-ए-मोहम्मद और लश्कर-ए-तैयबा जैसे संगठनों से जुड़े व्यक्तियों और संस्थाओं के बैंकिंग रिकॉर्ड खँगाले गए। संदिग्ध लेन-देन के पैटर्न चिह्नित किए गए। यह दिखाया गया कि कैसे तथाकथित “चैरिटी नेटवर्क” आतंक के लिए धन जुटाने की मशीनरी बन चुके हैं। साथ ही, भारत ने खुफिया सूचनाओं के साझा उपयोग के माध्यम से पश्चिमी देशों और खाड़ी राष्ट्रों के साथ भरोसे की साझेदारी की। एफ़एटीएफ़ के मानकों को लागू करने में पाकिस्तान की विफलताओं पर विस्तृत राजनयिक ब्रीफ़िंग दी गई। एशिया-पैसिफ़िक ग्रुप (एपीजी) के देशों से लगातार संवाद बनाए रखा गया, ताकि कोई भी देश यह

न कह सके कि उसे जानकारी नहीं थी। यह एक लंबा, धैर्यपूर्ण और तकनीकी संघर्ष था—जहाँ हर दस्तावेज़, हर आँकड़े और हर संवाद अपना अलग ही महत्त्व रखते थे।

फ़रवरी 2018 वह क्षण लेकर आया, जिसकी तैयारी वर्षों से की जा रही थी। अमेरिका, ब्रिटेन, फ्रांस और जर्मनी के समर्थन के साथ एफ़एटीएफ़ ने पाकिस्तान को आतंकवाद के वित्तपोषण से निपटने में "रणनीतिक कमियों" के आधार पर ग्रे लिस्ट में डाल दिया। यह कोई सामान्य प्रशासनिक फैसला नहीं था—यह पाकिस्तान की उस व्यवस्था पर सीधा प्रहार था, जिसने दशकों तक आतंक को छाया में पालने की कला सीख ली थी। एफ़एटीएफ़ की बैठकों के दौरान, भारत ने केवल दावे करने के बजाय अपना पक्ष रखा। उसने ठोस प्रमाणों के साथ केस फ़ाइलें प्रस्तुत कीं, जिनमें जाँच रिपोर्ट, बैंकिंग लेन-देन और टैप किए गए फोन कॉल जैसे ठोस प्रमाण शामिल थे। अब केवल एक-दूसरे पर आरोप लगाने की बात नहीं थी; अब ठोस सबूत पेश किया गया था।

ग्रे लिस्ट का असर भी तुरंत ही दिखाई देने लगा। पाकिस्तान की अंतरराष्ट्रीय पूँजी बाज़ारों तक पहुँच सीमित हो गई। उसके वित्तीय संस्थानों पर निगरानी बढ़ गई। उसे जल्दबाज़ी में दिखावटी क़दम उठाने पड़े। लगभग तीन दशकों में पहली बार पाकिस्तान को न केवल राजनीतिक, बल्कि वित्तीय स्तर पर भी साँस लेने के लिए बाहरी सहायता की ज़रूरत महसूस हुई। इससे उसके लिए उग्रवादी संगठनों को पहले की तरह गुप्त रूप से धन उपलब्ध कराना कठिन होता चला गया। एक वरिष्ठ यूरोपीय राजनयिक के अनुसार "भारत की निरंतर और दृढ़ संलग्नता ने उस सच्चाई को उजागर कर दिया, जिस पर हमें लंबे समय से शक था, लेकिन जिसका सामना करने का साहस हम नहीं जुटा पा रहे थे।"

यही 'मोदी सिद्धांत' का व्यावहारिक रूप था। न तो जल्दबाज़ी, न शोर, बल्कि नैतिक स्पष्टता, रणनीतिक धैर्य और सही समय पर किया गया निर्णायक प्रहार। इसने न केवल पाकिस्तान को घेरा, बल्कि वैश्विक विमर्श की दिशा ही बदल दी—जहाँ आतंकवाद अब एक 'राजनीतिक जटिलता' नहीं, बल्कि एक वित्तीय अपराध के रूप में भी देखा जाने लगा, जिसकी कीमत चुकानी ही पड़ती है।

भारत की वैश्विक आतंकवाद-रोधी कूटनीति की पुनर्संरचना

नरेन्द्र मोदी के नेतृत्व में भारत केवल आतंकवाद का शिकार राष्ट्र भर नहीं रहा, बल्कि वह एक ऐसे वैश्विक अभिनेता के रूप में उभरा जिसने आतंकवाद-रोधी नीति की दिशा और भाषा—दोनों को बदलने का प्रयास किया। 2014 से 2019 के बीच भारत की विदेश नीति में एक स्पष्ट परिवर्तन दिखाई देता है—जहाँ पहले रक्षात्मक संयम था, वहाँ अब रणनीतिक आक्रामकता और नैतिक स्पष्टता ने स्थान ले लिया। इस दौर में भारत ने स्वयं को आतंकवाद के विरुद्ध न्याय की मुखर आवाज़ के रूप में स्थापित किया, न कि केवल अपनी पीड़ा दर्ज कराने वाले देश के रूप में।

मोदी का तर्क सीधा और असंदिग्ध था—यदि आतंकवाद किसी एक सीमा, धर्म या क्षेत्र में सीमित नहीं है तो उससे निपटने की ज़िम्मेदारी भी किसी एक राष्ट्र पर नहीं छोड़ी जा सकती। उन्होंने लगातार यह रेखांकित किया कि आतंकवादी नेटवर्क अंतरराष्ट्रीय ढाँचों में काम करते हैं; इसलिए यह कहना कि "यह समस्या हमें सीधे प्रभावित नहीं करती" वैश्विक सुरक्षा से पलायन के समान है। आतंकवाद को नज़रअंदाज़ करना, अंततः उसे अपने दरवाज़े तक आमंत्रित करने जैसा ही है।

इन वर्षों में वैश्विक घटनाक्रम स्वयं इस दृष्टिकोण की पुष्टि कर रहे थे। यूरोप आईएसआईएस के हमलों से जूझ रहा था; पश्चिम अफ्रीका में बोको हराम की बर्बरता जारी थी; सोमालिया में अल-शबाब हिंसा फैला रहा था; और अफ़ग़ानिस्तान में तालिबान एक बार फिर ताक़त बटोर रहा था। इन घटनाओं ने उस भ्रम को तोड़ दिया कि अंतरराष्ट्रीय आतंकवाद एक बीती हुई समस्या है या वह केवल उन्हीं देशों तक सीमित रहेगा जो प्रत्यक्ष रूप से उसे संरक्षण देते हैं।

इसी संदर्भ में आतंकवाद की एक सार्वभौमिक, गैर-समझौतावादी परिभाषा की आवश्यकता पर ज़ोर बढ़ता गया। मोदी का आग्रह था कि जब तक दुनिया आतंकवाद को नैतिक सापेक्षताओं और राजनीतिक सुविधा के चश्मे से देखती रहेगी, तब तक उससे निपटने की कोई प्रभावी रणनीति संभव नहीं है। इस सार्वभौमिक परिभाषा की माँग ने वैश्विक आतंकवाद-रोधी सोच के लिए एक नई बौद्धिक नींव तैयार की।

2014 से 2019 के बीच बहुपक्षीय मंचों पर भारत की स्थिति और प्रभाव में स्पष्ट वृद्धि दिखाई दी। शंघाई सहयोग संगठन (एससीओ) जैसे मंच पर—जहाँ रूस और चीन जैसे देश अक्सर पाकिस्तान के विरुद्ध प्रत्यक्ष रुख अपनाने से बचते रहे हैं—भारत ने लगातार यह माँग रखी कि आतंकवाद को समर्थन, प्रशिक्षण और संसाधन देने वाले देशों की स्पष्ट पहचान की जाए और उनकी निंदा हो। 2019 के बिश्केक शिखर सम्मेलन में प्रधानमंत्री मोदी का यह निर्णय प्रतीकात्मक ही नहीं, बल्कि नीतिगत भी था, जब उन्होंने पाकिस्तान के प्रधानमंत्री के साथ द्विपक्षीय वार्ता से साफ़ इनकार करते हुए कहा कि जब तक आतंकवाद-मुक्त वातावरण नहीं बनता, तब तक संवाद का कोई अर्थ नहीं है।

जी20 जैसे आर्थिक मंचों पर भी मोदी ने इस विमर्श को नई दिशा दी। उन्होंने बार-बार यह रेखांकित किया कि आर्थिक विकास और राष्ट्रीय सुरक्षा एक-दूसरे से अलग नहीं किए जा सकते। 2017 के हैम्बर्ग शिखर सम्मेलन में "आतंकवाद के विरुद्ध समग्र वैश्विक प्रतिक्रिया" का उनका आह्वान केवल एक सैद्धांतिक वक्तव्य नहीं था। इसके केंद्र में आतंकवाद के वित्तीय नेटवर्क को तोड़ने की आवश्यकता थी—वह नेटवर्क, जिसके ज़रिए जैश-ए-मोहम्मद और लश्कर-ए-तैयबा जैसे संगठन 'धार्मिक' या 'परोपकारी' आवरण में धन जुटाते रहे हैं।

इस प्रकार, मोदी के नेतृत्व में भारत की वैश्विक आतंकवाद-रोधी कूटनीति की पुनर्संरचना केवल रणनीति का परिवर्तन नहीं थी, बल्कि दृष्टिकोण का परिवर्तन थी। भारत अब केवल यह नहीं कह रहा था कि "हम पीड़ित हैं", बल्कि यह कह रहा था कि "यदि दुनिया सुरक्षित चाहिए तो आतंकवाद पर कोई दोहरा मापदंड स्वीकार्य नहीं है।" यही वह बिंदु था, जहाँ भारत की आवाज़ शिकायत से आगे बढ़कर वैश्विक विवेक की अपील बन गई।

संयुक्त राष्ट्र महासभा : आतंकवाद पर भारत की निर्णायक आवाज़

संयुक्त राष्ट्र महासभा वह वैश्विक मंच रहा है, जहाँ भारत ने आतंकवाद के प्रश्न पर सबसे स्पष्ट, सुसंगत और नैतिक रूप से दृढ़ स्वर में अपनी बात रखी—और इस स्वर का केंद्र बिंदु रहा अंतरराष्ट्रीय आतंकवाद पर समग्र समझौता, यानी कॉम्प्रिहेंसिव कन्वेंशन ऑन इंटरनेशनल टेररिज़्म (सीसीआईटी); भारत ने इसका प्रारूप 1996 में ही प्रस्तुत कर दिया था,

लेकिन राजनीतिक असहजताओं, विशेषकर पश्चिम एशिया और कुछ पश्चिमी देशों की अनिच्छा के कारण यह प्रस्ताव दो दशकों से अधिक समय तक फ़ाइलों और समितियों में ही उलझा रहा। नरेन्द्र मोदी के प्रधानमंत्री बनने से पहले तक सीसीआईटी वस्तुतः अंतरराष्ट्रीय एजेंडे पर एक निष्क्रिय और उपेक्षित विषय बन चुका था।

वर्षों तक दुनिया आतंकवाद को केवल "नियंत्रित" करने की नीति से सहमत रही थी। मोदी ने महसूस किया कि यह पर्याप्त नहीं था और इसे चुनौती देने का निर्णय लिया। उन्होंने जाना कि आतंकवाद के विरुद्ध वैश्विक लड़ाई तब तक वास्तव में नहीं जीती जा सकती, जब तक कि इसके लिए एक साझा परिभाषा और एक मजबूत, बाध्यकारी अंतर्राष्ट्रीय ढाँचा न हो। यही विश्वास संयुक्त राष्ट्र में सीसीआईटी को पुनर्जीवित करने के भारत के प्रयासों का मुख्य केंद्र बन गया। 2014, 2016 और 2019 में संयुक्त राष्ट्र महासभा में दिए गए उनके भाषण इस बदलाव के स्पष्ट प्रमाण हैं। इन संबोधनों में, मोदी ने देशों से आग्रह किया कि वे आतंकवाद के मुद्दे पर राजनीतिक सुविधा, क्षेत्रीय हितों और रणनीतिक चुप्पी से ऊपर उठकर नैतिक दायित्व के आधार पर अपने निर्णय लें। उनका 2019 का वक्तव्य विशेष रूप से उल्लेखनीय था, जब उन्होंने कहा, "हमें केवल आतंकवादियों से ही नहीं, बल्कि उन प्रणालियों से भी लड़ना होगा जो उन्हें समर्थन देती हैं और प्रोत्साहित करती हैं।" यह केवल एक भाषण की पंक्ति नहीं थी; यह भारत की आतंकवाद-रोधी सोच का सार था।

यहाँ 'प्रणालियों'—वित्तीय, वैचारिक और लॉजिस्टिक पर दिया गया ज़ोर पूरी तरह सुनियोजित था। मोदी यह स्पष्ट करना चाहते थे कि आतंकवाद केवल कुछ हथियारबंद व्यक्तियों की वजह से जीवित नहीं रहता। वह इसलिए फलता-फूलता है क्योंकि कुछ राज्य और संस्थागत ढाँचे उसे धन, विचारधारा, प्रशिक्षण और कूटनीतिक संरक्षण उपलब्ध कराते हैं। जब तक इन सहायक संरचनाओं को जवाबदेह नहीं ठहराया जाएगा, तब तक आतंकवाद के विरुद्ध कोई भी वैश्विक प्रयास अधूरा ही रहेगा।

इस प्रकार संयुक्त राष्ट्र महासभा में मोदी की पहल ने भारत की भूमिका को शिकायत दर्ज कराने वाले देश से आगे बढ़ाकर नियम-निर्धारक और

नैतिक नेतृत्व करने वाले राष्ट्र के रूप में स्थापित किया। आतंकवाद पर भारत की आवाज़ अब केवल पीड़ा की अभिव्यक्ति नहीं रही, बल्कि वह वैश्विक अंतरात्मा को झकझोरने वाली निर्णायक पुकार बन गई।

ग्रे लिस्ट तक की राह : जब एफ़एटीएफ़ एक कूटनीतिक रणक्षेत्र बन गया

प्रधानमंत्री नरेन्द्र मोदी के वैश्विक मंचों पर सक्रिय होने से बहुत पहले ही भारत एक ठोस निष्कर्ष पर पहुँच चुका था; यदि पाकिस्तान को उसकी आतंकवाद-समर्थक नीतियों की वास्तविक कीमत चुकानी है तो वह कीमत राजनीतिक भाषणों से नहीं, बल्कि वित्तीय जवाबदेही से तय होगी। फ़ाइनेंशियल एक्शन टास्क फ़ोर्स (एफ़एटीएफ़) इसी रणनीति का सबसे प्रभावी मंच बन सकता है। यह समझ किसी अचानक आई अंतर्दृष्टि का परिणाम नहीं थी, बल्कि वर्षों तक विभिन्न भारतीय एजेंसियों द्वारा किए गए गहन अध्ययन और समीक्षा से उपजी थी।

इतिहास यह भी दिखाता है कि पाकिस्तान एफ़एटीएफ़ की निगरानी से बचने में कितना दक्ष रहा है। अंतरराष्ट्रीय दबाव बढ़ते ही वह सुधारों का एक परिचित नाटक करता रहा—कुछ कानूनों में अस्थायी बदलाव, कुछ संगठनों पर दिखावटी प्रतिबंध, कुछ नेताओं की प्रतीकात्मक गिरफ़्तारियाँ। लेकिन जैसे ही वैश्विक ध्यान हटता, वही ढर्रा, वही नेटवर्क, वही वित्तीय प्रवाह फिर से सक्रिय हो जाता। 2014 के बाद भारत ने इस चक्र को तोड़ने का निश्चय किया। उद्देश्य स्पष्ट था—यह सिद्ध करना कि पाकिस्तान न केवल एफ़एटीएफ़ के दिशा-निर्देशों का पालन करने में असफल रहा है, बल्कि उसने जानबूझकर इस व्यवस्था को कमजोर किया है। इसके लिए भारत ने साक्ष्यों का एक ऐसा जाल बुना, जिसे नज़रअंदाज़ करना आसान नहीं था। पंजाब (पूर्वी) से लेकर पंजाब (पश्चिमी) तक फैले हवाला नेटवर्क की फ़ॉरेंसिक लेखा-जाँच की गई। आत्मसमर्पण कर चुके उग्रवादियों की गवाहियाँ दर्ज की गईं, जिन्होंने विस्तार से बताया कि पैसा कहाँ से आता था और कैसे पहुँचता था। फोन और इंटरनेट तथा अंतरराष्ट्रीय संयुक्त जाँचों से प्राप्त प्रमाणों ने इस तस्वीर को और स्पष्ट कर दिया।

भारत की रणनीति में जल्दबाज़ी नहीं थी। यह एक धैर्यपूर्ण, चरणबद्ध और अत्यंत पेशेवर अभियान था। फ़ाइनेंशियल इंटेलिजेंस यूनिट्स और विदेश मंत्रालय के माध्यम से अमेरिका, ब्रिटेन, फ्रांस और जर्मनी जैसे देशों के साथ भरोसे की साझेदारी बनाई गई। लक्ष्य केवल सहानुभूति पाना नहीं था, बल्कि एफ़एटीएफ़ के भीतर ऐसा संतुलन तैयार करना था, जहाँ पाकिस्तान के बचाव में खड़े होने की कीमत राजनीतिक रूप से भारी पड़ने लगे।

फ़रवरी 2018 वह क्षण लेकर आया, जब यह दीर्घकालिक तैयारी निर्णायक रूप से सामने आई। पेरिस में आयोजित एफ़एटीएफ़ की पूर्ण बैठक में भारतीय खुफिया रिपोर्टों द्वारा प्रस्तुत साक्ष्यों ने कई पश्चिमी देशों को यह विश्वास दिला दिया कि अब और अनदेखी संभव नहीं है। अमेरिका के प्रस्ताव पर पाकिस्तान को आतंकवाद के वित्तपोषण में गंभीर रणनीतिक कमियों के आधार पर एक बार फिर "ग्रे लिस्ट" में डाल दिया गया। यह फैसला आसान नहीं था। ऐतिहासिक रूप से चीन पाकिस्तान का सबसे मजबूत संरक्षक रहा है और उसने प्रारंभ में इस कदम का विरोध भी किया। लेकिन भारत की निरंतर कूटनीतिक संलग्नता और पाकिस्तान के दोहरे रवैये से अंतरराष्ट्रीय समुदाय में बढ़ती झुंझलाहट ने माहौल बदल दिया। अंततः चीन ने भी अपने विरोध को पीछे खींच लिया और यही इस पूरी प्रक्रिया का सबसे बड़ा संकेतक था कि वैश्विक धैर्य अब समाप्त हो चुका है।

एफ़एटीएफ़ द्वारा पाकिस्तान को ग्रे लिस्ट में डालने से दुनिया पर तत्काल और शक्तिशाली प्रभाव पड़ा। पहली बार, एक वैश्विक मंच पर यह औपचारिक रूप से स्थापित किया गया कि पाकिस्तान आतंकवाद को वित्तपोषित करने वाले अवैध धन के प्रवाह को नियंत्रित करने में बुरी तरह विफल रहा है। इसने पाकिस्तान को अंततः 27-सूत्रीय कार्ययोजना को लागू करने के लिए मजबूर किया, जिन्हें वह वर्षों से टालता आ रहा था। इस योजना के तहत उन्हें लश्कर-ए-तैयबा और जैश-ए-मोहम्मद जैसे संगठनों से जुड़े वित्तीय संबंधों का दस्तावेजीकरण करना था, संदिग्ध लेन-देन की वास्तविक समय में निगरानी के लिए नई प्रणालियाँ विकसित करनी थीं और उन तथाकथित 'परोपकारी' संस्थाओं पर सख्त नियंत्रण लागू करना था, जिनके पीछे आतंक के लेन-देन के नेटवर्क छिपे थे। यह सच है कि एफ़एटीएफ़ की कार्रवाई से

पाकिस्तान का आतंकवाद-समर्थन पूरी तरह समाप्त नहीं हुआ। लेकिन यह भी उतना ही सच है कि अब यह समर्थन देना पहले से कहीं अधिक महँगा, जोखिमपूर्ण और अंतरराष्ट्रीय रूप से शर्मनाक हो गया। यही 'मोदी सिद्धांत' की व्यावहारिक सफलता थी—जहाँ कूटनीतिक शक्ति, संचालनात्मक खुफिया जानकारी के साथ जुड़कर ठोस रणनीतिक लाभ में बदल गई।

जैसा कि 2019 में यूरोपीय संघ को सौंपी गई एक गोपनीय रिपोर्ट में एक वरिष्ठ यूरोपीय राजनयिक ने कहा था, "भारत को अब अपने तर्क पर विचार करने की विनती नहीं करनी पड़ती। वह उस बिंदु से आगे बढ़ चुका है। अब भारत वैश्विक आतंकवाद-रोधी सहमति को केवल प्रस्तुत नहीं करता—वह उसे आकार देता है।"

यही वह क्षण था, जब एफ़एटीएफ़ एक तकनीकी संस्था से आगे बढ़कर एक कूटनीतिक रणक्षेत्र बन गया और भारत उसमें निर्णायक बढ़त हासिल करने वाला खिलाड़ी।

पठानकोट : एक ऐसा मोड़ जिसने आतंकवाद के विरुद्ध भारत की लड़ाई को नया रूप दिया

अंतरराष्ट्रीय स्तर पर, आतंकवाद के विरुद्ध भारत के साहसी रुख को दुनिया भर में तालियाँ मिल रही थीं। लेकिन अपने ही देश के भीतर, खतरा एक भयावह मोड़ ले रहा था। 2 जनवरी 2016 को, यह डर तब सच हो गया जब पाकिस्तान-आधारित आतंकवादी समूह जैश-ए-मोहम्मद ने पठानकोट वायु सेना स्टेशन पर हमला कर दिया। कश्मीर के पार से घुसे हमलावरों ने देश को झकझोर कर रख दिया, जिससे यह साबित हो गया कि भारत के मजबूत सैन्य ठिकानों को भी भेदना आसान था। यह एक क्रूर और खूनी अनुस्मारक था कि पाकिस्तान का आतंकवाद के प्रति समर्थन एक निरंतर और भयानक वास्तविकता थी। यह हमला दिसंबर 2015 के अंत में प्रधानमंत्री नरेन्द्र मोदी की लाहौर की उस आकस्मिक और सद्भावनापूर्ण यात्रा के मात्र दो माह बाद हुआ, जिसका उद्देश्य द्विपक्षीय संबंधों में संवाद और विश्वास-निर्माण की संभावनाओं को पुनर्जीवित करना था। पठानकोट की घटना ने इस भ्रांति को निर्णायक रूप से समाप्त कर दिया कि पाकिस्तान का सैन्य-तंत्र

शांति वार्ता के लिए अनुकूल और स्थिर वातावरण निर्मित करने को इच्छुक है। इसके विपरीत, पठानकोट हमले ने यह कड़वा सच उजागर किया कि पाकिस्तान का सुरक्षा प्रतिष्ठान भारत के साथ अपने संबंधों में आतंकवाद को एक स्थायी हथियार के रूप में उपयोग करने की अपनी रणनीति पर अडिग है। सामरिक रूप से, यह जैश-ए-मोहम्मद का केवल एक सीमित हमला था, लेकिन राजनीतिक और रणनीतिक रूप से, यह भारत के नेतृत्व को एक प्रत्यक्ष संदेश था : शांति या संवाद की ओर किसी भी कदम को कमजोरी समझा जाएगा और वह केवल और अधिक हिंसा को आमंत्रित करेगा। इस प्रकार, पठानकोट हमले ने भारत-पाक संबंधों में आतंकवाद की भूमिका को एक केंद्रीय और परिभाषित तत्व के रूप में फिर से स्थापित कर दिया।

भारत की प्रतिक्रिया अद्वितीय और बहुत अधिक शक्तिशाली थी। केवल राजनयिक शिकायतें दर्ज करने के बजाय, प्रधानमंत्री मोदी ने एक समन्वित, बहु-आयामी प्रतिक्रिया शुरू की ताकि पाकिस्तान को यह पता चले कि आतंकवाद के साथ खेलने के नकारात्मक परिणाम होंगे। इस प्रतिक्रिया में अंतरराष्ट्रीय मंचों पर सक्रिय कूटनीतिक पहल, भारत की रक्षा और प्रतिरोध रणनीतियों की व्यापक समीक्षा और जैश-ए-मोहम्मद से जुड़े समूहों पर खुफिया सूचनाओं का गहन पुनर्मूल्यांकन शामिल था।

राष्ट्रीय सुरक्षा परिषद सचिवालय (एनएससीएस) और राष्ट्रीय जाँच एजेंसी (एनआईए) के बीच बढ़े हुए समन्वय के माध्यम से ठोस और सत्यापनयोग्य साक्ष्य एकत्र किए गए, जिनसे पठानकोट हमले में जेईएम की प्रत्यक्ष भूमिका और उसके पाकिस्तान स्थित संरचनात्मक समर्थन को स्पष्ट रूप से स्थापित किया जा सका।[32] घरेलू सुरक्षा प्रतिक्रिया-तंत्र का यह सुदृढ़ीकरण उस निर्णायक रणनीतिक सोच का संकेत था, जो शीघ्र ही भारत की आतंकवाद-रोधी नीति की एक विशिष्ट पहचान बनने वाली थी।

उरी : एक निर्णायक मोड़

किसी राष्ट्र-राज्य की सैन्य छावनी पर किया गया आतंकी हमला सामान्यतः त्वरित, दृढ़ और स्पष्ट प्रतिक्रिया की माँग करता है। ऐसे हमलों के प्रत्युत्तर में राष्ट्र न केवल तत्काल प्रतिकारात्मक कदम उठाते हैं, बल्कि दीर्घकालिक

प्रतिरोध की रणनीतियों को भी पुनर्संरचित करते हैं, ताकि भविष्य में ऐसे आक्रमणों की पुनरावृत्ति रोकी जा सके। 18 सितंबर 2016 को उरी स्थित भारतीय सेना की ब्रिगेड मुख्यालय पर हुआ आतंकी हमला इसी श्रेणी की एक घटना थी, जिसमें हताहतों की संख्या पिछले एक दशक में किसी सैन्य प्रतिष्ठान पर हुए आतंकी हमलों में सर्वाधिक मानी गई।

उरी हमले ने एक पुराना पैटर्न दिखाया, जो पहले पाकिस्तान द्वारा प्रायोजित आतंकवाद में देखा गया था। स्कूल की छुट्टियों से ठीक पहले का समय और हमलावरों के तरीके, भारतीय सैन्य अड्डों पर पुराने हमलों की याद दिला रहे थे। एक बार फिर, ये लक्षण स्पष्ट थे : सीमा पार से घुसपैठ, हमलावरों के पास घातक सैन्य हथियार थे, और प्रशिक्षण, पैसा और मदद देने में पाकिस्तान की आई एस आई की साफ भूमिका थी। इस हमले ने यह साबित कर दिया कि यह कोई एक बार की घटना नहीं थी, बल्कि पाकिस्तान की उस पुरानी और प्रलेखित रणनीति की एक और कड़ी थी, जहाँ वे आतंक को बढ़ावा देते हैं।

जब भारत का राजनीतिक और सैन्य नेतृत्व इस हमले की प्रतिक्रिया पर विचार कर रहा था, तब उसके समक्ष वही रणनीतिक दुविधा पुनः उपस्थित थी, जिसका सामना भारत कारगिल संघर्ष से लेकर संसद हमले के बाद ऑपरेशन पराक्रम की अधूरी कार्रवाइयों और मुंबई हमलों के बाद डोज़ियर कूटनीति तथा सीमित डिमार्श कार्यवाही के रूप में करता आया था। लेकिन इस बार मामला अलग था। प्रधानमंत्री मोदी की सरकार का राष्ट्रीय सुरक्षा और विदेश नीति को देखने का नज़रिया अलग और बहुत सोच-समझकर अधिक संतुलित दृष्टिकोण आधारित था। सरकार ने यह निष्कर्ष निकाला कि यदि भारत आतंकवादी हमलों पर हमेशा की तरह पुरानी और पारंपरिक प्रतिक्रिया देता, तो पाकिस्तान और अधिक प्रोत्साहित होगा। वह न केवल अपने पुराने पैटर्न पर अड़ा रहेगा, बल्कि अपने आतंक को और तेज़ कर देगा। यही कारण था कि भारत के लिए अपनी पुरानी नीतियों को छोड़कर एक बिल्कुल नई रणनीति अपनाना अनिवार्य हो गया।

हमले के बाद के सप्ताह में प्रधानमंत्री नरेन्द्र मोदी, राष्ट्रीय सुरक्षा सलाहकार अजित डोभाल, तत्कालीन थल सेनाध्यक्ष जनरल दलबीर सिंह सुहाग और अन्य वरिष्ठ सैन्य अधिकारियों के बीच लगातार गहन चर्चा हुई।

इस दौरान, सरकार ने कई विकल्पों के बारे में सोचा, जैसे कुछ तोपें दागना, गुप्त ऑपरेशन करना और पाकिस्तान के कब्जे वाले कश्मीर में आतंकियों के ठिकानों पर सटीक हमला (सर्जिकल स्ट्राइक) करना। इन बैठकों का मक़सद सिर्फ बदला लेना नहीं था, बल्कि एक ऐसा कदम उठाना था जो ज़मीन पर सैन्य रूप से सफल हो और दुनिया को एक कड़ा रणनीतिक और राजनीतिक संदेश भी दे सके। अंततः 29 सितंबर 2016 को निर्णय लिया गया और उसी रात भारतीय सेना के विशेष बलों ने नियंत्रण रेखा पारकर आज़ाद कश्मीर में स्थित अनेक आतंकी लॉन्च-पैड्स पर समन्वित सर्जिकल स्ट्राइक को अंजाम दिया। इन अभियानों में कई आतंकवादी मारे गए और घुसपैठ के लिए प्रयुक्त होने वाले महत्त्वपूर्ण ढाँचों को नष्ट किया गया। यह भारत के आधुनिक सैन्य इतिहास में पहली बार था जब किसी भारतीय नेतृत्व ने भारत के विरुद्ध हुए आतंकी हमलों के प्रत्युत्तर में किसी अन्य देश के भीतर स्थित शत्रु ठिकानों पर की गई सैन्य कार्रवाई को सार्वजनिक रूप से स्वीकार और घोषित किया।

इस कार्रवाई के माध्यम से भारत ने एक स्पष्ट संदेश दिया कि उसकी रणनीतिक सहनशीलता की सीमा पार हो चुकी है और भविष्य में इस प्रकार के अस्वीकार्य तथा अक्षम्य आक्रामक कृत्यों के प्रत्यक्ष परिणाम होंगे। अंतरराष्ट्रीय प्रतिक्रिया भी इस संदर्भ में उल्लेखनीय रही। भारत को अलग-थलग करने के बजाय, अंतरराष्ट्रीय समुदाय ने परोक्ष रूप से इस कार्रवाई को समर्थन प्रदान किया। संयुक्त राज्य अमेरिका, फ्रांस और ब्रिटेन ने भारत के आत्मरक्षा के अधिकार को मान्यता देते हुए बयान जारी किए। यहाँ तक कि चीन ने भी यद्यपि संयम की अपील की, किंतु भारत की कार्रवाई की औपचारिक निंदा करने से परहेज़ किया।

आतंकी लॉन्च-पैड्स के विरुद्ध की गई ये सर्जिकल स्ट्राइक केवल सामरिक सफलता भर नहीं थी, बल्कि उन्होंने भारत की राष्ट्रीय सुरक्षा नीति में आए एक निर्णायक परिवर्तन को भी रेखांकित किया। यह स्पष्ट हो गया कि भारत अब किसी अन्य राष्ट्र द्वारा प्रायोजित अकारण आक्रामकता के सामने एकतरफा और अनिश्चितकालीन संयम की नीति अपनाने को तैयार नहीं है।

पुलवामा : एक राष्ट्रीय आघात और निर्णायक सीमा-बिंदु (डिफ़ाइनिंग थ्रैशहोल्ड)

यदि उरी ने भारत की नई आतंकवाद-रोधी रणनीति की दिशा निर्धारित की थी तो 14 फ़रवरी 2019 को हुआ पुलवामा आतंकी हमला उस नीति का डिफाइनिंग क्रूसिबल (निर्णायक अग्निपरीक्षण) सिद्ध हुआ। उस दिन जैश-ए-मोहम्मद से संबद्ध एक आत्मघाती हमलावर ने जम्मू-कश्मीर के पुलवामा जिले में केंद्रीय रिज़र्व पुलिस बल (सीआरपीएफ़) के काफिले पर वाहन-आधारित विस्फोटक उपकरण (वीबीआईईडी) से हमला किया, जिसमें 40 जवान शहीद हो गए। यह घटना कश्मीर के इतिहास में भारतीय सुरक्षा बलों पर किया गया अब तक का सबसे घातक आतंकी हमला माना जाता है।

हमले की तीव्रता और दुस्साहस ने पूरे देश को गहरे आघात में डाल दिया। यह पहली बार था जब जैश-ए-मोहम्मद ने कश्मीर में एक आत्मघाती हमले को अंजाम दिया था और हमलावर एक स्थानीय रूप से कट्टरपंथी बना हुआ व्यक्ति था। यह इस बात का साफ इशारा था कि पाकिस्तान-समर्थित आतंकी समूह अब अफ़ग़ानिस्तान में विकसित आत्मघाती युद्ध की तकनीकों को कश्मीर घाटी में स्थानांतरित कर रहे थे। परिणामस्वरूप, कश्मीर में आतंकवाद एक नए चरण में प्रवेश कर चुका था—जहाँ छोटे हथियारों से किए जाने वाले हमलों और सीमा-पार घुसपैठ के स्थान पर अब बड़े और उच्च-प्रभाव वाले आत्मघाती अभियानों का उदय हो रहा था।

हमले के कुछ ही घंटों के भीतर भारतीय खुफिया एजेंसियों ने पाकिस्तान में सक्रिय जैश-ए-मोहम्मद के हैंडलरों से जुड़े डिजिटल, संचारात्मक और लॉजिस्टिक नेटवर्क की पहचान कर ली। इंटरसेप्ट्स छानबीन से यह संकेत मिला कि आत्मघाती हमलावर को पाकिस्तान-आधारित ऑनलाइन प्रचार सामग्री और वैचारिक प्रशिक्षण मॉड्यूल्स के माध्यम से इसे अंजाम दिया गया था, इसके अतिरिक्त, फ़ॉरेंसिक और खुफिया जाँच में प्रयुक्त विस्फोटकों के स्रोत उन तस्करी के मार्गों से जुड़े पाए गए, जो लंबे समय से आईएसआई-समर्थित नेटवर्क्स के संचालन से मेल खाते थे।

लेकिन पुलवामा हमले की असली अहमियत सिर्फ इस बात में नहीं थी कि वह कैसे हुआ, बल्कि देश की सोच में आए बदलाव में थी। उरी हमले के बाद भारत पहले ही एक नए रणनीतिक दौर में कदम रख चुका था, लेकिन पुलवामा ने इस बदलाव को और भी स्पष्ट कर दिया। जनता अब केवल कूटनीतिक विरोध, अंतरराष्ट्रीय मंचों पर शिकायत या प्रतीकात्मक इशारों से संतुष्ट नहीं थी। देशभर में यह भावना मजबूत हो गई थी कि सरकार केवल सीमित जवाब तक न रहे, बल्कि ऐसी ठोस और प्रभावी कार्रवाई करे जो दुश्मन को भविष्य में हमला करने से पहले सोचने पर मजबूर कर सके।

प्रधानमंत्री नरेन्द्र मोदी ने इस बदलती राष्ट्रीय भावना को तुरंत भाँप लिया। हमले के शीघ्र बाद एक सार्वजनिक संबोधन में उन्होंने स्पष्ट शब्दों में कहा, "सुरक्षा बलों को पूरी छूट दे दी गई है। मैं देश को आश्वस्त करता हूँ कि हमारे वीर जवानों का बलिदान व्यर्थ नहीं जाएगा।" यह वक्तव्य केवल जनता के आक्रोश को शांत करने के लिए नहीं था; बल्कि यह नीतिगत स्तर पर दिया गया एक स्पष्ट संकेत था। प्रधानमंत्री मोदी ने अपनी सुरक्षा और सैन्य टीम के साथ बंद कमरों में हुई बैठकों में इस बात पर जोर दिया कि वे एक ऐसा जवाब दें जो पाकिस्तान की चालों और रणनीतियों को पूरी तरह से बदल दे। दशकों तक, पाकिस्तान इस विश्वास पर टिका रहा था कि उसके परमाणु हथियार भारत को कभी भी सीमित हमले से आगे बढ़ने नहीं देंगे। लेकिन पुलवामा हमले ने भारत को उस पुरानी धारणा पर सवाल उठाने के लिए मजबूर कर दिया।

पर्दे के पीछे, प्रधानमंत्री, राष्ट्रीय सुरक्षा सलाहकार और सेना के प्रमुखों ने सुरक्षा और खुफिया एजेंसियों के वरिष्ठ अधिकारियों के साथ व्यापक चर्चा की। इस प्रक्रिया में विभिन्न विकल्पों का आकलन किया गया—नियंत्रण रेखा के पास सीमित हमलों से लेकर पाकिस्तान के मुख्य भूभाग में आतंकी ढाँचों पर बड़े हवाई हमलों तक। इस स्तर पर प्रश्न यह नहीं रह गया था कि भारत जवाबी कार्रवाई करेगा या नहीं, बल्कि यह केंद्रीय प्रश्न बन चुका था कि भारत की प्रतिक्रिया की सीमा कितनी दूर तक जाएगी।

बालाकोट : भारत की रणनीतिक सीमाओं का पुनर्परिभाषण

26 फ़रवरी 2019 की रात को, बारह भारतीय वायुसेना के मिराज-2000 लड़ाकू विमानों ने बालाकोट क्षेत्र में जैश-ए-मोहम्मद द्वारा संचालित एक बड़े प्रशिक्षण और कट्टरपंथी केंद्र पर गहरा हवाई हमला किया। यह लक्ष्य न तो पाकिस्तान-अधिकृत कश्मीर में था और न ही किसी विवादित इलाके में; अंतरराष्ट्रीय मानकों के अनुसार, बालाकोट पाकिस्तान के संप्रभु क्षेत्र के भीतर आता है। इस दृष्टि से, यह 1971 के युद्ध के बाद पहली बार था जब भारत ने पाकिस्तान के मुख्य भूभाग में इतनी प्रत्यक्ष और गंभीर सैन्य कार्रवाई की। यह अभियान अचानक या मौके पर लिया गया निर्णय नहीं था, बल्कि कई सरकारी एजेंसियों के समन्वित प्रयासों से तैयार की गई सावधानीपूर्वक योजना का परिणाम था। भारतीय खुफिया एजेंसियों ने बालाकोट को जैश-ए-मोहम्मद के सबसे बड़े प्रशिक्षण और वैचारिक कट्टरपंथ (इंडॉक्ट्रिनेशन) के केंद्र के रूप में चिह्नित किया था, जहाँ संगठन के वरिष्ठ कमांडरों, आत्मघाती हमलावरों और प्रशिक्षकों को प्रशिक्षित किया जाता था। लक्ष्य का चयन इस तरह किया गया था कि आतंकवादियों पर अधिकतम प्रभाव पड़े और नागरिकों को होने वाली क्षति कम से कम हो।

इस हवाई हमले के माध्यम से भारत ने केवल अपनी सैन्य क्षमता का प्रदर्शन नहीं किया, बल्कि एक गहन प्रतीकात्मक और रणनीतिक संदेश भी दिया। भारत ने यह स्पष्ट कर दिया कि आतंकवाद से निपटने की उसकी नीति अब केवल घुसपैठ रोकने या हमले के पश्चात प्रतिक्रिया तक सीमित नहीं रहेगी, बल्कि वह आतंकवादी ढाँचों को उनके स्रोत पर ही निष्क्रिय करने के लिए तैयार है। पाकिस्तान के भीतर आतंकी ठिकानों पर सीधी कार्रवाईकर भारत ने पाकिस्तान की उस दीर्घकालिक रणनीतिक धारणा को चुनौती दी, जिसके अनुसार उसका परमाणु शस्त्रागार भारत को किसी भी बड़े सीमा-पार सैन्य प्रतिशोध से रोकने में सक्षम है।

1998 के परमाणु परीक्षणों के बाद पाकिस्तान की सुरक्षा-रणनीति इस विश्वास पर आधारित रही थी कि परमाणु प्रतिरोध (न्यूक्लियर डिटरेंस) भारत को पारंपरिक सैन्य कार्रवाई की सीमाओं में बाँधकर रखेगा। बालाकोट ने इस

धारणा को निर्णायक रूप से खंडित कर दिया। प्रधानमंत्री नरेन्द्र मोदी के नेतृत्व में भारत ने नियंत्रित सैन्य संयम (कैलिब्रेटेड रिस्ट्रेंट) का पालन करते हुए यह प्रदर्शित किया कि परमाणु प्रतिरोध आतंकवाद के विरुद्ध भारत की लक्षित और सीमित सैन्य कार्रवाइयों को अवरुद्ध नहीं कर सकता।

अंतरराष्ट्रीय प्रतिक्रिया भी भारत की इस नई सोच को दिखा रही थी। जहाँ कुछ देशों ने दोनों पक्षों को शांत रहने को कहा, वहीं अधिकांश बड़ी वैश्विक शक्तियों ने यह मान लिया कि भारत को आत्मरक्षा का अधिकार है। अमेरिका के तत्कालीन राष्ट्रीय सुरक्षा सलाहकार जॉन बोल्टन ने भारत की स्थिति को समझाते हुए कहा कि राष्ट्रों को "आतंकी हमलों से अपनी रक्षा करनी होती है।" यहाँ तक कि वे देश भी, जो हमेशा से सावधानी बरतते आए हैं, इस बात को स्वीकार कर लिए कि भारत की कार्रवाई आतंकवादी ठिकानों पर थी, न कि आम लोगों पर।

पाकिस्तान ने अगले दिन सीमित हवाई प्रतिशोध का प्रयास किया, जिसके परिणामस्वरूप दोनों वायुसेनाओं के बीच एक निकटतम आपसी संघर्ष हुई और भारतीय वायुसेना के विंग कमांडर अभिनंदन वर्थमान को पकड़ लिया गया। किंतु भारत द्वारा अपनाए गए सख़्त कूटनीतिक रुख, पर्दे के पीछे चली गहन वार्ताओं और अंतरराष्ट्रीय समुदाय के दबाव के चलते पाकिस्तान को 60 घंटे से भी कम समय में पायलट को रिहा करने के लिए विवश होना पड़ा। इस घटनाक्रम को नई दिल्ली में नैतिक, कूटनीतिक और रणनीतिक—तीनों ही स्तरों पर एक स्पष्ट विजय के रूप में देखा गया।

यद्यपि बालाकोट की कार्रवाई से पाकिस्तान-प्रायोजित आतंकवाद का पूर्ण अंत नहीं हुआ, फिर भी इसने दक्षिण एशिया के सुरक्षा परिदृश्य में एक नया रणनीतिक प्रतिमान स्थापित कर दिया। इसने यह स्पष्ट कर दिया कि भारत उन 'लाल रेखाओं' को पुनर्परिभाषित करने के लिए तैयार है, जिन्हें पाकिस्तान लंबे समय तक अटल मानता रहा था। जैसा कि एक वरिष्ठ पूर्व भारतीय राजनयिक ने बाद में लिखा, "बालाकोट वह क्षण था, जब भारत केवल प्रतिक्रिया तक सीमित रहने की नीति से आगे बढ़कर प्रतिरोध के नए चरण में प्रवेश कर गया।"

मोदी डॉक्ट्रिन बनाम यूपीए टेम्पलेट : आतंकवाद के प्रति दो भिन्न रणनीतिक प्रतिमान

2004 से 2014 के बीच भारत को आतंकवादी हिंसा की एक निरंतर और घातक श्रृंखला का सामना करना पड़ा। इस अवधि में 2005 के दिल्ली बम धमाके, 2006 के मुंबई लोकल ट्रेन विस्फोट, 2008 के जयपुर और अहमदाबाद सीरियल बम धमाके तथा 26/11 का अभूतपूर्व मुंबई आतंकी हमला जैसी घटनाएँ हुईं—जिनके अतिरिक्त अनेक छोटे किंतु संरचनात्मक रूप से महत्त्वपूर्ण हमले भी शामिल थे। इन घटनाओं ने भारत की आंतरिक सुरक्षा की कमजोरियों के साथ-साथ उसकी रणनीतिक प्रतिक्रिया-संरचना की सीमाओं को भी उजागर किया।

इन हमलों के प्रति यूपीए सरकार की प्रतिक्रिया मुख्यतः संयम, कूटनीतिक विरोध और अंतरराष्ट्रीय मंचों पर पाकिस्तान के विरुद्ध डोज़ियर-आधारित अभियान तक सीमित रही। विशेष रूप से 26/11 मुंबई हमलों के बाद—जब दस पाकिस्तानी आतंकवादियों ने लगभग 60 घंटे तक भारत की आर्थिक राजधानी को बंधक बनाए रखा—भारत ने न तो प्रत्यक्ष सैन्य प्रतिशोध का विकल्प चुना, न ही भविष्य में होने वाले ऐसे हमलों को रोकने के लिए किसी स्पष्ट निवारक सिद्धांत (डिटरेंस डॉक्ट्रिन) की घोषणा की। इसके स्थान पर, नीति-निर्माण के केंद्र की यह धारणा बनी रही कि सैन्य कार्रवाई से क्षेत्रीय तनाव बढ़ सकता है और परमाणु-संपन्न पड़ोसी के साथ संघर्ष का जोखिम उत्पन्न हो सकता है।

इस दृष्टिकोण का परिणाम यह हुआ कि पाकिस्तान के रणनीतिक आकलन में भारत को एक ऐसा राष्ट्र माना जाने लगा, जो गंभीर आतंकी उकसावे के बावजूद सैन्य सीमाओं को पार करने से हिचकता है। इस प्रकार, आतंकवाद एक कम-लागत वाला, अपेक्षाकृत सुरक्षित रणनीतिक औज़ार बना रहा।

2014 के बाद उभरी मोदी डॉक्ट्रिन ने इस स्थापित टेम्पलेट को मौलिक रूप से उलट दिया। यह केवल नीतिगत परिवर्तन नहीं, बल्कि भारत की रणनीतिक मानसिकता में एक संरचनात्मक बदलाव था।

जहाँ यूपीए युग में संवाद को प्राथमिक उत्तर माना जाता था, वहीं मोदी डॉक्ट्रिन में जवाबदेही और परिणाम को केंद्रीय स्थान मिला।

जहाँ पूर्ववर्ती सरकारें तनाव में वृद्धि (एस्केलेशन) की संभावना से सावधान रहती थीं, वहीं मोदी सरकार ने इसी में नियंत्रित वृद्धि (कंट्रोल्ड एस्केलेशन) को रणनीतिक विकल्प के रूप में स्वीकार किया।

जहाँ पहले निर्णय-प्रक्रिया में संकोच और विलंब दिखता था, वहीं मोदी युग में त्वरित, लक्षित और सार्वजनिक रूप से स्वीकृत कार्रवाई को वैध नीति साधन बनाया गया।

इस परिवर्तन के मूल में एक स्पष्ट वैचारिक विश्वास निहित था कि भारत की राष्ट्रीय सुरक्षा को पाकिस्तान की परमाणु धमकी या 'न्यूक्लियर ब्लैकमेल' का बंधक नहीं बनाया जा सकता। मोदी डॉक्ट्रिन ने यह स्थापित किया कि परमाणु प्रतिरोध के बावजूद पारंपरिक सैन्य कार्रवाई के लिए सीमित किंतु प्रभावी रणनीतिक स्पेस मौजूद है और भारत उस स्पेस का उपयोग करने को तैयार है।

इस प्रकार यदि यूपीए टेम्पलेट को प्रतिक्रियात्मक संयम (रिएक्टिव रिस्ट्रेंट) के रूप में परिभाषित किया जा सकता है तो मोदी डॉक्ट्रिन को सक्रिय प्रतिरोध और दंडात्मक निवारण (प्रोएक्टिव डिटरेंस बाय पनिशमेंट) का भारतीय संस्करण कहा जा सकता है, जिसने आतंकवाद के प्रति भारत की नीति को केवल नैतिक आक्रोश से आगे बढ़ाकर ठोस रणनीतिक परिणामों से जोड़ दिया।

2019 का यूएपीए संशोधन : आतंकवाद से लड़ने के लिए भारत के नए कानूनी हथियार

मोदी डॉक्ट्रिन को प्रायः सर्जिकल स्ट्राइक, बालाकोट और आक्रामक कूटनीति के संदर्भ में समझा जाता है, किंतु इसके भीतर एक ऐसा आयाम भी था जो कम दृश्यमान, परंतु उतना ही निर्णायक था—भारत की आतंकवाद-रोधी कानूनी संरचना का मौलिक पुनर्गठन। यह समझ धीरे-धीरे स्पष्ट हुई कि यदि आतंकवाद केवल सीमाओं के पार से आने वाला सैन्य खतरा नहीं, बल्कि समाज के भीतर जड़ें जमाने वाली वैचारिक बीमारी है। ऐसे में इसका उपचार केवल बंदूक से नहीं, क़ानून से भी करना होगा।

इसी सोच की परिणति 2019 में असंवैधानिक गतिविधियाँ (रोकथाम) संशोधन अधिनियम (यूएपीए अमेंडमेंट एक्ट) के रूप में सामने आई। इस

संशोधन ने भारत की आतंकवाद से निपटने की कानूनी क्षमता को एक नए स्तर पर पहुँचा दिया।

भारतीय विधिक इतिहास में पहली बार यह प्रावधान किया गया कि आतंकवादी केवल संगठन नहीं, बल्कि व्यक्ति भी हो सकता है और उसे उसी रूप में नामित किया जा सकता है। यह एक निर्णायक मोड़ था। अब तक आतंकवाद के सरगना एक परिचित खेल खेलते रहे थे—एक संगठन प्रतिबंधित होता तो दूसरा नाम सामने आ जाता; नेटवर्क वही रहता, चेहरे बदल जाते। यह संशोधन उस कानूनी शून्य को भरने का प्रयास था, जिसने वर्षों तक आतंकवाद को जीवित रहने का अवसर दिया था।

गृह मंत्री अमित शाह ने संसद में इस परिवर्तन के पीछे की वैचारिक दृष्टि को स्पष्ट शब्दों में रखा, "आतंकवाद कोई एक घटना नहीं, बल्कि एक विचारधारा है और विचारधाराएँ व्यक्तियों के माध्यम से ही संचालित होती हैं।"

यह वक्तव्य केवल विधायी औचित्य नहीं था; यह मोदी सरकार की आतंकवाद-विरोधी सोच का सार भी था। संदेश साफ था—यदि समस्या वैचारिक है तो समाधान भी वैचारिक और संरचनात्मक होना चाहिए।

इस संशोधन के साथ राष्ट्रीय अन्वेषण एजेंसी (एनआईए) को भी अभूतपूर्व अधिकार प्राप्त हुए। अब वह भारत की सीमाओं से बाहर किए गए आतंकवादी अपराधों की जाँच कर सकती थी और आतंकवाद से जुड़े परिसंपत्तियों को जब्त करने की वैधानिक शक्ति भी उसे प्राप्त हो गई। इसका अर्थ यह था कि आतंकवाद को अब केवल "सीमा पार समस्या" मानकर छोड़ा नहीं जा सकता था; उसके वित्तीय, डिजिटल और वैचारिक नेटवर्क को जहाँ भी वे मौजूद हों, वहीं निशाना बनाया जा सकता था।

ये कानून केवल मामूली बदलाव नहीं थे। इन्होंने भारत के आतंकवाद-विरोधी ढांचे को वह सुदृढ़ कानूनी आधार प्रदान किया, जिसके अभाव की लंबे समय से अनुभूति हो रही थी। अब इस ढांचे को इस प्रकार तैयार किया गया है कि जाँच कार्य त्वरित हो, अभियोजन प्रभावी हो और खुफिया जानकारी के आधार पर कार्रवाई की जा सके।

इस प्रकार मोदी डॉक्ट्रिन का यह पक्ष इसे भी स्थापित करता है कि आतंकवाद के विरुद्ध निर्णायक लड़ाई केवल सीमा पर नहीं लड़ी जाती। वह

अदालतों में, क़ानून की धाराओं में और उस वैचारिक स्पष्टता में भी लड़ी जाती है जो यह तय करती है कि राष्ट्र किन सीमाओं तक सहन करेगा और कहाँ से आगे बढ़कर निर्णायक प्रहार करेगा।

नशीले पदार्थों के विरुद्ध युद्ध : आतंकवादियों के आर्थिक पोषण पर लगाम

मोदी डॉक्ट्रिन को यदि केवल सीमा-पार सैन्य कार्रवाइयों या अंतरराष्ट्रीय कूटनीति तक सीमित कर दिया जाए तो उसकी सबसे सूक्ष्म किंतु सबसे प्रभावी परत अधूरी रह जाएगी। यह परत है—आतंकवाद और नशीले पदार्थों के बीच के उस गहरे, व्यवस्थित और लंबे समय से स्थापित गठजोड़ की पहचान, जिसे दशकों तक केवल कानून-व्यवस्था की समस्या मानकर देखा जाता रहा।

वैश्विक अनुभव पहले से ही चेतावनी दे रहा था। हिज़्बुल्लाह का लैटिन अमेरिका में ड्रग नेटवर्क, तालिबान का अफ़ीम-आधारित युद्ध-अर्थतंत्र और आईएसआईएस द्वारा नियंत्रित तस्करी मार्ग—ये सभी इस तथ्य के प्रमाण थे कि आधुनिक आतंकवाद विचारधारा से अधिक अर्थव्यवस्था पर टिका होता है। दक्षिण एशिया इस प्रवृत्ति से अछूता नहीं था। पाकिस्तान-समर्थित आतंकी नेटवर्क वर्षों से मादक पदार्थों की तस्करी को हथियारों की खरीद, भर्ती, प्रचार और संचालन के लिए वित्तीय ईंधन के रूप में प्रयोग करते आ रहे थे।

नरेन्द्र मोदी के नेतृत्व में भारत ने इस सच्चाई को स्वीकार करने में कोई झिझक नहीं दिखाई। नशीले पदार्थों के खिलाफ अभियान को अब सिर्फ सामाजिक सुधार या सार्वजनिक स्वास्थ्य का मुद्दा नहीं माना गया, बल्कि इसे सीधे राष्ट्रीय सुरक्षा से जुड़ा खतरा समझा जाने लगा। यह एक महत्त्वपूर्ण वैचारिक बदलाव था क्योंकि जब ड्रग्स को आतंकवाद की जीवनरेखा के रूप में देखा गया, तो उनके खिलाफ कार्रवाई भी उतनी ही सख्त और निर्णायक होना जरूरी हो गया।

इस दृष्टिकोण के अनुरूप, नारकोटिक्स कंट्रोल ब्यूरो (एनसीबी), राजस्व खुफिया निदेशालय (डीआरआई) और तटीय सुरक्षा बलों को एक समन्वित, खुफिया-आधारित ढाँचे में पुनर्संयोजित किया गया। पाकिस्तान से लगी थल

सीमाओं पर, विशेष रूप से पंजाब और राजस्थान में, ड्रोन-आधारित तस्करी मार्गों की पहचानकर उन्हें निष्क्रिय किया गया। अरब सागर में सक्रिय समुद्री तस्करी नेटवर्कों पर तटीय निगरानी और अंतर-एजेंसी अभियानों के माध्यम से लगातार प्रहार किए गए। इन अभियानों का मुख्य लक्ष्य नशीली दवाओं की खेपों को जब्त करना नहीं था। असली उद्देश्य आतंकवाद के लिए होने वाले धन के प्रवाह को रोकना था। जैसे-जैसे ड्रग मनी कम होता गया, इसका सीधा प्रभाव आतंकवादियों की हथियार खरीदने की क्षमता, नए सदस्यों की भर्ती और अपने संचालन के लिए रसद प्रबंधित करने पर पड़ा। इस बदलाव ने आतंकवाद को आर्थिक रूप से महँगा और जोखिमपूर्ण बना दिया, जिससे यह केवल एक सैन्य और नैतिक चुनौती से कहीं अधिक बन गया।

इस प्रकार, नशीले पदार्थों के विरुद्ध युद्ध मोदी डॉक्ट्रिन के उस व्यापक दृष्टिकोण को दर्शाता है, जिसमें आतंकवाद से लड़ाई को सम्पूर्ण राज्य नहीं, बल्कि सम्पूर्ण व्यवस्था की चुनौती के रूप में समझा गया—जहाँ बंदूक, क़ानून, कूटनीति और अर्थव्यवस्था—सभी एक साथ काम करती हैं।

यदि सर्जिकल स्ट्राइक और बालाकोट ने आतंकवाद के "शरीर" पर वार किया तो ड्रग नेटवर्क्स पर यह निरंतर दबाव उसकी रक्तधारा को अवरुद्ध करने का प्रयास था और यही किसी भी दीर्घकालिक आतंकवाद-रोधी रणनीति की वास्तविक कसौटी होती है।

पाकिस्तान के बंदरगाह शहरों से संचालित सैकड़ो किलोग्राम हेरोइन की खेपें; वैश्विक ड्रग कार्टेल से जुड़े सिंथेटिक ड्रग नेटवर्क, जो भारत को एक ट्रांजिट प्वाइंट के रूप में उपयोग करते हैं; तथा ऐसे मादक पदार्थ, जो आतंकवादी वित्तपोषण नेटवर्क से जुड़े मॉड्यूल्स के माध्यम से भारत में प्रवेश कर रहे थे।

सुरक्षा विशेषज्ञों का मानना है कि 2014 से 2022 के बीच भारत में दर्ज की गई कुछ सबसे बड़ी ड्रग जब्तियाँ बेहतर तटीय निगरानी, सशक्त खुफिया साझाकरण और दृढ़ राजनीतिक इच्छाशक्ति का प्रत्यक्ष परिणाम थीं। मोदी सरकार की रणनीति स्पष्ट और सरल थी—यदि आतंकवाद को समाप्त करना है तो उसके वित्तीय स्रोतों का उन्मूलन अनिवार्य है।

एक नया राष्ट्रीय सुरक्षा टेम्पलेट

मोदी के पहले कार्यकाल की समाप्ति और दूसरे कार्यकाल की शुरुआत तक भारत राष्ट्रीय सुरक्षा के संदर्भ में एक निर्णायक रणनीतिक संक्रमण से गुजर चुका था। जहाँ पूर्व में आतंकवाद के प्रति भारत की प्रतिक्रिया प्रायः संयमित, प्रतिक्रियात्मक और सीमित कूटनीतिक निंदा तक सिमटी रहती थी—डोज़ियर सौंपने और अंतरराष्ट्रीय मंचों पर शिकायत दर्ज कराने से आगे बढ़कर—वहीं अब भारत ने एक समग्र, सक्रिय और परिणामोन्मुख राष्ट्रीय सुरक्षा दृष्टिकोण को अपनाया।

इस नए टेम्पलेट की विशेषता इसकी बहुस्तरीय संरचना में निहित है :

- संचालनात्मक निवारक क्षमता :
  उरी के बाद की सर्जिकल स्ट्राइक और पुलवामा के पश्चात बालाकोट एयरस्ट्राइक ने यह स्पष्ट कर दिया कि भारत अब आतंकवादी हमलों को केवल सहने या निंदा करने की नीति में विश्वास नहीं करता, बल्कि स्रोत पर जाकर प्रतिकार करने की इच्छाशक्ति और क्षमता दोनों रखता है।
- कूटनीति और दबाव-राजनीति :
  एफ़एटीएफ़ जैसे अंतरराष्ट्रीय मंचों पर पाकिस्तान को वैश्विक निगरानी के दायरे में लाने की भारत की पहल ने यह सिद्ध किया कि कूटनीति अब केवल संवाद का माध्यम नहीं, बल्कि रणनीतिक दबाव का उपकरण भी है।
- कानूनी सशक्तिकरण :
  यूएपीए संशोधनों के माध्यम से आतंकवाद से निपटने के लिए राज्य को वैधानिक रूप से अधिक सक्षम बनाया गया, जिससे सुरक्षा एजेंसियों को समयबद्ध, प्रभावी और निर्णायक कार्रवाई की शक्ति प्राप्त हुई।
- संरचनात्मक क्षमता निर्माण :
  खुफिया तंत्र, वित्तीय निगरानी और नशीले पदार्थों के खिलाफ अभियानों के माध्यम से आतंकवाद और संगठित अपराध की

आर्थिक रीढ़ को तोड़ने का प्रयास इस रणनीति का एक महत्त्वपूर्ण स्तंभ बना।

- ये सभी तत्त्व मिलकर मोदी डॉक्ट्रिन का निर्माण करते हैं—एक ऐसी राष्ट्रीय सुरक्षा नीति जो न तो केवल सैन्य कार्रवाई तक सीमित है और न ही केवल कूटनीतिक नैतिकता पर आधारित, बल्कि शक्ति, कानून, कूटनीति और संरचना के समन्वय से संचालित होती है। हालाँकि, जहाँ भारत ने बाहरी खतरों—चाहे वे वास्तविक हों या रणनीतिक रूप से निर्मित—का दृढ़ता से सामना किया, वहीं उसे एक ऐसे आंतरिक सुरक्षा संकट से भी जूझना पड़ा जिसने दशकों में किसी भी विदेशी आतंकवादी खतरे से अधिक भारतीय नागरिकों की जान ली थी—नक्सल-माओवादी विद्रोह।

अध्याय दो

नक्सलवाद : भारत के समक्ष सबसे गंभीर आंतरिक राष्ट्रीय सुरक्षा चुनौती

"यदि राज्य अपने वनों तक नहीं पहुँच सकता
तो विद्रोही वहाँ पहुँच जाएगा"

नक्सलबाड़ी की आग : जिसने पूरे देश को अपनी चपेट में लिया

नक्सलवाद की कहानी 1967 में हिमालय की तलहटी में बसे उत्तरी बंगाल के कुछ छोटे, उपेक्षित गाँवों से शुरू होती है। उस समय “नक्सलवाद” कोई बड़ा नाम या संगठित आंदोलन नहीं था, बल्कि दबे-कुचले लोगों के भीतर पनप रही एक मौन बेचैनी थी। यहाँ चाय बागानों के श्रमिक और सीमांत किसान रहते थे—ऐसे लोग जिनकी ज़िंदगी शोषण, भूमि की असुरक्षा और राजनीतिक उपेक्षा के बोझ तले दबी हुई थी। उनके लिए व्यवस्था के भीतर न्याय किसी दूर के स्वप्न जैसा था, जो दिखाई तो देता था, पर हाथ नहीं आता था।

इस असंतोष की पहली चिंगारी भूमि और फसल के बँटवारे को लेकर भड़की। एक ओर ज़मीन के मालिक थे, तो दूसरी ओर वही किसान, जिनके पसीने से वह ज़मीन उपजती थी। शुरुआत में यह संघर्ष छोटा और सीमित था, लेकिन जल्द ही इसमें विचारों की आग भी शामिल हो गई।

चारू मजूमदार, कानू सान्याल और जंगल संथाल जैसे नेताओं के आगमन ने इस चिंगारी को आंदोलन की लौ में बदल दिया। खासकर चारू मजूमदार के लेखन ने इसे वैचारिक आधार दिया। उन्होंने यह कहा कि भारत की संसदीय लोकतांत्रिक व्यवस्था दरअसल एक ऐसा आवरण है, जो शोषण को छिपाता है और सच्चा परिवर्तन केवल सशस्त्र क्रांति के रास्ते से ही संभव है।

इस तरह, एक स्थानीय असंतोष धीरे-धीरे एक वैचारिक विद्रोह में बदल गया—जहाँ भूख, अन्याय और असमानता ने मिलकर एक नई दिशा को जन्म दिया।

यद्यपि नक्सलबाड़ी का प्रारंभिक विद्रोह कुछ ही महीनों में दबा दिया गया, परंतु इसका वैचारिक प्रभाव दूरगामी सिद्ध हुआ। इसने किसान-आधारित

सशस्त्र संघर्ष का एक ऐसा मॉडल प्रस्तुत किया, जो शीघ्र ही बंगाल से बाहर फैलते हुए आंध्र प्रदेश, बिहार और मध्य भारत के ग्रामीण अंचलों तक पहुँच गया। जो चीज़ एक स्वतःस्फूर्त विद्रोह के रूप में शुरू हुई थी, वह अगले कुछ दशकों में धीरे-धीरे एक अधिक संगठित और अनुशासित समूह में बदल गई, जो एक साझा विचारधारा से प्रेरित था। फिर भी, इसकी संरचना हमेशा बदलती रहती थी, क्योंकि यह अक्सर बिखर जाता था और फिर एक अलग तरीके से स्वयं को पुनर्गठित कर लेता था।

इस क्रम में दो संगठन विशेष रूप से राष्ट्रीय स्तर पर उभरे—आंध्र प्रदेश का पीपुल्स वॉर ग्रुप (पीडब्ल्यूजी) और बिहार का माओवादी कम्युनिस्ट सेंटर (एमसीसी)। इन संगठनों के उदय ने यह स्पष्ट कर दिया कि नक्सल आंदोलन अब केवल स्थानीय किसान आक्रोश का स्वरूप नहीं रहा, बल्कि एक दीर्घकालिक, रणनीतिक और सशस्त्र क्रांतिकारी परियोजना में परिवर्तित हो चुका है।

वर्ष 2004 में, दो माओवादी समूहों, पीडब्ल्यूजी और एमसीसी का विलय होकर भारतीय कम्युनिस्ट पार्टी (माओवादी) का गठन हुआ। इस नए संगठन ने विद्रोह को एक एकल नेतृत्व, स्पष्ट राजनीतिक दिशा और भारत के लिए एक समन्वित रणनीति प्रदान की। इस संरचना के साथ, सीपीआई (माओवादी) ने घने जंगलों वाले एक निरंतर क्षेत्र में अपना प्रभाव विस्तार करना शुरू किया, जो छत्तीसगढ़, झारखंड, ओडिशा, महाराष्ट्र, आंध्र प्रदेश, तेलंगाना और बिहार के कुछ हिस्सों को समाहित करता रहा। यह क्षेत्र शीघ्र ही भारत के तथाकथित "रेड कॉरिडोर" के रूप में जाना जाने लगा।

इस विद्रोह का विस्तार किसी आकस्मिक या केवल वैचारिक घटना का परिणाम नहीं था। इसके पीछे तीन परस्पर जुड़े कारक निर्णायक थे।

पहला, भौगोलिक कारक—घने वन, दुर्गम पहाड़ी भूभाग, सीमित सड़क संपर्क और कमजोर पुलिस उपस्थिति, जिन्होंने विद्रोहियों को सुरक्षित शरणस्थली प्रदान की।

दूसरा, सामाजिक कारक— आदिवासी और ग्रामीण समुदायों का लंबे समय से चल रहा हाशिए पर धकेला जाना—उनकी भूमि छीनना और उन्हें स्कूलों तथा अस्पतालों जैसी बुनियादी सेवाओं से वंचित करना—गहरी शिकायतों के पनपने का एक कारण बना।

तीसरा, राजनीतिक-प्रशासनिक कारक— जब सरकार बुनियादी सेवाएँ प्रदान करने के लिए बहुत कमज़ोर थी, भ्रष्टाचार से भरी थी और लोगों की ज़रूरतों की उपेक्षा करती थी, तब इसने एक ऐसा शून्य (वैक्यूम) छोड़ दिया जिसे अन्य अधिक प्रभावशाली समूहों ने सत्ता संभालकर भरने का अवसर देखा।

इन सभी कारकों के समन्वय से एक ऐसा अनुकूल वातावरण तैयार हुआ, जिसमें नक्सल-माओवादी आंदोलन स्वयं को "दीर्घकालिक जनयुद्ध" की अवस्था में स्थापित कर सका—एक ऐसा संघर्ष, जो केवल हथियारों के बल पर नहीं, बल्कि सामाजिक असंतोष और राज्य की अनुपस्थिति पर आधारित था।

राज्य की गैर-मौजूदगी में हिंसा के लिए उर्वर भूमि

किसी भी विद्रोही आंदोलन की जड़ें केवल जन-असंतोष में नहीं, बल्कि राज्य की उस संरचनात्मक विफलता में होती हैं, जहाँ वह नागरिकों को न्यूनतम सार्वजनिक सेवाएँ प्रदान करने में असमर्थ रहता है। जिन क्षेत्रों, विशेषतः तथाकथित "आदिवासी पट्टियों" में माओवादी विद्रोहियों ने गहरी पैठ बनाई, वहाँ राज्य की अनुपस्थिति केवल वैचारिक नहीं, बल्कि प्रत्यक्ष और दैनिक जीवन में अनुभूत होने वाली वास्तविकता थी। नक्सलवाद के प्रति स्थानीय समर्थन को समझने के लिए 2014 से पूर्व की अवधि में आदिवासी समुदायों की जीवन-स्थितियों से जुड़े आँकड़ों पर गंभीर दृष्टि डालना अनिवार्य है।

स्वच्छ पेयजल तक पहुँच, जो मानवीय गरिमा की सबसे बुनियादी आवश्यकता है, इन समुदायों के लिए एक निरंतर संघर्ष का विषय बनी हुई थी। जनगणना 2011 के अनुसार ग्रामीण भारत में केवल प्रत्येक तीन में से एक परिवार के पास नल से जल उपलब्ध था। किंतु अनेक नक्सल-प्रभावित जिलों में, जहाँ आदिवासी आबादी का अनुपात अधिक है, यह आँकड़ा पाँच में से एक परिवार से भी कम तक सिमट जाता था। परिणामस्वरूप, समुदायों को स्वच्छ जल के लिए दूरस्थ झरनों या असुरक्षित खुदे कुओं पर निर्भर रहना पड़ता था। इसका प्रत्यक्ष परिणाम संक्रामक रोगों का प्रसार, दूषित जल के सेवन से जुड़ी स्वास्थ्य समस्याएँ और निरंतर असुरक्षा की मानसिक स्थिति के रूप में सामने आता था।

स्वच्छता और सीवरेज की स्थिति और भी चिंताजनक थी। जनगणना 2011 यह दर्शाती है कि देश के लगभग 50 प्रतिशत घरों में फ्लश वाले शौचालय की सुविधा उपलब्ध नहीं थी। यह राष्ट्रीय औसत इस तथ्य को ढक देता है कि कई आदिवासी बहुल ब्लॉकों में खुले में शौच की दर 60 प्रतिशत से भी अधिक थी। पर्याप्त स्वच्छता संबंधी संसाधन के अभाव ने डायरिया जैसी जलजनित बीमारियों को इन क्षेत्रों में एक स्थायी सार्वजनिक स्वास्थ्य संकट में बदल दिया।

कनेक्टिविटी की कमी ने इन समस्याओं को और गहरा कर दिया। मार्च 2014 तक प्रधानमंत्री ग्राम सड़क योजना (पीएमजीएसवाई) के एक दशक से अधिक समय तक लागू रहने के बावजूद भारत के लगभग आधी जनसंख्या—जिनमें बड़ी संख्या नक्सल-प्रभावित क्षेत्रों की थी—अब भी हर मौसम में उपयोग योग्य सड़कों से वंचित थे। इस भौतिक अलगाव के प्रभाव दूरगामी और बहुआयामी थे। सड़कों के अभाव में शिक्षक विद्यालयों तक नियमित रूप से नहीं पहुँच पाते थे, डॉक्टर प्राथमिक स्वास्थ्य केंद्रों में स्थायी सेवाएँ नहीं दे पाते थे और प्रशासनिक अधिकारी निगरानी तथा शिकायत निवारण के लिए गाँवों तक पहुँच ही नहीं पाते थे। परिणामस्वरूप, कल्याणकारी योजनाएँ काग़ज़ों तक सीमित रह जाती थीं।

मानसून के दौरान यह अलगाव और भी भयावह रूप ले लेता था। अनेक गाँव महीनों तक लगभग पूर्ण संपर्क-विच्छेद की स्थिति में रहते थे—न सरकार से संवाद, न मीडिया की पहुँच। जहाँ कहीं विद्यालय या स्वास्थ्य केंद्र जैसे संस्थान स्थापित भी किए गए, वहाँ वे प्रायः नाममात्र के ढाँचे बनकर रह गए। विद्यालयों में न तो नियमित उपस्थिति होती थी और न गुणवत्तापूर्ण शिक्षा; स्वास्थ्य केंद्रों में अक्सर डॉक्टरों की अनुपस्थिति रहती थी। इस प्रकार शहरी नीति-निर्माण में कल्पित कल्याणकारी राज्य की अवधारणा, इन क्षेत्रों में वास्तविकता से कोसों दूर थी।

समय बीतने के साथ राज्य की संस्थाएँ और भी कमजोर हो गईं। भ्रष्टाचार और कुप्रबंधन के कारण जल, बिजली तथा सुरक्षा जैसी बुनियादी सेवाएँ विफल होने लगीं। लोग बस इसी विफलता को स्वीकार करने लगे। इसी रिक्तता के बीच माओवादी आंदोलन उभरा। उन्हें यह तर्क देने की आवश्यकता नहीं थी

कि सरकार को जनता की परवाह नहीं है—लोगों का दैनिक जीवन ही इसका प्रमाण था। केवल वैचारिक पेशकश करने के बजाय, माओवादियों ने त्वरित हस्तक्षेप और तत्काल "न्याय" का आश्वासन दिया। वे विवादों का निपटारा शीघ्रता से करते थे और उन लोगों को सार्वजनिक रूप से दंड देते थे जिन्हें वे उत्पीड़क मानते थे। उन्होंने भय और नियंत्रण की एक कठोर एवं अक्सर क्रूर व्यवस्था लागू की।

ऐसे कई युवा थे जिन्होंने कभी अच्छे स्कूल, भ्रष्टाचार मुक्त प्रशासन या अच्छे अस्पताल नहीं देखे थे। उनके लिए नक्सली शिविर एक ऐसा स्थान बन गए जहाँ उन्हें अपनापन, ताकत और जीवन का मकसद मिलता महसूस हुआ। बंदूक ने उन्हें वह दिया जो सरकार नहीं दे पाई—पहचान, सम्मान और अपनी मौजूदगी का एहसास। लंबे समय तक हुई उपेक्षा ने उनके भीतर गुस्सा और अलगाव पैदा कर दिया। यही भावना माओवादी संगठनों के लिए लोगों को जोड़ने का सबसे बड़ा कारण बन गई। इस तरह, जहाँ सरकार की कमी एक बड़ी विफलता थी, वहीं वही स्थिति नक्सलियों के लिए एक फायदा बन गई।

एक अलग प्रकार का विद्रोह : नक्सलवाद भारत की सबसे गंभीर आंतरिक चुनौती क्यों बना?

नक्सलवाद को दशकों तक भारत की सबसे गंभीर आंतरिक चुनौती इसलिए माना गया, इसे केवल हिंसा की घटनाओं की संख्या से नहीं समझा जा सकता। इसकी असली गहराई उसके संगठित ढाँचे, स्पष्ट वैचारिक दिशा और दूरगामी राजनीतिक लक्ष्य में छिपी थी। यह कोई बिखरा हुआ या तात्कालिक असंतोष नहीं था, बल्कि एक सुनियोजित विचार के साथ आगे बढ़ने वाला आंदोलन था। माओवादी आंदोलन का उद्देश्य सिर्फ राज्य व्यवस्था को बाधित करना नहीं, बल्कि उसे पूरी तरह बदल देना था। उनके दस्तावेज़ों और लेखन में एक वैकल्पिक सत्ता की स्पष्ट कल्पना मिलती है—ऐसे तथाकथित "मुक्त क्षेत्रों" की, जो छत्तीसगढ़ के बस्तर से लेकर नेपाल की तराई तक फैले हों और धीरे-धीरे देश के शहरी और महानगरीय क्षेत्रों तक अपना प्रभाव बढ़ा सकें।

यही संगठित और दीर्घकालिक दृष्टि नक्सलवाद को अन्य आंतरिक आंदोलनों—जैसे जातीय असंतोष, क्षेत्रीय आंदोलन या सीमित उग्रवाद—से

अलग बनाती है। यह केवल कानून-व्यवस्था का प्रश्न नहीं था; यह राज्य की संप्रभुता और संवैधानिक ढांचे को चुनौती देने वाला एक गहरा और लंबा संघर्ष था, जो भीतर ही भीतर अपनी जड़ें फैलाता रहा।

इस वैचारिक परियोजना की मानवीय कीमत अत्यंत भयावह रही है। पिछले पाँच दशकों में नक्सलवाद से जुड़ी हिंसा में 25,000 से अधिक लोगों की जान जा चुकी है, जिनमें आम नागरिक, सुरक्षा बलों के जवान और स्वयं माओवादी कैडर शामिल हैं। यह संख्या केवल एक आँकड़ा नहीं है; यह अनगिनत व्यक्तिगत त्रासदियों का प्रतिनिधित्व करती है। इसमें वे सरपंच शामिल हैं जिनकी हत्या केवल इसलिए कर दी गई क्योंकि उन्होंने सरकार के साथ सहयोग किया था। इसमें वे शिक्षक भी शामिल हैं जिन्हें माओवादी आदेशों का पालन करने से इनकार करने पर मार दिया गया। यह उन आदिवासी ग्रामीणों का भी प्रतिनिधित्व करता है जिन्हें केवल इस संदेह पर सार्वजनिक रूप से मृत्युदंड दे दिया गया कि वे पुलिस मुखबिर हैं। और इसमें सड़क निर्माण, खाद्य आपूर्ति या संचार प्रणालियों की सुरक्षा के लिए तैनात सुरक्षा बलों पर विद्रोहियों के योजनाबद्ध घातक हमले भी शामिल हैं।

ऐसी घटनाएँ भारतीय राष्ट्रीय स्मृति में स्थायी रूप से अंकित हो गईं। अप्रैल 2010 का दंतेवाड़ा नरसंहार इसका प्रतीकात्मक उदाहरण है, जब एक ही हमले में 76 सीआरपीएफ़ जवान मारे गए। इस घटना ने न केवल माओवादी सैन्य योजना की परिष्कृत क्षमता को उजागर किया, बल्कि घने वन क्षेत्रों में तैनात सुरक्षा बलों की संरचनात्मक कमजोरियों को भी सामने ला दिया। इसी प्रकार, मई 2013 में छत्तीसगढ़ की झीरम घाटी में कांग्रेस नेताओं की हत्या को व्यापक रूप से वरिष्ठ राजनीतिक नेतृत्व की लक्षित हत्या के रूप में देखा गया। यह घटना केवल एक राजनीतिक हमला नहीं थी, बल्कि लोकतांत्रिक प्रतिनिधित्व को भय के माध्यम से समाप्त करने की रणनीति का स्पष्ट संकेत थी, जिसका उद्देश्य विवादित क्षेत्रों पर पूर्ण नियंत्रण स्थापित करना था।

अप्रैल 2017 में बुरकापाल में पुलिस दल पर किया गया हमला यह दर्शाता है कि माओवादियों की रणनीति अपरिवर्तित रही। इसने स्पष्ट कर दिया कि उनके लिए सड़कें, पुल और फोन नेटवर्क जैसे निर्माण कार्य केवल

लोगों की मदद करने के लिए नहीं थे। इसके बजाय, उन्होंने इन परियोजनाओं को अपने अस्तित्व और नियंत्रण के लिए एक प्रत्यक्ष खतरे के रूप में देखा। इसी कारण से, ये विकास कार्य विद्रोही हिंसा के प्रमुख लक्ष्य बन गए।

हिंसा के अलावा, माओवादी आंदोलन लंबे समय तक इसलिए भी टिक पाया क्योंकि उसके पास एक मजबूत सहायक तंत्र था। उन्होंने अपने इलाकों में एक तरह की अलग, छुपी हुई अर्थव्यवस्था खड़ी कर ली थी।

यह व्यवस्था जबरन वसूली, अवैध खनन, ठेकेदारों से ली जाने वाली "लेवी" और व्यापारियों व सरकारी परियोजनाओं से वसूले जाने वाले तथाकथित "करों" पर चलती थी। अनुमानतः केवल छत्तीसगढ़ के कई जिलों में ही यह विद्रोह प्रतिवर्ष सैकड़ों करोड़ रुपए की अवैध वसूली करता था। ये गुप्त वित्तीय नेटवर्क न केवल विद्रोही गतिविधियों को निरंतर बनाए रखते थे, बल्कि वैध आर्थिक गतिविधियों, निजी निवेश और राज्य-प्रायोजित विकास को भी गंभीर रूप से बाधित करते थे।

माओवादी आंदोलन का सबसे दीर्घकालिक नुकसान पहुँचाने वाला पहलू उसका शहरों में रहने वाला वैचारिक नेटवर्क था। इसमें कुछ कार्यकर्ता, लेखक, एनजीओ और खुद को बुद्धिजीवी कहने वाले लोग शामिल थे, जो जानबूझकर या अनजाने में माओवादी हिंसा को सही ठहराने में मदद करते थे। इन लोगों के विचारों और बहसों में माओवादी हिंसा को अक्सर "राज्य के खिलाफ प्रतिरोध" के रूप में दिखाया गया, जबकि असल में यह एक संगठित, हथियारबंद विद्रोह था, जिसका उद्देश्य लोकतांत्रिक व्यवस्था को चुनौती देना और उसे खत्म करना था।

यही वैचारिक धुंध—जहाँ हिंसा को नैतिक आवरण प्रदान किया गया—नक्सलवाद को केवल एक सैन्य या पुलिस समस्या के रूप में नहीं, बल्कि एक बहुस्तरीय राष्ट्रीय सुरक्षा चुनौती के रूप में स्थापित करती है। यही कारण है कि दशकों तक नक्सलवाद को भारत की सबसे गंभीर आंतरिक चुनौती माना गया, क्योंकि वह केवल राज्य पर हमला नहीं कर रहा था, बल्कि राज्य होने के अर्थ को ही चुनौती दे रहा था।

न भर पाने वाला घाव : राष्ट्र को चुकानी पड़ी रणनीतिक कीमत

समय के साथ, नक्सलवाद अब केवल पुलिस की समस्या नहीं रह गया था। यह भारत के राजनीतिक, आर्थिक और यहाँ तक कि भावनात्मक कल्याण पर निरंतर दबाव डालने वाला एक गहरा, संरचनात्मक बोझ बन गया। ये क्षेत्र, जो खनिजों से समृद्ध थे और भारत की विकास यात्रा के इंजन होने चाहिए थे, इसके बजाय स्थायी, हिंसक युद्धक्षेत्रों में बदल गए। इसके परिणामस्वरूप, निजी कंपनियाँ निवेश करने से डरने लगीं। अनेक सरकारी अधिकारियों के लिए इन क्षेत्रों में तैनात होना उनके जीवन को जोखिम में डालने जैसा हो गया, और कई सार्वजनिक अवसंरचना परियोजनाएँ या तो पूरी नहीं हो सकीं या उन्हें पूरी तरह छोड़ना पड़ा।

विडंबना यह रही कि जिन सरकारी योजनाओं का मकसद गरीबों की मदद करना था, वही योजनाएँ सबसे ज्यादा प्रभावित इन हिंसाग्रस्त इलाकों में लागू होनी थीं। सरकार, कंपनियों और कई एनजीओ को भारी नुकसान हुआ, फिर भी वे किसी तरह अपना काम चलाते रहे।

लेकिन नक्सल आंदोलन का सबसे बड़ा और असली नुकसान उन्हीं लोगों को उठाना पड़ा, जिनके लिए यह आंदोलन शुरू किया गया था। "मुक्ति" और "न्याय" के नाम पर ये समुदाय लगातार डर, असुरक्षा और जबरन वसूली के दबाव में जीते रहे। उन्हें विद्रोहियों के सख्त नियंत्रण और उनकी बात मानने के लिए मजबूर रहना पड़ा।

व्यवहार में नक्सली विद्रोह ने समाज के सबसे कमजोर वर्गों से वह कीमत वसूल की, जो किसी भी सामंती ज़मींदार या औपनिवेशिक शासक ने भी शायद ही कभी वसूली हो। इसलिए नक्सलवाद को केवल एक आंतरिक सुरक्षा चुनौती के रूप में देखना उसके प्रभाव को कम करके आँकना होगा। वस्तुतः यह भारतीय राज्य की अवधारणा के लिए एक अस्तित्वगत चुनौती बन गया, एक ऐसा विद्रोह जो देश के प्रत्येक हिस्से में शासन करने की राज्य की वैधता और पूरे भूभाग में नागरिक सेवाएँ पहुँचाने की उसकी क्षमता पर मूलभूत प्रश्न खड़े करता है।

इस संघर्ष ने राज्य की उन बुनियादी भूमिकाओं पर गहरा संदेह उत्पन्न किया, जो किसी भी लोकतंत्र की नींव होती है : नागरिकों की सुरक्षा सुनिश्चित

करना, न्याय तक समान पहुँच उपलब्ध कराना और विकास को सबसे हाशिए पर खड़े लोगों तक पहुँचाना। जहाँ-जहाँ राज्य की उपस्थिति क्षीण हुई, वहाँ-वहाँ बंदूक ने शासन का स्थान ले लिया और यही स्थिति किसी भी संप्रभु लोकतांत्रिक व्यवस्था के लिए सबसे गंभीर चेतावनी होती है।

इसी ऐतिहासिक और संरचनात्मक स्थिति में मोदी-शाह सिद्धांत सामने आया। इसका मूल विचार यह था कि लोकतंत्र सिर्फ चुनाव कराने से मजबूत नहीं होता, बल्कि तब मजबूत होता है जब राज्य हर जगह दिखाई दे और प्रभावी ढंग से काम करे।

जहाँ सड़क, स्कूल, अस्पताल, पुलिस और प्रशासन नहीं पहुँचते, वहाँ किसी विचारधारा की नहीं, बल्कि डर और असुरक्षा की हुकूमत चलती है। अतः नक्सलवाद से निपटने का प्रश्न केवल विद्रोह को कुचलने का नहीं था, बल्कि भारतीय राज्य को उसके सबसे दूरस्थ और उपेक्षित नागरिकों के जीवन में पुनः स्थापित करने का था।

भर्ती का ढाँचा : कैसे एक पीढ़ी जंगलों की ओर धकेली गई

नक्सलवाद के विस्तार को समझने के लिए हमें एक कड़वे सच को स्वीकार करना होगा। माओवादियों के लिए नए सदस्यों की भर्ती करना कभी विशेष रूप से कठिन नहीं रहा। उन दूरस्थ और उपेक्षित गाँवों में, जहाँ सड़कें नहीं थीं, सरकारी विद्यालय केवल काग़ज़ों पर थे और जहाँ योजनाओं में स्वास्थ्य सेवाओं का वादा तो था लेकिन डॉक्टर प्रायः अनुपस्थित रहते थे, निकटतम पुलिस चौकी भौगोलिक रूप से पास होते हुए भी सामाजिक और मानसिक रूप से एक 'परायी' सत्ता थी। ऐसे वातावरण में, विद्रोही संगठनों द्वारा युवाओं को आकर्षित करना एक सुलभ अवस्था थी।

कई बच्चों का माओवादी आंदोलन से पहला जुड़ाव बेहद साधारण और लगभग मासूम तरीकों से शुरू होता था—कभी वे स्थानीय कैडर के लिए संदेश ले जाते, कभी रात के अंधेरे में जंगलों से गुजरती टुकड़ियों तक भोजन और पानी पहुँचाते, तो कभी बैठकों के दौरान चौकसी करते। यह सब उनके लिए किसी खेल या जिम्मेदारी जैसा लगता था, न कि किसी बड़े वैचारिक संघर्ष की शुरुआत। लेकिन जैसे-जैसे वे किशोरावस्था में कदम रखते, उनके

अनुभव बदलने लगते। वे अपने ही घर-परिवार को अपमान और शोषण का सामना करते देखते—कभी ठेकेदारों के हाथों, कभी वन अधिकारियों या बाहरी ताकतों के द्वारा। ऐसे अनुभव उनके भीतर धीरे-धीरे आक्रोश, पीड़ा और असहायता की गहरी परतें जमा देते थे।

शुरुआत भले ही स्वेच्छा जैसी दिखती हो, पर आगे बढ़ते हुए हर कदम पर दबाव, भय और सामाजिक बाध्यताएँ बढ़ती चली जाती थीं। विकल्प धीरे-धीरे सिमटने लगते और एक समय ऐसा आता जब विद्रोह का रास्ता कोई चुनाव नहीं, बल्कि एक लगभग तय हो चुकी नियति जैसा प्रतीत होने लगता था।

जिस बालक ने कभी पाठ्य-पुस्तक नहीं खोली थी, वह कुछ वर्षों में माओवादी दस्ते का सशस्त्र सदस्य बनकर एके47 थामे खड़ा दिखाई देता था। जिस युवा को अपने भविष्य की कोई स्पष्ट दिशा नहीं दिखती थी, वह तथाकथित "राजनीतिक शिक्षा कक्षाओं" में भाग लेने लगा, जहाँ उसे इतिहास, अन्याय और संघर्ष की एक वैकल्पिक व्याख्या प्रदान की जाती थी। वह युवती, जिसे कभी माध्यमिक विद्यालय में प्रवेश का अवसर नहीं मिला था, पहली बार यह अनुभव करने लगी कि वह भी किसी बड़े उद्देश्य का हिस्सा बन सकती है—ठीक वैसे ही, जैसे उससे पहले उसकी कोई रिश्तेदार या परिचित बन चुकी थी।

माओवादियों की सबसे बड़ी ताकत यह थी कि वे इंसान की बुनियादी जरूरतों को अच्छी तरह समझते थे—जैसे पहचान पाना, जीवन में कोई मकसद होना और कहीं अपनापन महसूस करना। उन्होंने उन व्यक्तियों को सामाजिक मान्यता और भावनात्मक जुड़ाव प्रदान किया, जो सरकार के साथ वास्तविक रूप से जुड़ नहीं पा रहे थे, क्योंकि वे संस्थाएँ उनके क्षेत्रों में या तो अनुपस्थित थीं या प्रभावहीन थीं। इसी प्रक्रिया के माध्यम से, माओवादियों ने एक अनुशासित और संगठित समूह का निर्माण किया, जो स्वयं को बाहरी शोषणकारी शक्तियों के विरुद्ध स्थानीय समाज के रक्षक के रूप में देखता था।

इस सामूहिक संरचना के भीतर प्रत्येक सदस्य के मन में उद्देश्य की एक प्रबल भावना और समूह के प्रति निष्ठा की अपेक्षा गहराई से रोप दी जाती थी। यही प्रेरणा व्यक्तियों को उस आदर्शीकृत व्यक्तित्व "आदर्श कॉमरेड" की ओर अग्रसर करती थी, जिसे माओवादी विचारधारा में महिमामंडित किया

जाता था, जबकि राज्य और समाज की मुख्यधारा उसे अपराधी के रूप में देखती थी। अनुशासन से विचलन करने वालों के विरुद्ध त्वरित और प्रायः अत्यंत क्रूर 'न्याय' व्यवस्था लागू की जाती थी, जहाँ दंड केवल सुधार का साधन नहीं, बल्कि पूरे समुदाय के लिए चेतावनी का उपकरण भी होता था।

इसके साथ-साथ, यह आंदोलन अनेक युवाओं को उत्पीड़न और निर्धनता से परे एक वैकल्पिक भविष्य का स्वप्न भी दिखाता था—एक ऐसी कल्पित राजनीतिक व्यवस्था का, जिसमें वे स्वयं को केवल अनुयायी नहीं, बल्कि संभावित नेतृत्वकर्ता के रूप में देखने लगते थे। यह स्वप्न विशेष रूप से वनाच्छादित और पर्वतीय क्षेत्रों; जैसे बस्तर, दंतेवाड़ा और झारखंड के आसपास के इलाक़ों पर आरोपित किया जाता था, जिन्हें एक नए "मुक्त क्षेत्र" और भावी क्रांतिकारी राष्ट्र की नींव के रूप में प्रस्तुत किया गया।

समानांतर शासन : वह व्यवस्था जिसे माओवादियों ने खड़ा करने का प्रयास किया

नक्सलवाद का लक्ष्य मात्र 'भारत सरकार को गिराना' नहीं था, बल्कि उसकी जगह स्वयं को स्थापित करना था। यह कोई वैचारिक अतिशयोक्ति नहीं, बल्कि ज़मीनी वास्तविकता और ऐतिहासिक तथ्य है। रेड कॉरिडोर के व्यापक क्षेत्रों में माओवादी संगठनों ने एक वैकल्पिक शासन तंत्र विकसित किया—ऐसा शासन जो भय, हिंसा और कठोर वैचारिक अनुशासन पर आधारित था।

इस समानांतर व्यवस्था की सबसे प्रत्यक्ष अभिव्यक्ति तथाकथित 'जन अदालतें' थीं। जंगलों की खुली जगहों या परित्यक्त गाँवों में लगने वाली ये अदालतें त्वरित निर्णय सुनाती थीं, जिनमें सार्वजनिक अपमान, शारीरिक दंड, आर्थिक जुर्माने और यहाँ तक कि मृत्युदंड भी शामिल था। बाहरी दृष्टि से यह प्रणाली नृशंस और बर्बर प्रतीत होती थी, किंतु उस ग्रामीण के लिए, जो वर्षों से किसी ज़मींदार या ठेकेदार के साथ अपने विवाद को लेकर जिला अदालतों के चक्कर काट चुका था, यह 'त्वरित न्याय' एक व्यवहारिक विकल्प जैसा लगने लगता था। दशकों तक लंबित रहने वाली कानूनी प्रक्रिया की तुलना में तत्काल निर्णय—चाहे वह कितना ही कठोर क्यों न हो—अधिक सुलभ प्रतीत होता था।

माओवादी नियंत्रण का दूसरा प्रमुख स्तंभ कराधान था। तेंदूपत्ता, बाँस और अन्य लघु वन उपज के व्यापार से जुड़े लोगों से 'क्रांतिकारी कर' वसूला जाता था। सड़क, पुलिया या अन्य छोटे निर्माण कार्यों में लगे ठेकेदारों को अपने अनुबंध मूल्य का एक निश्चित भाग विद्रोहियों को देना पड़ता था। यहाँ तक कि किसी सरकारी अधिकारी को भी यदि माओवादी-प्रभावित वन क्षेत्र में प्रवेश करना होता तो उसे 'सुरक्षा शुल्क' चुकाना अनिवार्य था। इस प्रक्रिया ने एक छिपी अर्थव्यवस्था को जन्म दिया, जिसने विद्रोहियों को न केवल वित्तीय आत्मनिर्भरता दी, बल्कि यह धारणा भी मजबूत की कि कई इलाकों में माओवादी शासन, सरकारी तंत्र की तुलना में अधिक प्रभावी और सर्वव्यापी है।

संभवतः माओवादियों द्वारा किया गया सबसे गहरा और दीर्घकालिक नुकसान विकास की योजनाओं को रोकने के रूप में सामने आया। सड़कें, बिजली, मोबाइल टावर, स्कूल और स्वास्थ्य केंद्र—ये उनके लिए महज़ सुविधाएँ नहीं थे, बल्कि राज्य की वापसी और उसकी वैधता के प्रतीक थे। इसलिए उन्होंने विकास को सीधे अपने अस्तित्व के लिए खतरे के रूप में देखा। जहाँ-जहाँ सरकार ने संपर्क और बुनियादी सेवाओं का जाल बिछाने की कोशिश की, वहाँ हिंसक प्रतिरोध सामने आया। सड़क बनाने वाले रोलर आईईडी विस्फोटों में उड़ा दिए गए, ठेकेदारों का अपहरण या हत्या की गई, मजदूरों को डराकर भगा दिया गया या मार दिया गया और पुलों को विस्फोटकों से ध्वस्त कर दिया गया।

इस तरह, माओवादी सिर्फ विकास के विरोधी नहीं थे; वे उस पूरी प्रक्रिया के खिलाफ खड़े थे, जिसके माध्यम से राज्य अपनी उपस्थिति और वैधता को फिर से स्थापित करना चाहता था।

कई दशकों तक यह रणनीति प्रभावी सिद्ध हुई। सरकारी उपस्थिति को व्यवस्थित रूप से अवरुद्ध किया गया और इस प्रकार समानांतर शासन को बनाए रखा गया। हर वह सड़क जो नहीं बन सकी, हर वह विद्यालय या स्वास्थ्य केंद्र जो अधूरा रह गया और हर वह सरकारी अधिकारी जिसे क्षेत्र छोड़ने पर विवश होना पड़ा, विद्रोह के लिए एक मूक, किंतु निर्णायक विजय का प्रतीक बन गया।

नब्बे जिलों में जड़ें जमाता उग्रवाद : रेड कॉरिडोर का उभार

1980 के दशक से लेकर 2010 के प्रारंभिक वर्षों तक नक्सलवाद भारत के लगभग नब्बे जिलों में फैले एक विस्तृत परिक्षेत्र में उभर गया। इसकी शुरुआत नेपाल-भारत सीमा से हुई और यह झारखंड तथा छत्तीसगढ़ से होते हुए दक्षिण की ओर विस्तारित हुआ; इसके पश्चात महाराष्ट्र और आंध्र प्रदेश तक पश्चिमी दिशा में फैल गया। आधुनिक भारतीय इतिहास में—नक्सल आंदोलन को छोड़कर—कोई भी सशस्त्र विद्रोह न तो इतना व्यापक क्षेत्रीय विस्तार कर सका और न ही इतनी अधिक प्रशासनिक इकाइयों में अपनी स्थायी उपस्थिति दर्ज करा पाया।

यह प्रसार न तो एक जैसा था और न ही किसी एक ढर्रे पर चलता था। कहीं कुछ जिले वैचारिक केंद्र बन गए, जहाँ से सोच, रणनीति और प्रशिक्षण की दिशा तय होती थी; कहीं कुछ इलाके ऐसे थे जो आवाजाही के रास्ते बन गए, जहाँ से कैडर और हथियार चुपचाप गुजरते थे। कुछ स्थान सुरक्षित ठिकानों में बदल गए, तो कई जिलों से लगातार नए लोग इस आंदोलन से जुड़ते रहे।

इस पूरे परिदृश्य में बस्तर एक खास स्थान रखता था, मानो यह नक्सलवाद का भावनात्मक और रणनीतिक हृदय बन गया हो। इसके घने और दुर्गम जंगलों ने माओवादियों को सिर्फ छिपने की जगह ही नहीं दी, बल्कि उनके उस दावे को भी मजबूती दी कि वे आदिवासी समाज को तथाकथित "राज्य शोषण" से बचा रहे हैं।

यह दावा, भले ही वास्तविकता के स्तर पर कितना ही विवादास्पद क्यों न रहा हो, लेकिन स्थानीय लोगों के मन पर इसका गहरा असर पड़ा और यही असर इस आंदोलन की जड़ों को और गहराई देता चला गया।

झारखंड और बिहार के कुछ हिस्से, जहाँ ऐतिहासिक रूप से राज्य की प्रशासनिक और संस्थागत उपस्थिति कमजोर रही है, नक्सल गतिविधियों के लिए समान रूप से अनुकूल सिद्ध हुए। ओडिशा के घने वन और पर्वतीय सीमावर्ती क्षेत्र प्रभावी शरणस्थली बने, जहाँ सुरक्षा बलों की पहुँच सीमित थी। महाराष्ट्र का गढ़चिरौली जिला, अपनी दुर्गमता और कई राज्यों की सीमाओं से निकटता के कारण माओवादियों को रणनीतिक गहराई प्रदान करता था और विभिन्न क्षेत्रों के बीच त्वरित आवाजाही को संभव बनाता था।

भारतीय राज्य के सामने जो चुनौती थी, वह न तो पूरी तरह पारंपरिक विद्रोह थी और न ही सामान्य आतंकवाद। यह एक ढीले-ढाले लेकिन बहुत ही तेज़ और लचीले गुरिल्ला नेटवर्क के रूप में सामने आया। ये समूह बड़े और आपस में जुड़े जंगलों में फैले रहते थे। उनकी खासियत यह थी कि हमला करने के बाद वे इतनी तेजी से आसपास के इलाकों में गायब हो जाते थे कि सुरक्षा बलों के लिए उनका पीछा करना बहुत मुश्किल हो जाता था।

इस नेटवर्क की प्रभावशीलता का एक प्रमुख कारण इसकी अंतर-राज्यीय गतिशीलता थी। कई बार एक ही सप्ताह के भीतर ये इकाइयाँ तीन से चार राज्यों के बीच आवाजाही कर लेती थीं और स्थानीय भौगोलिक विशेषताओं; जंगल, पहाड़, नदियाँ और दुर्गम मार्ग का कुशलतापूर्वक उपयोग करते हुए अपनी पहचान को छिपाकर बच जाती थी।

नई दिल्ली में नीति-निर्माताओं ने इस समस्या को महज़ क़ानून-व्यवस्था का प्रश्न मानने की भूल नहीं की। इसे शीघ्र ही संप्रभुता (सोवेरेंटी) से जुड़ा हुआ संकट माना गया। वर्षों तक 'रेड कॉरिडोर' उन क्षेत्रों का प्रतीक बना रहा, जहाँ राज्य की सत्ता कमजोर थी या लगभग अनुपस्थित थी। यद्यपि समय के साथ इसके भौगोलिक स्वरूप में उल्लेखनीय कमी आई है, किंतु इसका अंतर्निहित पैटर्न आज भी वही है, जहाँ-जहाँ भारतीय राज्य शासन करने, सेवा देने और विश्वास स्थापित करने में विफल रहा, वहाँ वैकल्पिक संगठन उभरे और उन्होंने उस रिक्त स्थान को भरने का प्रयास किया।

समय के साथ बढ़ती तबाही : दशकों में हुई मौतों की कहानी

नक्सली हिंसा से हुई मौतों को केवल सांख्यिकीय आँकड़ों में सीमित कर देना उसके वास्तविक मानवीय और राष्ट्रीय प्रभाव को कम करके आँकना होगा। वस्तुतः ये आँकड़े अधूरी रह गई आकांक्षाओं, टूटी हुई ज़िंदगियों और स्थायी सामाजिक आघातों का एक विशाल कब्रिस्तान प्रस्तुत करते हैं। इस हिंसा के शिकारों में शिक्षक और किसान, आदिवासी समाज के स्थानीय नेता, वन रक्षक और निर्वाचित प्रतिनिधि (सरपंच), पुलिसकर्मी और केंद्रीय रिज़र्व पुलिस बल (सीआरपीएफ़) के जवान, जिला प्रशासन के अधिकारी,

सड़क निर्माण और बुनियादी ढाँचे में लगे श्रमिक तथा वे निर्दोष बच्चे भी शामिल रहे जो इस संघर्ष के बीच अनजाने में फँस गए।

इस लंबे समय से चल रही हिंसा में हुई मौतें केवल देश के भीतर की सुरक्षा समस्या की ओर इशारा नहीं करतीं। वे एक ऐसा परिदृश्य दर्शाती हैं जो युद्धक्षेत्र जैसा दिखता है। यह हिंसा न तो आकस्मिक थी और न ही बिखरी हुई। इसके विपरीत, अधिकांश हमले एक सुविचारित और दीर्घकालिक रणनीति का हिस्सा थे, जिनका उद्देश्य तीन स्तरों पर प्रभाव डालना था—

(1) नागरिक आबादी को भयभीत करना, जिसे प्रभावी रूप से "नागरिक आतंक" कहा जा सकता है।

(2) शासन की कार्यक्षमता को बाधित और कमजोर करना।

(3) राज्य की संस्थाओं, विशेषकर सुरक्षा बलों और प्रशासन के मनोबल को तोड़ना।

हर हिंसक घटना को बहुत सोच-समझकर अंजाम दिया जाता था और निशाने ऐसे चुने जाते थे जिनका खास प्रतीकात्मक मतलब हो। विद्रोहियों को अच्छी तरह पता था कि अगर उन्हें सफल होना है, तो लोगों और सरकार के बीच भरोसे को तोड़ना जरूरी है। इसलिए वे ऐसा माहौल बनाते थे कि सरकारी संस्थाओं से जुड़ना ही लोगों के लिए खतरे जैसा लगे। उनका मकसद यही संदेश देना था कि सरकार न तो आपको सुरक्षा दे सकती है और न ही न्याय।

इस रणनीति के माध्यम से माओवादी संगठन राज्य की अनुपस्थिति को न केवल सामान्य, बल्कि अपरिहार्य के रूप में स्थापित करना चाहते थे। जब किसी गाँव में शिक्षक की हत्या होती थी, सड़क निर्माण में लगे मज़दूरों को मार दिया जाता था या किसी सरपंच को "जन अदालत" में सज़ा दी जाती थी तो उसका उद्देश्य केवल एक व्यक्ति को समाप्त करना नहीं होता था, बल्कि पूरे समुदाय को यह चेतावनी देनी होती थी कि राज्य के साथ खड़ा होना, स्वयं को मृत्यु के हवाले करना है। इस प्रकार नक्सली हिंसा ने केवल जीवन नहीं छीने, उसने राज्य और नागरिक के बीच सामाजिक अनुबंध को तोड़ने का संगठित प्रयास किया और यही कारण है कि इसे मात्र हिंसा का सिलसिला नहीं, बल्कि भारतीय गणराज्य की वैधता और नैतिक सत्ता को चुनौती देने वाला दीर्घकालिक युद्ध समझा जाना चाहिए।

राष्ट्रीय सुरक्षा विशेषज्ञों ने नक्सलवाद को "सबसे गंभीर आंतरिक खतरा" क्यों माना

दशकों तक भारत सरकार, गृह मंत्रालय, खुफिया एजेंसियों तथा राष्ट्रीय सुरक्षा अध्ययन से जुड़े विद्वानों के बीच यह लगभग सर्वसम्मत निष्कर्ष रहा कि नक्सलवाद, किसी भी अन्य आंतरिक संघर्ष की तुलना में, भारतीय राज्य के लिए सबसे निरंतर, व्यापक और गहरे प्रभाव वाला खतरा बना हुआ है। इसका कारण यह नहीं था कि नक्सलियों के पास परंपरागत सैन्य शक्ति; जैसे टैंक या मिसाइलें थीं, बल्कि यह था कि उन्होंने "राज्य की अनुपस्थिति" पर आधारित एक ऐसा वैचारिक और व्यावहारिक नैरेटिव निर्मित कर लिया था, जिसका प्रतिकार केवल सैन्य साधनों से संभव नहीं था।

कश्मीर में सक्रिय उग्रवाद को बड़े पैमाने पर बाहरी समर्थन, सीमापार नेटवर्क और अंतरराष्ट्रीय भू-राजनीति से बल मिलता रहा है, जबकि पूर्वोत्तर भारत के अनेक विद्रोह मुख्यतः जातीय पहचान, ऐतिहासिक अलगाव और क्षेत्रीय स्वायत्तता की माँगों से प्रेरित रहे हैं। इसके विपरीत, नक्सलवाद की जड़ें भारतीय राज्य की आंतरिक प्रशासनिक विफलताओं में निहित थीं; विशेषकर उसकी उस घटती हुई क्षमता में, जिसके अंतर्गत वह देश के दूरस्थ और वनाच्छादित क्षेत्रों तक प्रभावी रूप से पहुँचने, बुनियादी सेवाएँ उपलब्ध कराने, नागरिकों की सुरक्षा सुनिश्चित करने और उन्हें लोकतांत्रिक मुख्यधारा से जोड़ने में असफल रहा।

यही कारण था कि नक्सलवाद में एक विशिष्ट प्रकार की दृढ़ता (रेज़िलिएन्स) विकसित हुई। यह आंदोलन बाहरी कारकों पर नहीं, बल्कि भारत की अपनी नीतिगत, संस्थागत और प्रशासनिक कमजोरियों से निरंतर ऊर्जा ग्रहण करता रहा। जहाँ-जहाँ राज्य पीछे हटा, वहाँ-वहाँ नक्सली संगठन आगे बढ़े और स्वयं को वैकल्पिक सत्ता के रूप में स्थापित करते चले गए।

सबसे चिंताजनक बात यह थी कि नक्सलवाद ने खुद को आदिवासी अधिकारों और सामाजिक न्याय के रक्षक के रूप में प्रस्तुत किया, जबकि व्यवहार में उसी ने इन समुदायों के खिलाफ संगठित और व्यापक हिंसा का सहारा लिया। यह एक ऐसा विरोधाभास था, जिसने जमीनी सच्चाई और

प्रचारित छवि के बीच गहरी खाई पैदा कर दी। सुरक्षा विशेषज्ञ लगातार सचेत करते रहे कि यदि भारतीय राज्य न सिर्फ अपने खोए हुए भू-क्षेत्रों को वापस हासिल करने में, बल्कि अपना नैतिक अधिकार भी पुनः स्थापित करने में असफल रहता है, तो इसके परिणाम केवल सुरक्षा तक सीमित नहीं रहेंगे। यह स्थिति धीरे-धीरे एक व्यापक और गहरे सभ्यतागत संकट का रूप ले सकती है।

आखिरकार, कोई भी आधुनिक राष्ट्र तब स्थिर नहीं रह सकता, जब वह अपने ही भूभाग के बड़े हिस्सों पर प्रभावी नियंत्रण स्थापित न कर सके। कोई भी लोकतंत्र तब सफल नहीं हो सकता, जब उसके सबसे कमजोर और हाशिए पर खड़े नागरिक सशस्त्र समूहों के नियंत्रण में हों। साथ ही, कोई भी संवैधानिक राज्य लंबे समय तक कायम नहीं रह सकता, यदि उसकी भूमि पर समानांतर "जन सरकारें" या प्रतिस्पर्धी शासन व्यवस्थाएँ चल रही हों—जहाँ राज्य की संप्रभुता स्वयं चुनौती के घेरे में हो।

2014 में जब नरेन्द्र मोदी ने प्रधानमंत्री पद संभाला, तब तक नक्सली विद्रोह गहरी जड़ें जमा चुका था। वह देश के एक बड़े और खनिज संसाधनों से समृद्ध भूभाग पर अपना प्रभाव स्थापित कर चुका था—ऐसा इलाका जो भारत के आर्थिक और औद्योगिक भविष्य के लिए बेहद महत्त्वपूर्ण था, लेकिन जहाँ सरकार की मौजूदगी कमजोर और बिखरी हुई थी।

यह कोई साधारण या क्षणिक अशांति नहीं थी। यदि इसे लंबे समय तक नज़रअंदाज़ किया जाता, तो यह न केवल बड़े विकास कार्यों को रोक सकता था, बल्कि पूरे क्षेत्रों को स्थायी अस्थिरता में धकेल देता। धीरे-धीरे यह स्थिति राज्य की संप्रभुता को भी कमजोर करने की दिशा में बढ़ सकती थी, जहाँ नियंत्रण और भरोसा दोनों ही चुनौती के घेरे में आ जाते।

इस समय तक यह साफ हो गया था कि छोटे-छोटे और तात्कालिक कदम अब काम नहीं करेंगे। भारत को एक नए और व्यापक तरीके की जरूरत थी—ऐसा तरीका जो देश के किसी भी हिस्से को सरकार की पहुँच से बाहर न रहने दे। इसी सोच के साथ एक नई रणनीति बनी, जिसमें सुरक्षा बलों की सख्त कार्रवाई के साथ-साथ असली विकास, मजबूत प्रशासन और लोगों का भरोसा दोबारा बनाने पर जोर दिया गया। यह तरीका न सिर्फ सख्ती पर आधारित

था और न ही सिर्फ योजनाओं की बातों पर। इसका मूल विचार यह था कि लोकतंत्र तभी मजबूत होता है, जब सरकार लोगों की रोजमर्रा की जिंदगी में सच में मौजूद और असरदार दिखे। यह सिर्फ पुरानी नक्सल-विरोधी नीतियों में थोड़ा बदलाव नहीं था, बल्कि एक बड़ा और स्थायी परिवर्तन था।

अध्याय तीन

नीतिगत उदासीनता का दौर : क्या यूपीए सरकार ने नक्सलवाद के विरुद्ध संघर्ष को कमजोर किया?

"जब किसी सरकार में अपने शत्रु को स्पष्ट
रूप से पहचानने की क्षमता नहीं होती, तब शत्रु
को प्रहार करने की स्पष्टता मिल जाती है"
—2010 दंतेवाड़ा नरसंहार के बाद एक वरिष्ठ सीआरपीएफ अधिकारी

एक भटकाव का दशक

हर देश ऐसी परिस्थितियों से गुजरता है जब जटिल बहसों के बजाय स्पष्ट और दृढ़ नेतृत्व की आवश्यकता होती है। नक्सलवाद का उदय भारत के लिए ऐसा ही एक समय था। 2000 के दशक के मध्य तक, नक्सली विद्रोह मध्य और पूर्वी भारत के कई जिलों में तेजी से फैल गया था। यह आंदोलन अब किसी प्रकार का बिखरा हुआ कृषक असंतोष या स्थानीय प्रतिरोध नहीं रह गया था; यह एक अनुशासित, सशस्त्र और वैचारिक रूप से प्रतिबद्ध गुरिल्ला विद्रोह में परिवर्तित हो चुका था, जो घने वन क्षेत्रों में समानांतर सत्ता-तंत्र के रूप में कार्य कर रहा था।

2004 तक भारतीय कम्युनिस्ट पार्टी (माओवादी) स्वयं को एक पूर्ण विद्रोही मशीन के रूप में संगठित कर चुकी थी। उसके पास पीपुल्स लिबरेशन गुरिल्ला आर्मी (पीएलजीए) की संगठित इकाइयाँ, सुव्यवस्थित भर्ती तंत्र, स्थानीय खुफिया नेटवर्क, जबरन वसूली और अवैध कराधान से संचालित वित्तीय संरचना तथा वैचारिक प्रशिक्षण (इंडॉक्ट्रिनेशन) केंद्र मौजूद थे। यह पहली बार था जब भारतीय राज्य को ऐसे आंतरिक शत्रु का सामना करना पड़ रहा था, जो खुले तौर पर लोकतांत्रिक व्यवस्था को उखाड़ फेंककर एक तथाकथित “क्रांतिकारी जन सरकार” स्थापित करने का दावा कर रहा था। और फिर भी, ठीक उन्हीं वर्षों में, जब भारत को केंद्र सरकार से स्पष्ट रणनीतिक दिशा, नीति-गत एकरूपता और राजनीतिक संकल्प की सबसे अधिक आवश्यकता थी—यूपीए प्रशासन एक प्रकार के वैचारिक भ्रम और प्रशासनिक हिचकिचाहट के कुहासे में फँसा हुआ प्रतीत हुआ।

यह भटकाव केवल उदासीनता या संसाधनों की कमी का परिणाम

नहीं था; इसका मूल कारण खतरे की प्रकृति को लेकर एक गहरी गलतफहमी थी। यूपीए नेतृत्व नक्सलवाद को भारतीय राज्य को प्रतिस्थापित करने का प्रयास कर रहे सशस्त्र विद्रोह के रूप में देखने के बजाय, उसे मुख्यतः अभाव, वंचना और विकास-असमानताओं से जन्मा एक सामाजिक आंदोलन मानने में अधिक सहज था। परिणामस्वरूप, माओवादी हिंसा को अक्सर लक्षण के रूप में देखा गया, न कि रणनीति के रूप में।

इस दृष्टिकोण ने सुरक्षा बलों को पीछे हटने पर मजबूर कर दिया। जब भी सुरक्षा बल कार्रवाई करते, उन्हें "अति-प्रतिक्रिया" (ओवर-रिएक्शन) कहा जाता रहा। वहीं दूसरी ओर, माओवादियों की हिंसा को "सामाजिक अन्याय का स्वाभाविक परिणाम" बताया जाता था। इस सोच में माओवादी एक संगठित लड़ाके के बजाय परिस्थितियों के मजबूर शिकार के रूप में दिखने लगे, और सरकार को नैतिक रूप से "संयमित" दिखाने का प्रयास किया जाता रहा।

यह केवल शब्दावली या विमर्श की भूल नहीं थी; यह एक गंभीर रणनीतिक चूक थी। जब राज्य किसी सशस्त्र विद्रोह को वैचारिक अस्पष्टता में ढक देता है तो वह अनजाने में विद्रोहियों को समय, स्थान और वैधता—तीनों प्रदान कर देता है। इसी दशक में जब भारत को अपने प्रशासनिक अधिकार, सुरक्षा उपस्थिति और विकासात्मक पहुँच को निर्णायक रूप से सुदृढ़ करना चाहिए था, नक्सली विद्रोह और अधिक आत्मविश्वासी, संगठित और आक्रामक होता चला गया।

इस प्रकार यूपीए काल का यह "भटकाव का दशक" नक्सलवाद के इतिहास में एक निर्णायक मोड़ बन गया—जहाँ राज्य की अनिश्चितता ने विद्रोहियों की स्पष्टता को और अधिक धार दी। यह वह चरण था, जिसने बाद के वर्षों में भारत को कहीं अधिक कठोर, व्यापक और समन्वित रणनीति अपनाने के लिए विवश किया।

सीमित दृष्टिकोण : हिंसक विद्रोह को मात्र सामाजिक-आर्थिक असंतोष मानने की भूल

हर विद्रोह की जड़ें इतिहास और सामाजिक-सांस्कृतिक कारकों में होती हैं, लेकिन उसके उद्देश्य और कार्यप्रणाली को केवल इन आधारों तक सीमित करके नहीं समझा जा सकता। यही वह गंभीर भूल थी जो यूपीए सरकार ने नक्सलवाद को लेकर दोहराई।

माओवादियों को एक सशस्त्र, वैचारिक रूप से प्रशिक्षित और रणनीतिक रूप से संगठित शक्ति के रूप में पहचानने के बजाय, सरकार ने इस विद्रोह को लगातार गरीबी, अविकास और सामाजिक वंचना की भाषा में समेटने का प्रयास किया। संसद, मंत्रिमंडल और प्रेस ब्रीफिंग्स में वरिष्ठ नेताओं ने बार-बार नक्सलवाद को "भटके हुए युवा", "गुस्साए हुए लेकिन हमारे लोग", "संरचनात्मक वंचना के शिकार" और "हथियार उठाने को मजबूर लोग" जैसी शब्दावली में प्रस्तुत किया। इन शब्दों में "विद्रोही" या "राष्ट्र-विरोधी सशस्त्र समूह" जैसी वास्तविकता की गंभीरता नहीं झलकती थी।

सरकार का मानना था कि सिर्फ विकास ही इस समस्या का इलाज है। इसी आधार पर उन्होंने सुरक्षा बलों के काम को कम कर दिया या उन्हें रोक दिया। यह रास्ता सुनने में तो अच्छा और सही लगता था—कि सिर्फ प्यार और विकास से ही समस्या हल होगी। लेकिन असल में यह पूरी तरह असफल हो गया।

इस बीच माओवादी वास्तविक ज़मीनी हिंसा में लगे हुए थे। वे केवल विचारधारा का प्रचार नहीं कर रहे थे; वे सशस्त्र हमलों, आईईडी विस्फोटों, सरपंचों और शिक्षकों की हत्या, जबरन वसूली और छिपी अर्थव्यवस्था के नियंत्रण के माध्यम से अपने शासन और भय का नेटवर्क स्थापित कर रहे थे। दिल्ली के विमर्श और जंगलों में हो रही हिंसा के बीच यह विसंगति स्वतंत्र भारत के इतिहास की सबसे गंभीर राष्ट्रीय सुरक्षा चूक में परिवर्तित हो गई।

सुरक्षा बलों के जवान, जिन्होंने दंतेवाड़ा, मालकानगिरि लातेहार, गढ़चिरौली और खुंटी जैसे क्षेत्रों में अपना जीवन जोखिम में डाला, अक्सर

सार्वजनिक आलोचना, बौद्धिक संदेह और नेतृत्व की हिचक का सामना करते थे। अधिकारियों की शिकायतें स्पष्ट थीं : उनसे ऐसा युद्ध लड़ने की अपेक्षा की जा रही थी, जिसे राजनीतिक नेतृत्व मानने और स्वीकार करने में हिचक रहा था।

रणनीति पर बहस करना लोकतांत्रिक नेतृत्व का अधिकार है, लेकिन शत्रु की वास्तविकता को नाम देने से इनकार करना पूरी सुरक्षा प्रणाली की प्रभावशीलता को कमजोर कर देता है। यही यूपीए के नक्सलवाद-विरोधी दृष्टिकोण की सबसे पहचान योग्य और घातक विशेषता रही।

एनएसी की वैचारिक छाया : एक निर्णायक संघर्ष में नरमी का आग्रह

यूपीए की नक्सलवाद-प्रतिरोध नीति को समझने के लिए राष्ट्रीय सलाहकार परिषद (एनएसी) के प्रभाव का अध्ययन अनिवार्य है। एनएसी एक शक्तिशाली असंवैधानिक निकाय था, जिसकी अध्यक्ष सोनिया गांधी थीं और जिन्होंने नीति-निर्माण और नैतिक दिशा के मामले में यूपीए शासन मॉडल के दार्शनिक इंजन का कार्य किया। इसके सदस्य—मुख्यतः विद्वान, मानवाधिकार कार्यकर्ता और सामाजिक सुधारक—कानून निर्माण और नीति बहसों में नियमित रूप से हस्तक्षेप करते थे।

लेकिन इसी निकाय में विचारधारा की कोमलता और अत्यधिक सहानुभूतिपूर्ण दृष्टिकोण फलफूल रहा था, विशेषकर माओवादी अतिवाद और हिंसक विद्रोह के प्रति। एनएसी के सदस्य, जैसे हर्ष मंडर, अरुणा रॉय, जीन ड्रेज़ और नंदिनी सुंदर, गंभीर बुद्धिजीवी और प्रतिबद्ध मानवाधिकार कार्यकर्ता थे, परंतु उनकी सार्वजनिक सहानुभूति—विशेषकर नक्सलवाद के "मूल कारणों" और वंचित वर्गों के प्रति—नीति-निर्माण और रणनीति पर गंभीर प्रभाव डाल रही थी।

2010 में द *इंडियन एक्सप्रेस* में प्रकाशित एक एनएसी बैठक की रिपोर्ट में यह स्पष्ट दिखा कि सदस्यों ने गृह मंत्रालय की माओवादी-विरोधी रणनीति की कठोर आलोचना की और "नरम" अधिक "सहानुभूतिपूर्ण" दृष्टिकोण

अपनाने का आग्रह किया। यह तब हुआ जबकि माओवादी अनप्रिसिडेंटेड क्रूरता के साथ सीआरपीएफ़ कर्मियों की हत्या कर रहे थे।

यह समस्या सिर्फ सरकार की नीतियों तक सीमित नहीं थी। इसका असर पूरे समाज और विमर्श पर पड़ा। यह सरकार के लिए नीतिगत पंगुता की स्थिति थी। जब सरकार विचारधारा के जाल में फँस जाती है, तो वह कोई ठोस फैसला नहीं ले पाती। न सुरक्षा नीति स्पष्ट होती है, न विकास की। इसका परिणाम हुआ कि कुछ कार्यकर्ताओं, विद्वानों और संस्थाओं ने माओवादियों के पक्ष में बात करनी शुरू कर दी। उन्होंने इसे "सामाजिक न्याय" का मुद्दा बना दिया। गुरिल्ला हिंसा को "क्रांति" या "प्रतिरोध" कहकर उसे सही ठहराया गया। जैसे कि हिंसा करने वालों को हीरो बनाना। जब भी सरकार ने कार्रवाई की, उसे "मानवाधिकारों का उल्लंघन" या "उत्पीड़न" कहा गया। जैसे कि सरकार ही गलत कर रही हो। नक्सली हिंसा एक सच्चाई थी, वे लोगों को मारते थे, स्कूल जलाते थे और सरकार को चुनौती देते थे लेकिन यह "सामाजिक विमर्श" इन बातों को छिपाकर सिर्फ सरकार को बुरा दिखाने की कोशिश करता रहा। यह पूरा खेल देश की एकता और सुरक्षा के साथ खेला जा रहा।

सबसे चौंकाने वाला उदाहरण 2010 के दंतेवाड़ा नरसंहार के बाद सामने आया। रिपोर्टों के अनुसार जवाहरलाल नेहरू विश्वविद्यालय (जेएनयू) में वाम छात्र समुदाय के कुछ हिस्सों ने माओवादी "सफलता" पर चर्चा—यहाँ तक कि सभा का आयोजन—किया, जो हिंसा के प्रति नैतिक ह्रास और राजनीतिक असंवेदनशीलता का प्रतीक था। यह केवल अभिव्यक्ति की स्वतंत्रता नहीं थी; यह एक राष्ट्र की अंतरात्मा पर प्रश्नचिह्न लगाने वाली घटना थी, जिसे एनएसी के वैचारिक दबाव और राजनीतिक नेतृत्व की हिचक ने संभव बनाया।

सालवा जुड़ूम : एक आदिवासी विद्रोह दबा, विद्रोहिता मजबूत हुई

एनएसी की वैचारिक नरमी ने जहाँ राष्ट्रीय बहस की धार को कुंद किया, वहीं सालवा जुड़ूम पर न्यायिक रोक ने जमीनी स्तर पर उभरते आदिवासी

प्रतिरोध की गति को थाम दिया। यह सही है कि सालवा जुड़ूम अपने स्वरूप में अव्यवस्थित था, अधूरा था और कई जगहों पर उसके साथ दुरुपयोग भी जुड़े—लेकिन उसकी असली पहचान इन सीमाओं से परे थी। वह दरअसल उस पीड़ा की आवाज़ थी, जो लंबे समय से दबाई जा रही थी। सालवा जुड़ूम को समझने के लिए विद्रोह के शुरुआती वर्षों की ओर लौटना जरूरी है। वर्षों तक आदिवासी समुदाय एक मौन सहनशीलता के साथ माओवादी हिंसा को झेलते रहे—उनके बेटे जबरन भर्ती किए गए, बेटियों को डर और दबाव में रखा गया, बुजुर्गों को सजा दी गई, उनकी मेहनत की उपज पर कर लगाया गया और उनकी आज़ादी को धीरे-धीरे सीमित कर दिया गया।

इसी चुप्पी के भीतर एक दिन प्रतिरोध की आवाज़ जन्म लेती है। सालवा जुड़ूम उसी आवाज़ का नाम था—एक ऐसा सामूहिक उभार, जहाँ बस्तर के आदिवासियों ने पहली बार खुलकर कहा कि जिन्हें अब तक उनका रक्षक बताया जा रहा था, वे ही दरअसल उनके जीवन पर सबसे भारी बोझ बन चुके हैं। यह केवल एक आंदोलन नहीं था, बल्कि डर से साहस तक की एक यात्रा थी—जहाँ चुप्पी ने अंततः शब्दों और संघर्ष का रूप ले लिया।

2011 में सुप्रीम कोर्ट की एक पीठ, जिसका नेतृत्व न्यायमूर्ति सुदर्शन रेड्डी ने किया, ने सालवा जुड़ूम को असंवैधानिक करार देते हुए रद्द कर दिया। यह निर्णय कानूनी दृष्टि से संवैधानिक चिंताओं, नागरिक स्वतंत्रताओं की सुरक्षा और राज्य द्वारा सशस्त्र आदिवासी समूहों के समर्थन पर आधारित था। इसके बावजूद सामाजिक और सुरक्षा परिणाम गहरे रहे। सालवा जुड़ूम में शामिल सैकड़ों आदिवासी परिवार, जिन्होंने माओवादी नियंत्रण का विरोध किया था, अब असुरक्षित और प्रतिशोध के लिए संवेदनशील हो गए।

माओवादी इस निर्णय को अपनी रणनीतिक जीत के रूप में समझे। उन्होंने बस्तर में फिर से प्रभुत्व स्थापित किया, जुड़ूम का समर्थन करने वाले आदिवासी नेताओं को दंडित किया और यह स्पष्ट संदेश दिया कि प्रतिरोध बर्दाश्त नहीं किया जाएगा।

सालों बाद इस निर्णय की राजनीतिक प्रतिध्वनि तब उभरी, जब कांग्रेस ने 2025 में न्यायमूर्ति सुदर्शन रेड्डी को अपने उपराष्ट्रपति उम्मीदवार के रूप में नामित किया। यह राजनीति के एक गहरे सच को उजागर करता है। कुछ लोग इसे एक प्रतीकात्मक इशारे के रूप में देखते हैं। यह मामला एक ऐसे न्यायविद को सम्मानित करने का था, जिसके एक फैसले ने आदिवासी आंदोलन को कानूनी रूप से कमजोर कर दिया था। सुरक्षा बलों के लिए यह बात चुभने वाली है कि देश में कानूनी और संवैधानिक तर्क अक्सर राष्ट्रीय सुरक्षा से ऊपर रखे जाते हैं।

अस्पष्टता का लाभ : कैसे माओवादी आंदोलन को बल मिला

यूपीए शासन के दशक भर में माओवादी लगातार सरकार की हिचकिचाहट और वैचारिक अस्पष्टता का लाभ उठाते रहे। छापों के दौरान बरामद आंतरिक दस्तावेज़ों में कमांडरों ने प्रसन्नता व्यक्त की कि "केंद्रीय सरकार विभाजित है", "दिल्ली अधिकार समूहों की सुनती है" और "ऑपरेशन लंबे समय तक नहीं चलेंगे।" उन्होंने समझ लिया था कि राजनीतिक नेतृत्व में सहमति की कमी है, नौकरशाही सतर्क है, सलाहकार समूह उनके कारण को रोमांटिक रूप से देखते हैं और न्यायालय इस संघर्ष को अधिकार-केंद्रित दृष्टिकोण से पढ़ते हैं।

इस माहौल ने तीन गहरे हानिकारक परिणाम जन्म दिए। पहला, सुरक्षा बलों के मनोबल का क्षरण, सुकमा और मल्कानगिरी के जंगलों में अपने प्राणों की आहुति देने वाले सीआरपीएफ़ कांस्टेबल को यह जानना आवश्यक था कि पूरा राष्ट्र उसके पीछे खड़ा है। इसके बजाय अक्सर उसके कार्यों पर सवाल उठाए जाते थे, इससे पहले कि उसे समझा जाता। जंगल में उसका सामना करने वाला दुश्मन उसे लक्ष्य के रूप में देखता था, जबकि दिल्ली में बहस उसे अधिकारों का संभावित उल्लंघनकर्ता मानती थी। परिणामस्वरूप, युद्धभूमि और राजधानी के बीच परस्पर संवादहीनता की स्थिति पैदा हुआ।

दूसरा, शहरी समर्थक, जिन्हें लोकतंत्र का समर्थन करना चाहिए था, इसके बजाय माओवादी हिंसा को उचित ठहराते रहे। राज्य की अस्पष्टता

उनके तर्कों को वैध बनाती रही और बदले में, उनके तर्क विद्रोह को वैध ठहराये जाते रहे। इसने एक ऐसा चक्र निर्मित किया जो माओवादियों के अत्याचारों की रक्षा करता रहा।

तीसरा परिणाम था—नीतिगत ठहराव, जिसने विद्रोह को मानो नई साँस दे दी। 2004 से 2014 के बीच माओवादी प्रभाव धीरे-धीरे फैलते हुए लगभग 90 जिलों तक पहुँच गया। जहाँ विकास की राहें बननी थीं, वहाँ सड़कें अधूरी रह गईं; जहाँ संवाद के सेतु खड़े होने थे, वहाँ मोबाइल टावर ध्वस्त कर दिए गए; स्कूलों में सन्नाटा पसरा रहा और विकास योजनाएँ भय और भ्रष्टाचार के दलदल में फँसकर ठिठक गईं।

जिले-दर-जिले, राज्य की अनुपस्थिति एक खालीपन बनाती गई—और उसी खालीपन को माओवादियों ने अपने प्रभाव से भर दिया। यह संसाधनों की कमी का प्रश्न कम था और संकल्प की कमी का भी। मानो व्यवस्था चल तो रही थी, पर दिशा खो चुकी थी।

इस तरह यूपीए काल की नीतिगत अस्पष्टता ने एक अनचाहा परिणाम जन्म दिया। उसने न केवल माओवादी प्रभाव को बढ़ने का अवसर दिया, बल्कि अनजाने में उनके लिए एक ऐसा "संरक्षण कक्ष" भी तैयार कर दिया, जहाँ वे सैन्य, राजनीतिक और बौद्धिक स्तरों पर अपने पाँव जमा सके, धीरे-धीरे, पर गहराई से।

जब नियंत्रण फिसला : भारत के लिए एक महँगा दशक

जब तक यूपीए सरकार ने अपने दस वर्ष पूरे किए, जंगलों और पहाड़ों में फैली नक्सली हिंसा की गूँज अब सिर्फ खबरों में नहीं, बल्कि हकीकत में दिखाई देने लगी। रेड कॉरिडोर, जो कभी कुछ चुनिंदा क्षेत्रों में एक पतली रेखा मात्र था, अब मानचित्र पर एक लंबा, घातक निशान बन चुका था। जिले-दर-जिले, प्रशासन का हाथ कमजोर पड़ गया और विश्वास की जगह समानांतर सत्ता ने कब्ज़ा जमा लिया।

सबसे पहला चेतावनी संकेत 2007 में आया, जब दंतेवाड़ा के रानी बोडिली कैंप पर भोर से पहले हमला हुआ। 55 पुलिसकर्मी, जिनमें कई युवा विशेष पुलिस ऑफ़िसर्स (एसपीओ) शामिल थे, माओवादी हिंसा की जंगली आग में

जल गए। यह नरसंहार न केवल विद्रोहियों के आत्मविश्वास को दिखाता था, बल्कि राज्य की कमजोरी की कराह भी सुनाता था। बावजूद इसके, यह घटना केवल रिपोर्टों और समिति की बैठकों में दब गई। अगले ही साल 2008 में ओडिशा के नयागढ़ शस्त्रागार पर हमला हुआ। सैकड़ों माओवादी वहाँ से हथियारों का खजाना लूटकर जंगलों में गायब हो गए। यह संकेत था कि अब वे केवल जंगलों तक सीमित नहीं थे; शहरों और सरकारी संस्थानों तक उनकी पहुँच थी और राज्य के हथियार उनके विद्रोह के लिए उपकरण बन गए।

कुछ महीनों बाद बलिमेला हमले में 38 ग्रेहाउंड कमांडो मारे गए। उनके शव कई दिनों तक पानी में बहते रहे और परिवार बेबस होकर देखते रह गए।

यह दर्दनाक घटना दिल्ली के नीति-निर्माताओं तक पहुँची, लेकिन फिर भी देश की सोच नहीं बदली। लोग अब भी हिंसा की असलियत को नजरअंदाज करके सिर्फ "मूल कारणों" पर ही चर्चा करते रहे।

यूपीए-II में हिंसा और तेज़ हो गई।

- 2009 में पश्चिम बंगाल में भुवनेश्वर-राजधानी एक्सप्रेस का अपहरण,
- 2010 में ज्ञानेश्वरी एक्सप्रेस का धावा, जिसमें 150 से अधिक निर्दोष नागरिक मारे गए।

फिर आया अप्रैल 2010 दंतेवाड़ा नरसंहार। 76 सीआरपीएफ़ जवान चिंतलनार जंगल में डबल हमले में फँस गए। माओवादी ने शवों को विकृत किया, हथियार लूटे और लगभग कोई जीवित नहीं छोड़ा। इसके बावजूद दिल्ली में प्रतिक्रिया की भाषा नरम बनी रही, एनएसी ने सवाल उठाए, विद्वानों ने बहस की कि क्या यह "प्रतिक्रिया" थी या "आतंक"?

सबसे भयानक क्षण मई 2013 में आया, जब सुकमा झीरम घाटी में वरिष्ठ नेताओं को चुनिंदा तरीके से मारा गया। यह हमला केवल व्यक्तियों पर नहीं, बल्कि लोकतंत्र की आत्मा पर हमला था। माओवादी ने इसे वैचारिक रूप से सही ठहराया और निर्वाचित प्रतिनिधियों की हत्या का जश्न मनाने वाले पैम्फ़लेट वितरित किए।

इस दशक की कहानी वही रही; पुल उड़े, स्कूल बर्बाद हुए, मोबाइल टावर जलाए गए, एम्बुलेंस पर फायरिंग, बच्चों का अपहरण, बुजुर्गों का सिर काट दिया गया, महिलाएँ दंडित हुईं, विकास अधिकारी मारे गए, सड़क मार्ग नष्ट किए गए और इस सबके बीच, यूपीए नेतृत्व हिंसा को स्पष्टता की भाषा में नहीं, बल्कि सहानुभूति के शब्दों में पेश करता रहा।

रेड कॉरिडोर का विस्तार केवल माओवादी शक्ति की कहानी नहीं था। यह राज्य की कमजोरी का चित्र भी था, कमजोरी, जो साधन की कमी से नहीं, बल्कि संकल्प की कमी से उपजी थी।

दुश्मन का नाम न लेने की कीमत

यूपीए की नक्सलवाद-नीति असल में उस सरकार की कहानी है जिसने खतरे की असली प्रकृति को समझने में चूक की। यह चूक सबसे स्पष्ट रूप से उस दशक की हिंसक घटनाओं में दिखाई देती है, जिन्होंने देश को हिलाकर रख दिया। ये घटनाएँ केवल रक्त बहाने तक सीमित नहीं थीं; वे राजनीतिक अनिर्णय के गहरे और दर्दनाक परिणाम थीं।

जरा सोचिए, 2009 में झारखंड के गाँवों में जिन लोगों को "सूचना देने वाला" बताया गया, उन्हें सबके सामने मार दिया गया। कई बार पूरे परिवारों को अपने ही प्रियजनों की हत्या होते देखना पड़ा, सिर्फ दूसरों को डराने के लिए। माओवादी इन घटनाओं को रिकॉर्ड करके फैलाते थे, ताकि पूरे इलाके में डर बैठ जाए। ऐसे माहौल में जी रहे लोगों के लिए सरकार की बातें और अपीलें सिर्फ खोखले शब्द ही लगती थीं।

2010 से 2014 के बीच गढ़चिरौली में आईईडी हमलों की श्रृंखला रही, जहाँ अस्थायी बम सड़क निर्माण दलों, वन रक्षकों और पुलिस गश्ती दलों को असहाय और बर्बाद कर देते थे। 2012 में एक विशाल विस्फोट में 13 पुलिसकर्मी मारे गए, वाहन नष्ट हो गए। माओवादी इसे "पुलिस द्वारा जनता के साथ विश्वासघात" के रूप में सही ठहराते। और राज्य की प्रतिक्रिया? केवल पीड़ा व्यक्त करने वाले बयान और बैठकों का वादा।

बिहार के लातेहार में 2013 में माओवादी ने सैनिकों के शवों को भी हथियार बना दिया। आईईडी लगाकर यह सुनिश्चित किया कि पैरामेडिक्स

और साथी सैनिक घायल या मारे जाएँ। यह मानसिक युद्ध का क्रूर गणित था, फिर भी कुछ नागरिक समाज के वर्ग इसे "राज्य की उत्पीड़न की प्रतिक्रिया" कहकर ठंडा कर देते।

2014 में छत्तीसगढ़ के बीजापुर में एक बस पर हमला हुआ। नागरिक और सुरक्षा बल, दोनों मारे गए। मृतकों में महिलाएँ शामिल थीं, जो हाट से लौट रही थीं और बच्चे जो स्कूल जा रहे थे। माओवादी इन घटनाओं को मिशन में हुए बलिदान कहकर टाल देते थे और लगातार क्रांति की जरूरत की बात करते थे। असलियत यह थी कि यह आंदोलन सिर्फ गरीबी की वजह से नहीं था, बल्कि हथियार, विचारधारा और कठोर हिंसा पर टिका हुआ था।

और फिर भी, दिल्ली का बौद्धिक तंत्र लगातार कहता रहा कि यह आंदोलन केवल "अन्याय के खिलाफ प्रतिक्रिया" है, न कि राज्य के खिलाफ संगठित हिंसा। इस तरह की भाषा ने सरकारी नीतियों में साफ फैसले की कमी और झिझक पैदा कर दी और माओवादियों ने इसका पूरा फायदा उठाया।

माओवादी को आतंकवादी के रूप में नाम न देने का भयंकर परिणाम :

- झारखंड में शिक्षकों की हत्या।
- कर्नाटक में वन अधिकारियों की हत्याएँ।
- ओडिशा में मलकांगिरी में सार्वजनिक फाँसी।
- छत्तीसगढ़ में बार-बार नरसंहार।

यही भाषा उन्हें छिपने का मौका देती रही और उनके काम को सही ठहराने का एहसास भी दिलाती रही। इससे उनकी भर्ती, प्रचार और लोगों का भरोसा लगातार बढ़ता गया।

एक सरकार उस दुश्मन को नहीं हरा सकती जिसे वह ईमानदारी से सामना करने से इनकार करती है। यूपीए का दशक इस सच को साबित करता है।

अंतिम गणना बहुत स्पष्ट है :

सैकड़ों सुरक्षाकर्मी मरे।

हजारों नागरिक मारे गए।

जिले भय में डूब गए।

सड़कें नहीं बनीं, स्कूल खाली रहे, अस्पताल परित्यक्त रहे।

और एक विद्रोह जिसने, उचित कारण के साथ विश्वास किया कि शासन सत्ता उसे हराने का साहस नहीं रखता।

इस भ्रम की कीमत उन लोगों ने चुकाई जिनकी दिल्ली की बहसों में कोई आवाज़ नहीं थी।

बस्तर में माताएँ जिन्होंने अपने बेटे खो दिए।

झारखंड में पत्नियाँ जिन्होंने उन जवानों का इंतजार किया जो कभी लौटे ही नहीं।

ओडिशा के बच्चे जिन्होंने विस्फोटों की याद अपने मन में सँजोकर रखी।

गढ़चिरौली के गाँववाले, जो जलती गाड़ियाँ और गोली लगे पेड़ों के बीच से रोज़ गुजरते थे, जैसे यह सामान्य दृश्य हो।

अध्याय चार

सालवा जुडूम : जनप्रतिरोध की वह आशा जो अंततः पीड़ा और कड़वाहट में बदली

“सलवा जुड़ूम नक्सलियों से लड़ने के लिए आदिवासी समुदायों की पहल है। आदिवासियों ने पहले भी स्वयं सुरक्षा उपाय किए हैं, लेकिन राज्य के समर्थन की कमी के कारण उन्हें जारी नहीं रख पाए। हम उन्हें सुरक्षा और सुविधाएँ प्रदान कर रहे हैं। सलवा जुड़ूम नक्सलियों के खिलाफ एक शांतिपूर्ण आंदोलन है और हम इसे पूरी तरह समर्थन देते हैं” —**रमन सिंह, छत्तीसगढ़ के मुख्यमंत्री** (2009 के एक साक्षात्कार में)

सालवा जुडूम के राष्ट्रीय सुर्खियों में आने से पहले ही बस्तर में अंधकार इतना घना था कि उससे कर्फ्यू भी हल्का लगे। दंतेवाड़ा, बीजापुर और सुकमा के गाँव ऐसे क्षेत्र में बिखरे थे, जहाँ भारतीय राज्य की शक्ति खो गई थी और माओवादी गुरिल्ला तय करते थे कि कौन जिएगा, कौन मरेगा और कौन बोलेगा।

स्कूल इसलिए बंद नहीं थे कि शिक्षा का अभाव था; बल्कि इसलिए कि कक्षाएँ सशस्त्र प्रशिक्षण और विद्रोहियों की बैठकों का केंद्र बन गई थीं। सड़कें पहुँच का प्रतीक थीं और पहुँच का अर्थ था खतरा। इसलिए सड़कें उड़ा दी गईं; कभी-कभी बार-बार सुनिश्चित करने के लिए कि वे उपयोगी न रहें। स्वास्थ्यकर्मी जो टीकाकरण का प्रयास करते, उन्हें अगवाकर दंडित किया जाता। विकास को दुश्मन घोषित किया गया।

इस दमघोंटू माहौल में, जहाँ डर जीवन का हिस्सा बन गया था, सालवा जुडूम का उदय लगभग ऐतिहासिक प्रतीत हुआ। यह केवल माओवादी प्रभाव का रणनीतिक मुकाबला नहीं था; यह मानसिक विजय भी थी। दशकों बाद, पहली बार, बस्तर के लोग अपनी ही उपेक्षा और दमन के साक्षी बनने से इनकार करने लगे।

गाँववाले, जिन्होंने वर्षों तक जनता अदालतों—उन भयानक नकली न्यायालयों—में मारे गए प्रियजनों को चुपचाप दफनाया था, अब बोलने लगे। बच्चे, जिन्हें माओवादी बाल संघम में भर्ती करने के लिए चिह्नित किया गया था, भागने का साहस जुटाने लगे। आदिवासी परिवार, जो लंबे समय से राज्य की उपेक्षा और विद्रोहियों की क्रूरता के बीच फँसे थे, अब अपनी गरिमा वापस पाने की संभावना देखने लगे।

सालवा जुड़ूम की आत्मा को समझना हो तो महेंद्र कर्मा के जीवन को देखना जरूरी है—निर्माता, प्रतीक और अंततः शहीद।

महेंद्र कर्मा : वह व्यक्ति जिसने झुकने से इनकार किया

महेंद्र कर्मा अचानक किसी टकराव की स्थिति में नहीं पहुँचे थे। उनका नक्सलवाद के प्रति प्रतिरोध व्यक्तिगत घावों से उपजा, घाव जो केवल उनके राजनीतिक सम्मान पर नहीं, बल्कि उनके समुदाय, उनकी जनजाति और उनके लोगों पर लगे थे। बस्तर की कठोर ज़मीन पर जन्मे कर्मा ने जीवन के शुरुआती दिनों में अकेलेपन का अर्थ और चुप्पी की कीमत समझ ली थी।

जैसे-जैसे 1990 के दशक में माओवादी उपस्थिति बढ़ी, उन्होंने देखा कि लोकतांत्रिक व्यवस्था सिकुड़ रही थी। निर्वाचित प्रतिनिधि स्वतंत्र रूप से यात्रा नहीं कर सकते थे। ग्रामसभा की बैठकों पर बंदूक उठाए आदर्शवादियों का दबदबा था। उनके अपने समर्थकों को निशाना बनाया गया—पहले सूक्ष्म रूप से, फिर खुली हिंसा से। घरों पर हमले, परिवारों को धमकियाँ, रात के अँधेरे में राजनीतिक कार्यकर्ताओं की हत्या; यह उनकी आँखों के सामने घटित हो रहा था।

कर्मा पीछे हट सकते थे। कई नेताओं ने ऐसा किया। कई ने चुप्पी को व्यावहारिकता की कुंजी मान ली। लेकिन उनके लिए प्रत्येक हत्या का प्रयास—और ऐसे कई प्रयास हुए—उनके प्रतिरोध की आग को और भड़काता रहा। उनकी राजनीति अब साधारण चुनावी खेल नहीं रही; यह नैतिक टकराव का आंदोलन बन गई।

वे गाँव-गाँव घूमने लगे, उन कहानियों को सुनने जिन्हें परिवार फुसफुसाते थे लेकिन सार्वजनिक रूप से दोहराने से डरते थे। इसी दौरान उन्हें एहसास हुआ कि माओवादी केवल सशस्त्र विद्रोही नहीं हैं; वे नियंत्रण और भय का एक सिस्टम बन चुके हैं। उनकी विचारधारा न्याय के बारे में कम और प्रभुत्व के बारे में अधिक थी।

और फिर 2005 में जब समय आया, महेंद्र कर्मा ने सालवा जुड़ूम को सिर्फ विरोध का हथियार नहीं, बल्कि सामूहिक अस्वीकृति और आवाज़ का प्रतीक बना दिया। गोंडी भाषा में इसके शब्दों का अर्थ था "शांति मार्च"।

लेकिन उसकी आत्मा में सालवा जुड़ूम उन चुप्पियों का समूह बन गया, जो बहुत लंबे समय तक दबाई गई थीं—एक जागृत स्वर जिसने डर को चुनौती दी और उम्मीद की नींव रखी।

प्रारंभिक उभार : जब गाँवों ने भय के विरुद्ध प्रतिरोध किया

आंदोलन के पहले दिन कुछ-कुछ नैतिक क्रांति जैसा महसूस हुआ। हज़ारों लोग बैठकों में आए—कुछ हिचकिचाते, कुछ विरोधी और कई वर्षों के डर और दबाव से थके हुए। ये वही ग्रामीण थे जो पहले माओवादियों की वसूली—अनाज देना, मजबूरी में काम करना और उनकी गतिविधियों में शामिल होना—सब कुछ चुपचाप सहते थे लेकिन अब वे खुलकर विरोध करने लगे थे। अब सिर्फ सामने आकर खड़े होना ही उनके लिए प्रतिरोध बन गया था।

महिलाएँ इस आंदोलन की सबसे मजबूत शक्ति बनकर उभरीं। उन्होंने अपने पति को कंगारू कोर्ट (अनौपचारिक न्यायालय) में मरते देखा, बेटियों को "क्रांतिकारी कर्तव्य" के बहाने दूर ले जाते देखा और हमेशा पुलिस के खबरी होने के आरोप का डर सहा। सालवा जुड़ूम उनके लिए विचारधारा नहीं, बल्कि सुरक्षा, गरिमा और जीवन का अधिकार था।

यह बदलाव शिविरों, मार्चों और रैलियों से भी बढ़कर माओवादी नेतृत्व के लिए सबसे डरावना था। उनकी शक्ति इस धारणा पर आधारित थी कि आदिवासी निष्क्रिय और नियंत्रित करने योग्य कच्चा माल हैं। सालवा जुड़ूम ने उस धारणा को तबाह कर दिया। आदिवासी अब केवल प्रतिक्रिया नहीं दे रहे थे; वे सक्रिय निर्णय ले रहे थे, अपनी जिंदगियों और समुदाय की रक्षा कर रहे थे।

प्रतिवाद की गूँज : जहाँ सक्रियता ने यथार्थ को पीछे छोड़ा

जैसे ही सालवा जुड़ूम जमीन पर ताकतवर हुआ, उसका असर सिर्फ गाँवों तक सीमित नहीं रहा। उसका संघर्ष दूर-दूर तक फैला—सेमिनार हॉल में, समाचार संपादकियों में, अंतरराष्ट्रीय एनजीओ सम्मेलनों में और अकादमिक मंचों पर, जहाँ वामपंथी बुद्धिजीवी उसकी चर्चा कर रहे थे।

सलवा जुड़ूम की रिपोर्ट स्वयं में एकतरफा कहानी थी। उनमें कहा गया कि सालवा जुड़ूम अब केवल एक प्रतिरोध नहीं रहा, बल्कि नियंत्रण से बाहर

जाती हुई एक मिलिशिया बन चुका है। सच यह भी है कि कुछ घटनाएँ बेहद गंभीर और त्रासद थीं, इसे कोई भी ईमानदार इतिहासकार नज़रअंदाज़ नहीं कर सकता। लेकिन जब पूरे आंदोलन को केवल "राज्य दमन के औज़ार" के रूप में चित्रित किया गया, तो उस शोर में उन हजारों ग्रामीणों की आवाज़ कहीं दब गई, जो किसी विशेषाधिकार के लिए नहीं, बल्कि अपने अस्तित्व की रक्षा के लिए खड़े हुए थे।

आलोचना करने वाले शायद ही कभी उन घरों तक पहुँचे, जहाँ माओवादियों ने लोगों को भोजन और सुरक्षा से वंचित कर दिया था। शायद ही वे उन बच्चों से मिले, जिन्हें जबरन उठाकर गुरिल्ला प्रशिक्षण में झोंक दिया गया। उनकी कलम "राज्य सैन्यीकरण" पर तो तीखे शब्द लिखती रही, लेकिन अक्सर यह स्वीकार करने से कतराती रही कि ज़मीनी हकीकत कोई आदर्शवादी व्यवस्था नहीं थी—वह भय, हिंसा और नियंत्रण का ऐसा ढाँचा था, जो बंदूक, धमकी और दंड के सहारे चलाया जा रहा था।

इस तरह, बहस का एक पक्ष इतना प्रबल हो गया कि दूसरा पक्ष, जो दर्द और विवशता से भरा था, धीरे-धीरे ओझल होता चला गया।

कुछ बुद्धिजीवी माओवादी हिंसा को "जरूरी राजनीतिक कदम" मानकर सही ठहराने लगे। वहीं कुछ लोग आदिवासियों को समझदार और अपने फैसले लेने वाले नागरिक के रूप में नहीं देखते थे, बल्कि ऐसे लोगों की तरह मानते थे जिन्हें आसानी से बहकाया या डराया जा सकता है।

धीरे-धीरे यही कहानी हर जगह फैलने लगी। अंतरराष्ट्रीय मानवाधिकार संगठन भी इसे दोहराने लगे और मीडिया ने इसे और बढ़ा दिया। कुछ ही समय में सालवा जुडूम को लोगों की बहादुरी के प्रतीक के रूप में पेश किया जाने लगा, लेकिन इससे असल स्थिति की जटिलता और गाँवों की सच्चाई अक्सर छिप गई।

यूपीए की हिचकिचाहट : सुरक्षा और विचारधारा के बीच फँसी सरकार

सालवा जुडूम उस समय एक निर्णायक दिशा और संरक्षण का इंतजार कर रहा था। लेकिन यूपीए सरकार झूल रही थी। कांग्रेस के भीतर विचारधारा का विभाजन स्पष्ट था। कुछ नेताओं ने आंदोलन को समझा—माओवादी

नियंत्रण को समझा। उस समय सालवा जुड़ूम एक ऐसे मोड़ पर था, जहाँ उसे साफ दिशा और मजबूत समर्थन की जरूरत थी। लेकिन यूपीए सरकार इस पर ठोस फैसला नहीं ले पा रही थी। कांग्रेस के भीतर भी मतभेद साफ दिख रहे थे।

कुछ नेता इसे समझते थे और मानते थे कि यह माओवादियों के प्रभाव को तोड़ने के लिए जरूरी कदम है। लेकिन कुछ लोग इससे असहज थे—उन्हें नागरिकों की सक्रिय भागीदारी से परेशानी थी, बौद्धिक बहस का दबाव था और वामपंथी विचारधारा से टकराव का डर भी।

सरकार ने आंदोलन को संपूर्ण समर्थन, नियंत्रण या पुनर्गठन के बजाय अस्पष्टता में छोड़ दिया। जमीन पर अधिकारियों के हाथ बँधे थे। नीति-निर्माण झूलता रहा; कभी थोड़ा समर्थन, कभी अचानक पीछे हटना। जो कुछ भी सुरक्षा और समुदाय की संरचना बन सकती थी, वह कानूनी चुनौतियों और आलोचनाओं के बीच कमजोर रह गई। और यह हिचकिचाहट जल्द ही निर्णायक साबित हुई।

मोड़ आया 2011 में—बस्तर के जंगलों में नहीं, बल्कि दिल्ली के सुप्रीम कोर्ट के विशाल हॉल में। वहाँ सालवा जुड़ूम को नागरिक पहल की बजाय कानूनी प्रश्न के रूप में पेश किया गया। संदर्भ, अनुभव और आदिवासी परिवारों का दर्द रिकॉर्ड से बाहर रहा—न केवल इसलिए कि उनकी बात महत्त्वहीन थी, बल्कि इसलिए कि कानून में हिंसा के भावनात्मक सत्य को समेटने का कोई तरीका नहीं था।

फैसला बहुत सख्त था। सुप्रीम कोर्ट ने विशेष पुलिस अधिकारियों (एसपीओ) की तैनाती को असंवैधानिक बता दिया—वे युवा आदिवासी, जिन्हें अपने ही गाँव की रक्षा के लिए तैयार किया गया था। एक चुप्पी ने सालवा जुड़ूम की नाजुक संरचना को ध्वस्त कर दिया।

अदालत के बाहर, फैसले का जश्न मनाया गया—संवैधानिक नैतिकता की जीत कहकर। लेकिन दंतेवाड़ा में जश्न नहीं, भय फैला। सुरक्षा शिविर अब उजाड़ लगने लगे। माओवादी अवसर भाँप गए। संदेश स्पष्ट था : सामाजिक प्रतिरोध अब वैध नहीं रहा।

जो लोग दशकों बाद पहली बार अपनी आवाज़ उठा चुके थे, अब अकेले और असुरक्षित महसूस कर रहे थे। आंदोलन, जो जीवित रहने के संघर्ष से

उभरा था, अब अवैध घोषित हो गया। और इस मौन अंतराल में, माओवादी तेजी से लौट आए।

जिन गाँवों ने हिम्मत कर प्रतिरोध किया, वही सबसे पहले निशाने पर आ गए। उन्हें दंडित किया गया, मानो साहस ही उनका अपराध हो। जो लोग सरकारी शिविरों में शरण लेने पहुँचे, उन्हें यह चेतावनी दी गई कि बिना "वफादारी" साबित किए वे अपने ही घरों की दहलीज पार न करें।

धीरे-धीरे लोगों का मन टूटने लगा। राज्य की उपस्थिति तो थी, लेकिन उस पर भरोसा बिखर चुका था। पुलिस अपनी ओर से सक्रिय थी, पर वह सबसे अहम कड़ी जनता का विश्वास और उससे जुड़ा सामुदायिक खुफिया तंत्र लगभग निष्प्रभावी हो गया।

नतीजा यह हुआ कि भले ही माओवादियों ने कुछ इलाकों पर अपना नियंत्रण खो दिया हो, लेकिन उन्होंने अपना सबसे बड़ा हथियार—डर—फिर से हासिल कर लिया। और जब डर वापस आता है, तो सिर्फ जमीन ही नहीं, बल्कि लोगों के मन और सोच पर भी उसका कब्ज़ा हो जाता है।

दिल्ली के सत्ता-केंद्रों में बैठी सरकार के पास विकल्प थे—वह अपील कर सकती थी, पुनर्गठन कर सकती थी, स्थिति की गंभीर समीक्षा कर सकती थी। लेकिन यूपीए, जो इस तरह के जन-आंदोलन की छवि से असहज थी, अंततः मौन ही रही। न कोई ठोस अपील, न कोई स्पष्ट विधायी ढाँचा और न ही ऐसा प्रयास जिससे अब तक हुई प्रगति को बचाया जा सके। इस राजनीतिक हिचकिचाहट और न्यायिक दूरी के बीच महेंद्र कर्मा धीरे-धीरे अकेले पड़ते गए, एक ऐसे नेता, जो अपनी जनता और उनके संघर्षों के साथ खड़ा था, पर व्यवस्था से अपेक्षित सहारा उसे नहीं मिला। समय के साथ महेंद्र कर्मा केवल एक व्यक्ति नहीं रहे; वे एक प्रतीक बन गए—प्रतिरोध का, साहस का और सबसे बढ़कर "एजेंसी" का। माओवादियों के लिए उनका विरोध स्वाभाविक था क्योंकि वे उस विचार को चुनौती देते थे, जिस पर उनका प्रभुत्व टिका था। उन्होंने आदिवासियों को यह दिखा दिया था कि भय अटूट नहीं है, उसे तोड़ा जा सकता है।

और शायद यही सबसे बड़ा कारण था कि वे निशाने पर आए क्योंकि किसी भी ऐसी विचारधारा के लिए, जो डर और नियंत्रण पर टिकी हो, यह संदेश सबसे खतरनाक होता है।

2012 तक माओवादी संदेश साफ था, "महेंद्र कर्मा को मरना ही होगा।"

लेकिन कर्मा पीछे नहीं हटे। निर्णय और आंदोलन के बाद की अवैधता ने उन्हें और दृढ़ बनाया। वह गाँव-गाँव गए, ग्रामीणों से मिले और समझाया कि माओवादी से लड़ाई केवल पुलिस और अर्धसैनिक बलों पर निर्भर नहीं हो सकती। उन्होंने चेतावनी दी कि अगर जन आंदोलन पीछे हटेगा तो माओवादी फिर से संगठित होंगे और यह पूर्वानुमान जल्द ही सबसे खूनी तरीके से सच हुआ।

25 मई 2013 दरभा घाटी—एक ऐसा दिन जिसे बस्तर कभी नहीं भूला। कांग्रेस नेताओं का काफिला घेर लिया गया। लैंडमाइंस फटीं। स्वचालित हथियारों की गोलियाँ चारों ओर चलीं। कोई बचने का रास्ता नहीं था। गवाहों ने बाद में बताया कि माओवादी ने गर्व से कहा, "महेंद्र कर्मा प्राथमिक लक्ष्य हैं।" उन्हें धीरे-धीरे बाहर खींचा गया—सज़ा, तमाशे और संदेश के रूप में।

महेंद्र कर्मा की हत्या के साथ सालवा जुड़ूम ने अपनी रीढ़ खो दी। वह आवाज़ जो राजनीतिक वैधता, नैतिक दृढ़ता और जमीनी विश्वास को जोड़ती थी, अब शांत हो गई। बस्तर में प्रतिक्रिया केवल शोक नहीं थी, बल्कि एक गहरी मौन हार थी—एक तरह का आत्मसमर्पण, जो तब आता है, जब उम्मीद टूट जाती है। ग्रामीणों ने फुसफुसाया, "सालवा जुड़ूम दो बार विघटित हुआ—एक अदालत में और दूसरी दरभा घाटी में।"

राजनीतिक परिणाम ने स्थिति और बिगाड़ दी। माओवादी क्रूरता या सामुदायिक भागीदारी की रणनीतिक गलती को स्वीकार करने के बजाय, राजनीतिक और विचारधारात्मक आलोचक फिर से आलोचना करने लगे—हत्या की नहीं, बल्कि कर्मा की। उनकी हत्या को राष्ट्रीय नेता की हत्या के रूप में नहीं देखा गया, बल्कि इसे "राजनीतिक परिणाम" के रूप में तर्कसंगत ठहराया गया। ऐसा लगा कि माओवादी के खिलाफ युद्ध अब राष्ट्रीय सुरक्षा का मुद्दा नहीं, बल्कि बौद्धिक बहस बन गया, जहाँ आदिवासी जीवन केवल फुटनोट था।

सालों बाद, जब सालवा जुड़ूम की याद धीरे-धीरे फीकी पड़ने लगी थी, तब एक नया झटका लगा—यह हिंसक नहीं, बल्कि राजनीतिक था। 2025 में कांग्रेस ने न्यायाधीश सुदर्शन रेड्डी, जिन्होंने 2011 में सालवा जुड़ूम के खिलाफ फैसला लिखा था, को उपराष्ट्रपति पद का उम्मीदवार बनाया। बस्तर

के संघर्ष को करीब से देखने वाले लोगों के लिए यह सिर्फ एक प्रतीकात्मक कदम नहीं था, बल्कि एक स्पष्ट संदेश देने वाला फैसला था।

जिन लोगों ने संघर्ष देखा, माओवादी हिंसा सहन की और आंदोलन को न्यायिक व राजनीतिक दबाव में ढहते देखा, उनके लिए यह विडंबना नहीं, बल्कि दर्दनाक पुष्टि थी। यह पुष्टि कि उनका कष्ट कभी मायने नहीं रखता—उनके लिए, जो माओवादी विद्रोह को आइडियोलॉजिकल प्रतिरोध के रूप में रोमांटिसाइज़ करते थे, न कि सच्चे आतंक के रूप में।

साहस की गाथा : सालवा जुड़ूम की विरासत

महेंद्र कर्मा की मौत और उनके आंदोलन के न्यायिक और राजनीतिक दबाव के बीच दम तोड़ने के बाद सालवा जुड़ूम स्मृति के क्षेत्र में प्रवेश कर गया—विवादास्पद, अधूरा और अक्सर गलत समझा गया। फिर भी इसकी विरासत मिटने को तैयार नहीं थी।

सालों बाद भी दंतेवाड़ा और सुकमा के दूर-दराज़ गाँवों में, जो लोग डर और संघर्ष के कठिन समय से गुज़रे हैं, वे सालवा जुड़ूम को धीमे, सम्मान और भावुकता भरे स्वर में याद करते हैं। वे इसे किसी राजनीतिक अभियान के रूप में नहीं, बल्कि उस दौर के रूप में देखते हैं जब लोगों ने अपनी हिम्मत और ताकत वापस पाई थी और इलाके में फैली सबसे कठोर हिंसा का सामना किया था।

उनके लिए यह आंदोलन कभी सैन्य कार्रवाई या जबरदस्ती का विषय नहीं था। यह घुटने टेकने से इनकार करने की घोषणा थी। उनकी स्मृतियों में, रैलियाँ और मार्च हमेशा हमले के लिए कम और मुक्ति के लिए अधिक थे—वह पल जब समुदाय वर्षों की छुपम-छुपाई के बाद सार्वजनिक रूप से एक साथ चल रहा था। उनकी आवाज़ें उस डर से अधिक प्रबल थीं जिसने उन्हें नियंत्रित किया था।

यह भाव समकालीन विमर्श में शायद ही कभी दर्ज होता है। अधिकांश अकादमिक प्रकाशनों में, गाँववाले केवल पीड़ित दिखाई देते हैं—राज्य के या माओवादी के। उन्हें कभी अपने भाग्य के निर्माता के रूप में नहीं देखा गया। यह तथ्य भी मिटा दिया गया कि नागरिक और विद्रोही कभी-कभी एक ही

जनजाति, एक ही बोली समूह और कभी-कभी एक ही विस्तारित परिवार से आते थे। बस्तर की जनजातीय आबादी के बारे में चर्चा हुई, बहस हुई, लेकिन उन्हें सीधे कभी सुना नहीं गया।

यह बात बहुत महत्त्वपूर्ण है कि सालवा जुड़ूम की बहस में आदिवासी लोगों को ही भुला दिया गया। असली कहानी यह थी कि आदिवासी खुद अपनी रक्षा के लिए खड़े हुए थे। यह कोई साजिश या क्रूरता नहीं थी—यह उनकी अपनी हिम्मत और अपने लोगों के लिए खड़े होने की बात थी। हर बड़े आंदोलन में कमियाँ होती हैं। आदिवासी आंदोलन में भी कुछ गलतियाँ हुईं, कुछ लोग गलत रास्ते पर चले गए। परन्तु अगर कोई गलती हुई, तो उसे सुधारना चाहिए था। उस गलती के लिए पूरे आंदोलन और पूरे आदिवासी समुदाय को नहीं मिटाना चाहिए था। सरकार और अदालत ने आदिवासी लोगों से उनकी बात सुनने के बजाय, उन्हें ही खत्म करने का फैसला कर लिया। यह लोकतंत्र के सिद्धांतों के खिलाफ था।

लेकिन भारत ने दूसरा रास्ता चुना।

सुप्रीम कोर्ट के फैसले और सालवा जुड़ूम की व्यवस्था के ढह जाने के कई सालों बाद भी सवाल बरकरार हैं :

क्या हालात अलग हो सकते थे?

क्या यूपीए सरकार ने इसकी गंभीर समीक्षा की होती तो हालात अलग होते ?

क्या राज्य इस आंदोलन को नियंत्रित और संगठित ग्रामीण सुरक्षा ढाँचे में बदल सकता था, जहाँ निगरानी, जवाबदेही और औपचारिक प्रशिक्षण मौजूद होता?

क्या इसे आत्म-शासित सुरक्षा संस्थाओं में बदला जा सकता था, जैसा कि जम्मू-कश्मीर में आतंकवाद विरोधी अभियानों में स्थानीय रक्षा समूहों का सफल उपयोग हुआ था?

बस्तर में सेवा देने वाले कई पूर्व पुलिस अधिकारी मानते हैं कि इसका उत्तर 'हाँ' है। वे याद करते हैं कि जब गाँवों से खुफिया जानकारी का प्रवाह मजबूत था, माओवादी रक्षा की मुद्रा में थे और परिवारों ने डर के साये से निकलकर सामान्य जीवन फिर से जीने का साहस किया।

सालवा जुड़ूम का विघटन उन आशाओं को मिटा नहीं सका, लेकिन उन्हें कमज़ोर ज़रूर कर दिया। यह विरासत आज भी गूँजती है, न केवल विरोध की, बल्कि आत्म-सम्मान और साहस की आवाज़ के रूप में, जो वर्षों की डरावनी छाया में भी जीवित रही।

समय के साथ बस्तर में सुरक्षा रणनीति केवल औपचारिक मुकाबलाबंदी तक सीमित हो गई। बेहतर प्रशिक्षित बल, उन्नत तकनीक और केंद्रीय तथा राज्य की एंटी-नक्सल इकाइयों के बीच गहरा समन्वय। ये प्रयास अंततः परिणाम लाए—नक्सलवाद आज दस साल पहले की तुलना में कमजोर है, क्षेत्र और नेतृत्व तेजी से खो रहा है।

लेकिन इस यात्रा की कीमत थी : भय और स्मृति के बीच एक मौन समझौता।

जो लोग कभी प्रतिरोध में कंधे से कंधा मिलाकर खड़े थे, उन्हें यह कहकर आगे बढ़ने के लिए प्रोत्साहित किया गया कि पहले के अध्याय को मान्यता न दी जाए। जिन्होंने जुड़ूम के वर्षों में अपने प्राणों की बाज़ी लगाई, वे राष्ट्रीय मान्यता सूचियों या नागरिक सम्मान सूची में शायद ही कभी दिखाई देते हैं। और महेंद्र कर्मा—शायद बस्तर के भीतर माओवादी के खिलाफ खड़े सबसे निडर जनजातीय नेता—को अक्सर साहस के बजाय विवाद के लिए याद किया जाता है। उनकी प्रतिमा आज दंतेवाड़ा में है, लेकिन उनकी कहानी मुख्यधारा की कथाओं में शायद ही जगह पाती है।

फिर भी, जो लोग बस्तर-विद्रोह की जटिलता समझते हैं, उनके लिए कर्मा उन कुछ नेताओं में से थे जिन्होंने संघर्ष को सिर्फ़ कानून-व्यवस्था की चुनौती नहीं, बल्कि मानसिक संप्रभुता के संघर्ष के रूप में देखा। उन्होंने वह वास्तविकता समझी जो दूर जंगलों से नीति-निर्माता समझने में असफल रहे : केवल बल से आतंक आधारित विचारधारा को हराया नहीं जा सकता; इसे विश्वास और सामूहिक सहमति में भी हराना होता है।

सालवा जुड़ूम ने थोड़े समय के लिए कामयाबी हासिल की। इसने दिखाया कि माओवादी विचारधारा को वैध नहीं माना जाना चाहिए और यह साबित किया कि प्रतिरोध संभव है। माओवादी मार सकते थे, डर फैला सकते थे, धमकी दे सकते थे, लेकिन वे उन रैलियों और मार्चों की याद नहीं मिटा सकते थे, जहाँ डर ही सामूहिक प्रतिरोध में बदल गया था।

आंदोलन के विघटन के वर्षों बाद कई सुरक्षा रणनीतिकारों ने धीरे-धीरे माना कि यह फैसला केवल संचालन मॉडल को नुकसान नहीं पहुँचाता था, बल्कि यह इस विचार को भी चोट पहुँचाता था कि नागरिक सक्रिय रूप से देशविरोधी हिंसा का प्रतिरोध कर सकते हैं। चिंता यह नहीं थी कि लोग अनियंत्रित हथियार उठा लेंगे, बल्कि यह थी कि वे अपने भूमि, पहचान और भविष्य पर नैतिक अधिकार जताने का आत्मविश्वास खो सकते हैं।

इस प्रकार इतिहास दो समानांतर दिशाओं में विकसित हुआ :

1. भारत की संस्थागत मुकाबला रणनीति प्रभावी और परिपक्व हो गई।
2. जमीनी स्तर पर सामुदायिक प्रतिरोध को खत्म कर दिया गया, इससे पहले कि यह एक संगठित सुरक्षा मॉडल के रूप में विकसित हो पाता।

फिर भी सालवा जुड़ूम की कहानी कड़वाहट में समाप्त नहीं होती। यह एक अधूरी सीख के रूप में समाप्त होती है।

आज जब भारत धीरे-धीरे माओवाद को राष्ट्रीय जीवन की सीमाओं तक सीमित कर रहा है, यह स्वीकृति बढ़ रही है कि चरमपंथी विचारधाराओं के खिलाफ सबसे स्थायी जीतें केवल हथियारों या पुलिसिंग मॉडल से नहीं आतीं, बल्कि उन समुदायों से आती हैं जो अपनी क्षमता को आत्मसमर्पण नहीं करने देते। चाहे वह कश्मीर हो, पंजाब के कालखंड में खालिस्तानी आतंकवाद हो या पूर्वोत्तर की विद्रोहकारी गतिविधियाँ, सार्वजनिक सहयोग और नैतिक साहस अनिवार्य साबित हुए।

इस दृष्टि से देखा जाए तो सालवा जुड़ूम कोई गलती नहीं था। यह एक अधूरा, लेकिन मूल्यवान प्रयोग था।

अगर इसे सही दिशा में विनियमित, प्रोत्साहित और संरक्षित किया गया होता, तो यह उन क्षेत्रों के लिए एक मिसाल बन सकता था, जहाँ समाज चरमपंथी दबावों के बीच अपनी राह तलाश रहा है। लेकिन ऐसा नहीं हो सका। वह एक संभावित मॉडल बनने के बजाय एक स्मृति बनकर रह गया, एक प्रभावशाली, भावनाओं को विभाजित करने वाला और कहीं न कहीं एक अधूरा प्रयास।

आज, जब बस्तर के जंगल धीरे-धीरे सड़कों, स्कूलों और मोबाइल टावरों के लिए खुल रहे हैं, कुछ शामें अब भी अतीत की गूँज लेकर आती हैं। गाँव के बुज़ुर्ग आग के चारों ओर बैठते हैं और उस समय को याद करते हैं, जब वे एक साथ उठ खड़े हुए थे, डर के खिलाफ, चुप्पी के खिलाफ। वे महेंद्र कर्मा को याद करते हैं, एक राजनेता के रूप में नहीं, बल्कि उस व्यक्ति के रूप में, जिसने उन्हें यह एहसास दिलाया कि उनकी अपनी भी एक आवाज़ है, एक अहमियत है।

कभी-कभी, जब जंगल बिल्कुल शांत हो जाता है और रात अपने सबसे गहरे रंग में उतर आती है, उन यादों में एक अलग ही भाव उभरता है, एक शांत, गहरा गर्व। उन लोगों का गर्व, जिन्होंने इतिहास के एक निर्णायक क्षण में भय के आगे झुकने के बजाय साहस को चुना।

सालवा जुड़ूम कभी सिर्फ़ एक आंदोलन नहीं था। यह याद दिलाने वाला था कि लोकतंत्र सबसे मजबूत तब होता है जब नागरिक मानते हैं कि उन्हें अपनी गरिमा के लिए लड़ने का अधिकार है। इसका पतन भारत के काउंटर-इंसर्जेंसी और संवैधानिक झिझक के सबसे गंभीर सबक में से एक बना। और शायद किसी दिन जब इतिहास वैचारिक धुंध के बिना पीछे मुड़ेगा, बस्तर को केवल सहन की गई हिंसा के लिए ही नहीं, बल्कि उस संक्षिप्त, शानदार क्षण के लिए भी याद किया जाएगा, जब यहाँ के लोगों ने खड़े होकर कहा, “बस!”

भाग 2

अध्याय पाँच

रणनीति, संकल्प और निर्णायक परिणाम : नक्सल आतंक के विरुद्ध अमित शाह की दस ऐतिहासिक पहलें

"हाल ही में एक पत्र लिखा गया जिसमें कहा गया कि अब तक जो हुआ वह एक गलती थी, कि युद्धविराम की घोषणा होनी चाहिए और हम आत्मसमर्पण करना चाहते हैं। यह केवल भ्रम फैलाने के लिए था। मैं कहना चाहता हूँ कि कोई युद्धविराम नहीं होगा। यदि आप आत्मसमर्पण करना चाहते हैं तो युद्धविराम की कोई आवश्यकता नहीं है। अपने हथियार डाल दें, एक भी गोली नहीं चलाई जाएगी"

—अमित शाह, भारत मंथन-2025

रणनीतिक बदलाव : नरमी से निर्णायक कार्रवाई तक लाल आतंक के विरुद्ध मोदी सरकार

1967 में नक्सलबाड़ी विद्रोह की चिंगारी ने भारत के लोकतंत्र पर एक गहरी छाया डाली। माओवादी-नक्सली उग्रवाद वर्षों तक लोकतांत्रिक ताने-बाने में एक सड़ते हुए घाव की तरह फैला रहा। यह हिंसा छत्तीसगढ़, झारखंड, ओडिशा, बिहार और महाराष्ट्र के खनिज-समृद्ध जंगलों में पनपती रही, जहाँ गरीब और वंचित जनजातियाँ अक्सर इस विद्रोह की राह में फँसी रही।

2014 तक जब नरेन्द्र मोदी की अगुवाई में नई सरकार आई, माओवादी हिंसा—जबरन वसूली, घात-हमले और वैचारिक ब्रेनवॉश ने दस हज़ार से अधिक निर्दोष लोगों की जान ले ली थी। विशाल वन, विकास और सुशासन के लिए लगभग 'नो मैन्स लैंड' बन चुके थे।

पूर्व सरकारों की नीति अपेक्षाकृत नरम और संकोचपूर्ण थी। कभी-कभार चले अभियानों से अस्थायी नियंत्रण तो मिला, पर बिखरी हुई खुफिया व्यवस्था और केंद्र-राज्य समन्वय की कमी ने उग्रवादियों को बार-बार पुनर्गठित होने और बेखौफ हमले करने का अवसर दिया। बड़े हमलों ने स्थिति की भयावहता को उजागर कर दिया।

वर्ष 2010 में दंतेवाड़ा का भीषण हमला हुआ। उसी वर्ष पश्चिम बंगाल में माओवादियों ने ज्ञानेश्वरी एक्सप्रेस को पटरी से उतार दिया, जिसमें 148 लोगों की मृत्यु हुई। 2013 में दर्भा घाटी नरसंहार में कांग्रेस के 24 नेताओं की हत्या कर दी गई, जिनमें प्रदेश अध्यक्ष नंद कुमार पटेल भी शामिल थे। सत्ता परिवर्तन के निकट 2017 में सुकमा हमले में 25 सीआरपीएफ़ जवान शहीद हुए, जबकि मई 2019 में गढ़चिरौली में हुए आईईडी विस्फोट में 16

जवानों की जान चली गई—यह हमला अमित शाह के गृह मंत्री पद की शपथ से ठीक पहले हुआ। लगभग प्रति वर्ष एक हज़ार हिंसक घटनाओं ने यह स्पष्ट कर दिया कि तत्कालीन रणनीति मूलतः प्रतिक्रियात्मक थी, जो खतरे को सीमित तो कर पाई, लेकिन उसे जड़ से समाप्त नहीं कर सकी। भले ही प्रभावित जिलों की संख्या 2009 में 180 से घटकर 2014 में 90 रह गई हो, माओवादी कैडर संरचना काफी हद तक सुरक्षित रही और कुछ स्थानों पर और अधिक दुस्साहसी हो गई।

2014 में सत्ता संभालते ही मोदी सरकार ने उस पुरानी नीति को छोड़ दिया, जो बाहर से "मखमली दस्ताने" जैसी लगती थी, लेकिन भीतर अनिर्णय से भरी थी। इसके बजाय एक साफ संदेश दिया गया : अब राज्य की पकड़ नरम नहीं, बल्कि निर्णायक होगी। आंतरिक सुरक्षा को सिर्फ कल्याणकारी योजनाओं की छाया में नहीं रखा गया, बल्कि इसे एक राष्ट्रीय अनिवार्यता के रूप में परिभाषित किया गया।

सीआरपीएफ़ और कोबरा बटालियनों को नए संसाधन मिले, तकनीक आधारित निगरानी को विस्तार दिया गया और शून्य-सहिष्णुता की नीति को केवल घोषणा नहीं, बल्कि व्यवहार बनाया गया। निरंतर दबाव का परिणाम दिखा—पहले ही कार्यकाल में हिंसक घटनाओं में लगभग पचास प्रतिशत की गिरावट आई।

फिर भी अतीत की अधूरी रणनीतियों की छाया पूरी तरह छँटी नहीं थी। बस्तर का अबूझमाड़ जैसा दुर्गम क्षेत्र अब भी माओवादियों के सुरक्षित गढ़ बने रहे और आत्मसमर्पण की प्रक्रिया कभी आशाजनक तो कभी डगमगाती हुई दिखाई देती रही।

वास्तविक निर्णायक मोड़ 31 मई 2019 को आया, जब अमित शाह ने केंद्रीय गृह मंत्री के रूप में कार्यभार सँभाला। इसके साथ ही इस लंबे संघर्ष को एक स्पष्ट रणनीतिक दिशा मिली—एक ऐसा शिल्पकार, जो शक्ति और संतुलन, दोनों की भाषा समझता था।

अमित शाह की कार्यशैली दिखावे से दूर रही। देर रात तक चलने वाले 'वॉर रूम' सत्रों में नक्शे फैलते, रसद की गणनाएँ होतीं और मानवीय खुफिया सूचनाओं (ह्यूमिंट) की बारीक परतों को धैर्य से पढ़ा जाता। यह शांत, पर अडिग संकल्प सरदार वल्लभभाई पटेल की याद दिलाता था—उस लौह पुरुष

की, जिसने बिना शोर मचाए भारत को एक सूत्र में बाँधा था। उनकी पहली बड़ी परीक्षा और पहली निर्णायक सफलता 5 अगस्त 2019 को सामने आई, जब अनुच्छेद 370 को समाप्त किया गया। भय और अराजकता की तमाम भविष्यवाणियों के बीच यह कदम असाधारण नियंत्रण और पूर्व-सतर्कता के साथ उठाया गया। संचार प्रबंधन, लक्षित गिरफ्तारियाँ और प्रशासनिक समन्वय ने कश्मीर के अलगाववादी तंत्र को बिना किसी बड़े संघर्ष के निष्क्रिय कर दिया। पत्थरबाजी लगभग सत्तर प्रतिशत तक घट गई और आतंकवादी घटनाएँ धीरे-धीरे लगभग शून्य के स्तर पर आ गईं। यह केवल एक राजनीतिक निर्णय नहीं था—यह रणनीतिक सटीकता का प्रदर्शन था। पचास से अधिक एजेंसियों के समन्वय से किया गया यह उच्च जोखिम वाला अभियान अमित शाह के लिए एक निर्णायक बोध लेकर आया : यदि दशकों से उलझे कश्मीर को बिना अराजकता के स्थिर किया जा सकता है तो रेड कॉरिडोर भी उसी स्पष्टता, उसी सर्जिकल दृष्टि और उसी दृढ़ इच्छाशक्ति से मुक्त किया जा सकता है।

यहीं से नक्सलवाद के विरुद्ध लड़ाई केवल प्रतिक्रिया नहीं रही—वह एक सुनियोजित, अंतिम समाधान की ओर बढ़ती यात्रा बन गई।

इस मजबूत विश्वास के साथ अमित शाह ने नक्सलवाद के खिलाफ एक नई रणनीति तैयार की, जिसे नाम दिया गया—"ऑपरेशन कगार"। यह सिर्फ एक नाम नहीं था, बल्कि एक प्रतीक था। यह 1948 के ऑपरेशन पोलो की याद दिलाता है, जब सरदार पटेल ने समझदारी, कूटनीति और सटीक कार्रवाई के जरिए हैदराबाद को भारत में मिलाया था। उसी तरह, इस रणनीति में भी खुफिया जानकारी, प्रशासन और सख्त कार्रवाई का संतुलित मेल बनाया गया, जिसे अब लाल कॉरिडोर के कठिन इलाकों में लागू किया गया।

शाह की शैली शांत और व्यावहारिक थी—कोई शोर-शराबा नहीं, कोई बड़ा भाषण नहीं। उन्होंने देश के सबसे बड़े काउंटर-इंसेजेंसी ऑपरेशन को धीरे-धीरे, सूक्ष्मता से आगे बढ़ाया। खुली समय-सीमा या विजयी जश्न नहीं, बल्कि संसाधनों का व्यवस्थित विस्तार और ऑपरेशनों की गुप्त योजना। 2024 तक परिणाम साफ दिखाई देने लगे—हिंसा लगभग आधी रह गई थी।

असली घोषणा मार्च 2025 में हुई। उस समय अभियान की गति इतनी सुनिश्चित थी कि माओवादी गढ़ लगातार ढह रहे थे। शाह ने राज्यसभा में स्पष्ट

समयरेखा दी : नक्सलवाद को 31 मार्च 2026 तक पूरी तरह समाप्त किया जाएगा। यह सीमा केवल बहादुरी का प्रदर्शन नहीं, बल्कि ठोस प्रगति और आश्वासन का प्रतीक थी—सुनियोजित, जिम्मेदार और दूरदर्शी।

ऑपरेशन कगार, ठीक उसी तरह जैसे ऑपरेशन पोलो, इतिहास में अमित शाह के नाम को उत्कीर्ण करेगा। वे शख्स जिन्होंने धैर्य, दूरदर्शिता और निर्णायक कार्रवाई के माध्यम से लाल ड्रैगन—रेड कॉरिडोर—को आखिरकार काबू में किया।

चरण एक : कश्मीर का उदाहरण– अनुच्छेद 370 का निरस्तिकरण

जब 21वीं सदी का इतिहास भारत की आंतरिक सुरक्षा की कहानियों को लिखेगा, 5 अगस्त 2019 एक मील का पत्थर बनकर उभरेगा—एक दिन जब भारत ने यह दिखा दिया कि सुरक्षा चुनौतियाँ केवल क्रमिक उपायों या नर्म संतुलन से नहीं सुलझतीं, बल्कि साहसिक, संवैधानिक और प्रशासनिक दृढ़ता के माध्यम से हल की जा सकती हैं।

उसी दिन गृह मंत्री अमित शाह ने संसद में ऐलान किया, जिसे कई लोग राजनीतिक रूप से असंभव मानते थे : अनुच्छेद 370 का निरस्तिकरण और जम्मू-कश्मीर का दो केंद्र शासित प्रदेशों में विभाजन।

यह केवल नीति का परिवर्तन नहीं था; यह एक सूक्ष्म, गुप्त और सटीक योजना के साथ संचालित सुरक्षा अभियान था, जिसमें गोपनीयता, अनुशासन और रणनीतिक चतुराई की मिसाल देखने को मिली। शाह ने पहले से ही हफ्तों तक 1989 के बाद से क्षेत्र में सबसे बड़े पूर्व-सक्रिय केंद्रीय बलों की तैनाती की निगरानी की। खुफिया एजेंसियों ने संभावित हॉटस्पॉट्स का नक्शा तैयार किया, अलगाववादी नेटवर्क को चुपचाप निष्क्रिय किया गया और जिला स्तर पर कमांड संरचनाओं को युद्ध स्थिति में रखा गया।

संचार बंदी लागू की गई—विदेशों में आलोचना हुई, लेकिन जमीन पर यह अभियान की सफलता के लिए अनिवार्य था। इससे गलत जानकारी, अव्यवस्था और विदेशी दखल रोका गया।

आलोचकों ने भयावह भविष्यवाणी की : गृहयुद्ध जैसी स्थिति, जनसंख्या का पलायन, अंतरराष्ट्रीय दबाव और पाकिस्तान समर्थित आतंकवाद का

उभार। फिर भी परिणाम पूरी तरह इसके विपरीत निकला। अनुच्छेद 370 निरस्त होते ही :

- बड़ी आतंकवादी घटनाएँ शून्य रहीं।
- पत्थरबाजी की घटनाओं में 70% गिरावट आई।
- 4,000 से अधिक अलगाववादी, ओवर-ग्राउंड वर्कर (ओजीडब्ल्यू) और कट्टरपंथी सक्रिय कार्यकर्ता रोके गए, जिससे दशकों से कायम मिलिटेंसी नेटवर्क भंग हो गया।

यह सिर्फ ताकत के इस्तेमाल का परिणाम नहीं था, बल्कि अमित शाह की सोच का उदाहरण था—पहले से तैयारी करना, सही समय पर सटीक कार्रवाई करना और उसके बाद स्थिति को स्थिर करना।

अनुच्छेद 370 को निष्क्रिय किया जाना सिर्फ एक कानूनी या संवैधानिक फैसला नहीं था बल्कि यह एक शांत लेकिन गहरा मनोवैज्ञानिक प्रहार भी था। सालों तक अलगाववादी नेतृत्व इस भ्रम में रहा कि अनुच्छेद 370 को कोई छू नहीं सकता। उन्हें लगता था कि भारत का लोकतंत्र बहुत बंटा हुआ और हिचकिचाने वाला है, जो कभी इतना बड़ा कदम नहीं उठा पाएगा। इसी सोच ने उन्हें एक तरह की सुरक्षा के साथ-साथ अहंकार भी दे दिया था।

उस भ्रम को तोड़कर अमित शाह ने केवल एक अनुच्छेद नहीं हटाया, उन्होंने दशकों की राजनीतिक जड़ता को उलट दिया। यह संदेश स्पष्ट था : जो असंभव बताया जाता रहा, वह भी संभव है। अपने निकट सहयोगियों से उन्होंने कहा था, "अगर हम बिना एक भी गोली चलाए कश्मीर को वापस ले सकते हैं तो भारत में कोई भी संघर्ष राज्य की क्षमता से बाहर नहीं है।"

अनुच्छेद 370 के हटते ही कश्मीर की कहानी बदलने लगी। जहाँ कभी मिलिटेंसी का शोर था, वहाँ विकास की आहट सुनाई देने लगी। सड़कें बनीं, स्कूल खुले, औद्योगिक निवेश की संभावनाएँ जगीं, पर्यटन लौटा और स्थानीय चुनाव, जो वर्षों तक अलगाववादी धमकियों के कारण असंभव थे, शांतिपूर्वक संपन्न हुए।

यह परिवर्तन केवल बुनियादी ढाँचे का नहीं था; यह मानसिक और वैचारिक पुनर्निर्माण था।

कश्मीर अब कोई "विशेष विवाद" नहीं रहा। वह भारत का एक सामान्य, समान और संवैधानिक रूप से सुनिश्चित हिस्सा बन गया, जहाँ अधिकार भी समान थे और उत्तरदायित्व भी।

अमित शाह के लिए यह उपलब्धि केवल एक नीति की सफलता नहीं थी; यह एक कार्य-प्रणाली, एक टेम्पलेट बन गई। इसने यह सिद्ध कर दिया कि जमे हुए, लम्बे समय से चले आ रहे संघर्ष कोई नियति नहीं होते।

स्पष्ट कमांड संरचना, एकीकृत खुफिया तंत्र, सीमित लेकिन सटीक बल प्रयोग और सबसे बढ़कर—अडिग राजनीतिक इच्छाशक्ति—इनसे उन विद्रोहों को भी समाप्त किया जा सकता है जिन्हें वर्षों से "स्थायी समस्या" मान लिया गया हो।

कश्मीर में स्थिरता आते ही शाह की दृष्टि भारत के एक और पुराने घाव पर गई—मध्य भारत के घने जंगलों में फैला वामपंथी उग्रवाद, माओवादी नक्सल आंदोलन। प्रश्न उनके लिए बिल्कुल सीधा था : यदि भारत कश्मीर का भविष्य शांतिपूर्वक पुनर्लेखित कर सकता है तो नक्सलवाद क्यों नहीं—एक ऐसा विद्रोह जिसकी न कोई अंतरराष्ट्रीय सीमा है, न विदेशी वैधता और न ही कोई संवैधानिक जटिलता?

कश्मीर से मिले यह सारे सबक उनके अगले मिशन की आधारशिला बने—माओवादी आंदोलन को एक बार और हमेशा के लिए समाप्त करने का संकल्प।

चरण दो : मंशा का उद्घोष– लक्ष्य : मार्च 2026

कश्मीर का मामला एक बड़े संवैधानिक फैसले का उदाहरण था, लेकिन नक्सलवाद के खिलाफ लड़ाई किसी एक बड़े और अचानक फैसले से तय नहीं हुई। यह मजबूत इरादा, सोच-समझकर की गई सख्ती और स्पष्ट राजनीतिक दिशा का एक लगातार चलने वाला प्रयास था। यह धीरे-धीरे दृढ़ और लगातार बढ़ती हुई रणनीति थी।

2019 में गृह मंत्री अमित शाह ने कार्यभार सँभालते ही संदेश स्पष्ट कर दिया : वामपंथी उग्रवाद कोई सामाजिक-आर्थिक असंतोष नहीं था जिसे तुष्टिकरण से शांत किया जा सके; यह एक आतंकवादी संरचना थी, जिसे जड़ों

से उखाड़ फेंकना आवश्यक था। अपने संसदीय वक्तव्यों में शाह ने इसे कहा, "देश के भीतर से राष्ट्र को खोखला करने वाला कैंसर।" यह भाषा आवेगपूर्ण या भावनात्मक नहीं थी; यह थी संतुलित दृढ़ता, जो संकेत देती थी कि अब न तो तुष्टिकरण रहेगा, न छिटपुट प्रतिक्रिया—नीति अब अडिग थी।

2020 और 2021 के दौरान जब कोविड-19 महामारी ने सामान्य प्रशासन को बाधित किया, शाह ने माओवादी गढ़ों पर दबाव बनाए रखा। लॉकडाउन ने उनके आपूर्ति तंत्र, भर्ती नेटवर्क और सेफ़-हाउस लॉजिस्टिक्स को गंभीर रूप से बाधित किया—यही वह रणनीतिक कमजोरी थी, जिसकी तलाश शाह को थी।

हालाँकि, इस अवधि में कोई सार्वजनिक समय-सीमा घोषित नहीं हुई थी। शाह का संदेश कठोर और स्पष्ट था, लेकिन समय से मुक्त। वे बार-बार कहते रहे कि यह आंदोलन अब केवल हिंसा, डर और विदेश से समर्थित प्रचार के सहारे जीवित है।

फिर मार्च 2025 में छत्तीसगढ़ के एक सार्वजनिक कार्यक्रम में गृह मंत्री ने घोषणा की : 31 मार्च 2026 तक भारत से वामपंथी उग्रवाद का पूर्ण उन्मूलन किया जाएगा। इस घोषणा से सुरक्षा तंत्र में नई ऊर्जा भर गई। यह कोई नारा नहीं था; यह एक औपचारिक संचालनात्मक लक्ष्य था। इसका मतलब था :

- नियंत्रण के बजाय पूरी तरह खत्म करने की दिशा में कदम।
- सिर्फ बचाव करने वाली पुलिसिंग से आगे बढ़कर सक्रिय और पीछा करने वाली रणनीति अपनाना।
- अलग-अलग छोटे अभियानों से निकलकर जंगल क्षेत्रों में मजबूत पकड़ बनाने वाले संगठित अभियानों की ओर कदम बढ़ाना।

समय-सीमा ने गृह मंत्रालय, सीआरपीएफ़, राज्य पुलिस बलों, एनटीआरओ, आईबी और राज्य प्रशासन को एक एकीकृत कमांड दृष्टि में बाँध दिया। वरिष्ठ अधिकारियों ने स्वीकार किया कि अब संचालन में कोई हिचक नहीं रही। आदेश स्पष्ट था, "युद्ध को प्रबंधित नहीं करना—उसे समाप्त करना है।"

शहरी बुद्धिजीवी वर्ग ने इसकी आलोचना की, "मस्कुलर राष्ट्रवाद", "सत्तावादी आत्मविश्वास", "चुनावी राजनीति"। माओवादी समर्थकों ने चेतावनी दी, "मानवाधिकार उल्लंघन।" शाह ने स्पष्ट शब्दों में जवाब दिया, "वह दौर समाप्त हो चुका है, जब आतंकवादियों को सहानुभूति और सैनिकों को केवल शहीद होने का सम्मान मिलता था।"

सुरक्षा तंत्र के भीतर ये शब्द केवल वक्तव्य नहीं थे। वे बन गए आदेश और बलवर्धक मंत्र। जंगलों में अपने साथियों को खो चुके जवानों के लिए यह स्पष्टता राहत और संकल्प, दोनों लेकर आई।

माओवादियों के लिए संदेश और भी कठोर था : अब भारतीय राज्य समय-सीमा पर चर्चा नहीं कर रहा था—समय-सीमा तय हो चुकी थी।

कश्मीर की सफलता से मिली सीख और तय समय-सीमा ने भारत के नक्सल विरोधी अभियान को पूरी तरह बदल दिया। अब यह एक धीमी लड़ाई नहीं रही, बल्कि एक तय लक्ष्य और समय के साथ चलने वाला राष्ट्रीय मिशन बन गया।

इसके बाद जो हुआ, वह 1980 के दशक के उत्तरार्ध में पंजाब में आतंकवाद विरोधी अभियानों के बाद भारत का सबसे आक्रामक और निर्णायक उग्रवाद-रोधी अभियान था।

चरण तीन : अंतर-राज्यीय समन्वय– बहु-राज्यीय रणनीति की रूपरेखा

दशकों तक माओवादी हिंसा इसलिए बढ़ती रही क्योंकि भारतीय राज्य अलग-अलग हिस्सों में कमजोर और बिखरा हुआ था, न कि इसलिए कि माओवादी संगठन ज्यादा ताकतवर थे। मध्य और पूर्वी भारत के घने जंगल—जैसे छत्तीसगढ़, ओडिशा, झारखंड, महाराष्ट्र, तेलंगाना, आंध्र प्रदेश, बिहार और पश्चिम बंगाल के कुछ हिस्से—माओवादियों के लिए आसानी से छिपने और निकल जाने के रास्ते बन गए थे।

गढ़चिरौली में हमला करने वाला दस्ता कुछ ही घंटों में सुकमा में गायब हो सकता था। मलकानगिरी की बटालियन आंध्र सीमा पर पीछे हटकर

पुनर्गठित हो सकती थी। भूमि या ताकत नहीं, बल्कि प्रशासनिक सीमाएँ राज्य की प्रतिक्रिया की गति तय करती थीं और माओवादियों ने इसे पूरी सूक्ष्मता से भुनाया।

इस जड़ता के अंत का पहला संकेत तब मिला, जब अमित शाह ने मल्टी-एजेंसी सेंटर (एमएसी) के माध्यम से संचालनात्मक तंत्र को पुनर्गठित किया। कारगिल के बाद स्थापित एमएसी, नक्सल प्रभावित क्षेत्रों में पहली बार रियल टाइम खुफिया फ़्यूज़न ग्रिड बन गया। इसमें राज्य पुलिस, सीआरपीएफ़, इंटेलिजेंस ब्यूरो के फ़ील्ड आउटपोस्ट, एनटीआरओ के निगरानी नोड्स और विशेष काउंटर-इंसर्जेंसी टीमें एक साथ जुड़ीं। जो जानकारी पहले नौकरशाही चैनलों में दिनों में जाती थी, अब सुरक्षित डिजिटल प्लेटफॉर्म के माध्यम से मिनटों में फील्ड कमांडरों तक पहुँच रही थी।

लेकिन सिर्फ खुफिया जानकारी का बेहतर तालमेल काफी नहीं था। शाह समझते थे कि जब तक सुरक्षा बल राज्यों की सीमाओं के पार मिलकर कार्रवाई नहीं करेंगे, तब तक माओवादियों के भागने के रास्ते—ये जंगल—उनके लिए "फेफड़ों" की तरह काम करते रहेंगे, जहाँ से वे आसानी से आ-जा सकते हैं और खुद को बचा सकते हैं।

इसी को तोड़ने के लिए उन्होंने दिल्ली में उच्च स्तरीय रणनीतिक बैठकों की श्रृंखला शुरू की। सिर्फ पुलिस या सीआरपीएफ़ प्रमुख नहीं, बल्कि दस प्रभावित राज्यों के मुख्यमंत्री भी शामिल हुए। त्रैमासिक "नक्सल समीक्षा सम्मेलन" ने दिखा दिया कि उग्रवाद-रोधी अभियान अब खंडित राज्य स्तरीय कार्य नहीं, बल्कि राष्ट्रीय मिशन बन चुका था।

बैठकों में गृहमंत्री अमित शाह हमेशा सीधे, तेज और बिल्कुल स्पष्ट रहते थे। वे कभी उलझी हुई नीतियों या लंबी-चौड़ी योजनाओं में नहीं पड़ते थे। उनके सवाल हमेशा साफ और सीधे होते थे:

- कौन-सा कॉरिडोर अभी भी सुरक्षित है?
- कौन-सी बटालियन उसका नियंत्रण सँभाले हुए है?
- वह अभी तक सील क्यों नहीं हुआ?

इसके साथ ही आर्थिक सहयोग तीव्र गति से और बिना अनावश्यक शर्तों के दिया गया। साथ ही, सुरक्षा बलों के लिए निम्न सुविधाएँ उपलब्ध कराई गईं—

- माओवादी क्षेत्रों में गहराई तक स्थित सुदृढ़ कैंप।
- आईईडी विस्फोट झेलने वाले बख्तरबंद वाहन।
- घने जंगलों में कार्यशील सामरिक संचार प्रणालियाँ।
- दीर्घकालिक जंगल तैनाती के लिए लॉजिस्टिक सहायता।

सड़कें, जिन्हें पहले सिर्फ विकास का साधन माना जाता था, अब रणनीतिक रूप से बेहद महत्त्वपूर्ण बन गईं। बीआरओ और सीपीडब्ल्यूडी ने स्थानीय प्रशासन के साथ मिलकर उन इलाकों तक सड़कें पहुँचाईं, जहाँ आज़ादी के बाद से कोई पहुँच नहीं थी। हर नई सड़क बनने से माओवादियों की आवाजाही और छिपने की क्षमता कम होती गई।

2022 के अंत तक बदलाव साफ दिखाई देने लगा। बस्तर, मलकानगिरी, लातेहार और गढ़चिरोली जैसे इलाकों में, जहाँ पहले घात लगाकर हमले आम थे, वहाँ घटनाओं में तेज़ी से कमी आई। खुफिया रिपोर्टों के अनुसार, सफल हमलों में लगभग 60% तक गिरावट दर्ज की गई।

यह कमी इसलिए नहीं आई कि माओवादियों की मंशा कमजोर हो गई थी, बल्कि इसलिए कि उनके आने-जाने के रास्ते सीमित हो गए और जोखिम बढ़ गया। जो इलाके पहले उनके सुरक्षित ठिकाने थे, वही अब सुरक्षा बलों के कई दिशाओं से होने वाले अभियानों के रास्ते बन गए। अब हालात यह थे कि छत्तीसगढ़ से भागकर कोई दस्ता महाराष्ट्र या ओडिशा में जाकर सुरक्षित नहीं रह सकता था, क्योंकि वहाँ भी सुरक्षा बल पहले से तैयार और आपस में तालमेल के साथ कार्रवाई कर रहे थे।

माओवादी आंदोलन के लिए यह बदलाव केवल रणनीतिक नहीं, बल्कि अस्तित्व का प्रश्न बन गया था। अब भारतीय राज्य सिर्फ घटनाओं पर प्रतिक्रिया देने तक सीमित नहीं था, वो धीरे-धीरे वह जमीन ही खिसका रहा था, जिस पर यह आंदोलन टिका हुआ था और उसकी गतिशीलता को भी सीमित कर रहा था।

चरण चार : ऑपरेशनल री-डिज़ाइन– विद्रोह को निष्क्रिय करने की मशीन

खुफिया समन्वय और अंतर-राज्यीय एकीकरण से दबाव बढ़ते ही अमित शाह ने अगला कदम उठाया; भारत की प्रतिरोध-रोधी व्यवस्था को एक आक्रामक, तकनीक-संवर्धित युद्ध मशीन में बदलना।

निर्णायक मोड़ आया 2020 के अंत में जारी गोपनीय निर्देश के साथ। इसमें तीन चरणीय सिद्धांत स्पष्ट किया गया, "क्लियर, होल्ड, डेवलप"—साफ करो, पकड़े रखो, विकसित करो।

यह रणनीति दुनिया के दूसरे अभियानों—जैसे कोलंबिया में एफ़एआरसी के खिलाफ कार्रवाई और आंध्र प्रदेश के पुराने सफल अनुभवों से प्रेरित थी, लेकिन इसे मध्य भारत के जंगलों और वहाँ की सामाजिक स्थितियों के हिसाब से और मजबूत व व्यावहारिक बनाया गया।

"क्लियर" का मतलब था माओवादी सैन्य क्षमता तोड़ना, पीएलजीए कमान-श्रृंखला ध्वस्त करना और सुरक्षित क्षेत्रों से उन्हें वंचित करना। अब स्थिर कैंप-आधारित पुलिसिंग का अंत हुआ और आक्रामक मोबाइल डॉमिनेशन की शुरुआत हुई। शाह ने लगभग 50,000 अतिरिक्त कर्मियों को तैनात किया—विस्तारित सीआरपीएफ़ बटालियनें और वन-युद्ध में प्रशिक्षित कोबरा टीमें। ये जवान जंगल में रहने, शांत रूप से चलने, भूभाग पर जीवित रहने और अप्रत्याशित समय व स्थान पर हमला करने के लिए प्रशिक्षित किए गए।

प्रशिक्षण में बड़ा बदलाव आया। चित्तूर, खड़गपुर और कांकेर के जंगल युद्ध स्कूलों में अब रात में लड़ाई, चुपचाप आगे बढ़ना, आईईडी से बचाव और तेजी से बचाव-निकासी जैसे नए तरीके सिखाए जाने लगे। जो टीमें पहले सिर्फ औपचारिक गश्त करती थीं, वे अब साफ रणनीति के साथ काम करने लगीं। इन रणनीतियों में शामिल थे—माओवादियों के ठिकानों और नेतृत्व को पहचानकर उन्हें अलग करना और खत्म करना। एक कोबरा प्रशिक्षक के शब्दों में, "अब हम उनके आने का इंतज़ार नहीं करेंगे, हम वहाँ पहुँचेंगे जहाँ वे सोचते हैं कि हम कभी नहीं पहुँच सकते।"

मानव संसाधन रीढ़ था तो तकनीक उत्प्रेरक। शाह ने ड्रोन पर आधारित निगरानी ग्रिड बस्तर और मालकानगिरि में स्थापित किया, जहाँ घनी

छतरीनुमा आवरण (कैनोपी) पहले अभेद्य मानी जाती थी। थर्मल-स्कैनिंग यूएवी ने मानवीय आँखों से अदृश्य गतिविधियों का पता लगाया, ग्राउंड-पेनेट्रेटिंग रडार ने छिपी आईईडी को खोजा और एआई आधारित मैपिंग टूल्स ने संभावित घात पैटर्न का पूर्वानुमान किया। एन्क्रिप्टेड सैटेलाइट संचार ने पहली बार संपर्क में निरंतरता सुनिश्चित की।

सबसे अहम फैसला था आंध्र प्रदेश के एलीट ग्रे हाउंड्स को फिर से तैनात करना। माओवादियों के खिलाफ उनकी पहले की सफल कार्रवाइयों ने उन्हें जंगल में लड़ाई का गहरा अनुभव दे दिया था। जब उनका संचालन कोबरा बटालियन और राज्य के विशेष बलों के साथ मिलकर किया गया, तो एक नई संयुक्त ताकत सामने आई—एक ऐसी हाइब्रिड स्ट्राइक क्षमता, जो पहले कभी नहीं देखी गई थी।

2021 तक इसका असर साफ दिखने लगा। मुठभेड़ों में अब बढ़त सुरक्षा बलों के पास थी। खुफिया जानकारी से पता चलने लगा कि माओवादियों के अंदर भी चिंता बढ़ रही है। उनकी टीमें अब बिना पूरी तैयारी के भिड़ने से बचने लगीं। नई भर्ती कमजोर पड़ने लगी और स्थानीय लोगों का समर्थन भी घटने लगा, क्योंकि अब सरकार की मौजूदगी और विकास दिखने लगा था, जिससे डर का असर भी कम हुआ। आत्मसमर्पण भी बढ़ने लगे। खासकर मंझले स्तर के कमांडर और लॉजिस्टिक संभालने वाले लोग—जो इस आंदोलन की रीढ़ थे, अब साथ छोड़ने लगे। हर आत्मसमर्पण से सुरक्षा एजेंसियों को और जानकारी मिली और धीरे-धीरे माओवादियों का पूरा ढांचा कमजोर होता गया।

2023 के अंत और 2024 तक माओवादी अब शिकारी नहीं, शिकार बन चुके थे। अमित शाह के संचालनात्मक पुनर्गठन ने वह संभव किया, जिसकी पहले केवल कल्पना की जा सकती थी : शक्ति-संतुलन में अपरिवर्तनीय बदलाव।

चरण तीन और चार मिलकर नक्सल विरोधी अभियान के रणनीतिक रूपांतरण को चिह्नित करते हैं :

- अव्यवस्था से अनुशासन तक।
- प्रतिक्रिया से पहल तक।
- खंडित पुलिसिंग से एकीकृत राष्ट्रीय प्रतिरोध-रोधी सिद्धांत तक।

जो विद्रोह कभी हजारों किलोमीटर में फैला था, अब सीमित, रणनीतिक रूप से पराजित और कमजोर हो गया। युद्धक्षेत्र बदल चुका था।

चरण पाँच : खुफिया वर्चस्व– माओवादी नेटवर्क को तोड़ने की रणनीति

इतिहास बताता है कि कोई भी प्रतिरोध-रोधी अभियान केवल बल के सहारे सफल नहीं होता। ब्रिटेन ने मलाया में, कोलंबिया ने एफ़एआरसी के खिलाफ और भारत ने दशकों के माओवादी संघर्ष में यही सीखा : ज़मीन पर लड़ाइयाँ जीतना आवश्यक है, लेकिन युद्ध खुफिया तंत्र जीतता है।

गृह मंत्री अमित शाह का पाँचवाँ कदम बेहद अहम था—इसने नक्सल विरोधी रणनीति को सिर्फ घटनाओं के बाद प्रतिक्रिया देने वाली पुलिसिंग से बदलकर पहले से जानकारी के आधार पर कार्रवाई करने वाले मॉडल में बदल दिया।

इस बदलाव की शुरुआत तब हुई, जब नेशनल इंटेलिजेंस ग्रिड (NAT-GRID)—जो 26/11 के बाद से लंबित था—उसे नक्सल प्रभावित राज्यों के फ्यूज़न सेंटरों से जोड़ा गया। सरकार ने अलग-अलग जगहों पर बिखरी जानकारी को जोड़कर एक मजबूत और काम आने वाली खुफिया व्यवस्था बना दी। अब माओवादियों के ठिकाने, उनकी फंडिंग, शहरों में काम करने वाले लोग और जंगलों में संदेश ले जाने वाले लोग, ये सब पहले की तरह छिपे हुए नहीं रहे, बल्कि एक साफ तस्वीर में सामने आने लगे।

लेकिन एल्गोरिदम अकेले पर्याप्त नहीं था। शाह जानते थे कि वास्तविक सफलता के लिए ह्यूमिंट—मानव खुफिया जरूरी थी और वह भी विद्रोह के भीतर से। यह अभियान का सबसे नाज़ुक और उच्च-जोखिम पक्ष था। दशकों तक स्थानीय लोग प्रतिशोध से डरते रहे; माओवादी मुखबिरों को सार्वजनिक रूप से क्रूर दंड देते थे।

इस मनोविज्ञान को पलटने के लिए शाह ने 'गाजर-और-ढाल' रणनीति अपनाई :

- उच्च आर्थिक पुरस्कार।

- अहिंसक सहयोगियों के लिए कानूनी क्षमादान।
- संवेदनशील सूचनादाताओं के लिए सुरक्षित पुनर्वास।

पुरस्कार राशि बढ़ा दी गई—शीर्ष कमांडरों पर ₹25 लाख तक। धीरे-धीरे खामोशी टूटी।

पहले फुसफुसाहटें आईं : आधी रात को हथियार भंडारों की शिफ़्टिंग, इंद्रावती घाटी की ओर कूरियर का जाना, अबूझमाड़ में गुप्त बैठकें। फिर स्वीकारोक्तियाँ सामने आईं : आत्मसमर्पण कर चुके कैडरों ने नक्शे बनाए, सुरंग-मार्ग दिखाए, आईईडी ज़ोन चिह्नित किए और विश्वविद्यालयों में वैचारिक जड़ों की पहचान की।

सबसे नाटकीय परिणाम दिखा 2023 की शुरुआत में—माओवादी कमांडर माड़वी हिड़मा का अंत, जिसे "बस्तर का काला बाघ" कहा जाता था। हिड़मा आधुनिक भारतीय इतिहास के सबसे घातक हमलों का मास्टरमाइंड था—2010 का चिंतलनार नरसंहार, 2013 का दरभा घाटी हमला और कोबरा इकाइयों पर कई हमले। लगभग दो दशकों तक वह पकड़ से बाहर रहा।

लेकिन शाह का खुफिया ग्रिड अब किले को पिंजरे में बदल चुका था।

ऑपरेशन गोपनीय था, लेकिन वरिष्ठ फील्ड अधिकारियों ने इसका विवरण साझा किया :

सिलगर और पोचा मेटा के बीच के क्षेत्र में ड्रोन ने संदिग्ध गतिविधियाँ ट्रैक कीं।

एक स्थानीय आदिवासी सूचनादाता ने हिड़मा की मौजूदगी की पुष्टि की।

डीप-पेनेट्रेशन टीमों ने आईएसआर (इंटेलिजेंस, सर्विलांस, रिकॉनिसेंस) समर्थन के साथ समन्वित कार्रवाई की।

मुठभेड़ संक्षिप्त थी। हिड़मा ढेर हो गया।

यह केवल रणनीतिक जीत नहीं थी; यह मनोवैज्ञानिक शिरोच्छेदन था। पहली बार आदिवासियों ने देखा कि माओवादी अजेय नहीं। विद्रोही कमान में सदमे की लहर दौड़ी; जूनियर कैडर घबरा गए, मध्य स्तरीय नेता पलायन करने लगे, वरिष्ठ कमांडर भीतर सिमट गए।

2025 तक सरकारी आँकड़ों में बड़ा बदलाव दिखने लगा। जो जिले पहले सबसे ज्यादा प्रभावित थे, उनकी संख्या 12 से घटकर सिर्फ 6 रह गई। जंगलों में फैला डर कम होने लगा। जिन सड़कों पर पहले घात लगाकर छद्म युद्ध किया जाता था, वहाँ अब बस सड़कें और मतदान केंद्र दिखाई देने लगे।

पाँच दशकों में बना माओवादी गुरिल्ला साम्राज्य टूट गया—बल से नहीं, बल्कि खुफिया वर्चस्व से।

चरण छः : ज़मीनी आक्रमण– बस्तर और गढ़चिरौली में निर्णायक विजय

यदि खुफिया वर्चस्व ने ज़मीन को नरम किया तो अंतिम चरण—ज़मीनी आक्रमण—ने माओवादी प्रतिरोध को पूरी तरह तोड़ दिया। अमित शाह का छठा कदम पूरी तरह ऑपरेशनल, गतिशील और समझौता-रहित था। ऑपरेशन कगार नामक यह अभियान माओवादी विद्रोह के अंतिम वर्षों की निर्णायक लड़ाई बन गया।

अग्निपरीक्षा दंडकारण्य क्षेत्र में हुई; बस्तर, गढ़चिरौली और आसपास के घने वन-पट्टी क्षेत्र, जिन्हें ऐतिहासिक रूप से भारत का सबसे अभेद्य उग्रवादी गढ़ माना जाता रहा है। दशकों तक सुरक्षा बल इस क्षेत्र में बाहरी घुसपैठियों की तरह प्रवेश करते थे। माओवादी हर पहाड़ी, हर घाटी, हर नाले और पलायन मार्ग से परिचित थे। भू-आकृति शिकार बनने वालों के पक्ष में थी।

ऑपरेशन कगार ने इस समीकरण को बदल दिया।

बस्तर में—जहाँ सरकारी नक्शों में कुछ हिस्सों को "अप्रशासनीय" तक दर्ज किया गया था—अभियान निरंतर और निर्णायक रहा। फॉरवर्ड ऑपरेटिंग बेस स्थापित किए गए जहाँ पहले कभी पुलिस चौकी तक नहीं थी। जंगलों को चीरती सड़कों ने तेज़ सैनिक आवागमन को संभव बनाया और माओवादी आपूर्ति लाइनों को काट दिया। चालीस वर्षों में पहली बार सुरक्षा बल सतर्कता से नहीं, बल्कि आत्मविश्वास के साथ आगे बढ़े—भूभाग में केवल जीवित रहने के लिए नहीं, बल्कि उसे नियंत्रित करने के लिए।

2024 तक लगभग 1,500 वर्ग किलोमीटर क्षेत्र मुक्त कराया गया जो पहले माओवादियों के नियंत्रण में था। जिन गाँवों में कभी माओवादी फ़रमानों

के तहत अनौपचारिक अदालतें चलती थीं, वहाँ अब विकास शिविर और मतदाता जागरूकता केंद्र दिखाई देने लगे। दक्षिण सुकमा की आदिवासी महिलाओं ने तैनात जवानों की कलाई पर राखी बाँधते हुए कहा, “पहली बार हम बिना डर के सो पाते हैं।”

2025 में गति और तेज़ हुई। शाह ने अभियान की सबसे प्रतीकात्मक घोषणा की : अबूझमाड़ और उत्तर बस्तर नक्सल-मुक्त क्षेत्र घोषित। अबूझमाड़—जो माओवादी नियंत्रण का “मुख्यालय” माना जाता था—की मुक्ति ने भारत में माओवाद के अपरिवर्तनीय पतन की मुहर लगा दी।

सबसे बड़ा और भावुक पल तब आया, जब 170 माओवादी एक साथ आत्मसमर्पण कर गए। इनमें से कई अब भी पीएलजीए के चिन्ह पहने हुए थे। हथियारों को एक जगह रखकर खड़े इन पूर्व उग्रवादियों की तस्वीरें जैसे एक पूरे दौर के खत्म होने का संकेत बन गईं।

महाराष्ट्र के गढ़चिरौली में भी इसी तरह का परिवर्तन देखा गया। मई 2019 के आईईडी विस्फोट के बाद शाह ने स्पष्ट कर दिया था कि दोषियों का अंजाम वही होगा जो पंजाब के खालिस्तानी या जम्मू-कश्मीर के अलगाववादी संरक्षकों का हुआ—राज्य चैन से नहीं बैठेगा। अगले वर्षों में यहाँ 500 से अधिक मुठभेड़ें हुईं, 200 से अधिक माओवादियों के निष्प्रभावी होने की पुष्टि हुई और कई लाल किले ध्वस्त किए गए। सड़क नेटवर्क फैला—लगभग 2,000 किलोमीटर नई सड़कें—जो भूभाग कभी उग्रवादियों के लिए आदर्श था, अब सैन्य शक्ति के आवरण मे संरक्षित था।

2025 के अंत तक रेड कॉरिडोर अब केवल स्मृति बन चुका था।

चरण 5 और 6 मिलकर दिखाते हैं :

- नियंत्रण से विजय।
- भय से आत्मविश्वास।
- विद्रोह से एकीकरण।

खुफिया तंत्र की सक्रियता और ज़मीन पर सख्त कार्रवाई के मेल ने शाह के अभियान को वह सफलता दिलाई, जिसे लंबे समय तक असंभव माना जाता था। सुरक्षा बल, खुफिया जानकारी और प्रशासन को साथ लाकर इस लंबे

चले विद्रोह को कमजोर कर दिया गया। अब सवाल यह नहीं रह गया था कि माओवाद खत्म होगा या नहीं बल्कि सवाल यह बन गया था कि इतिहास इसके अंत को कैसे याद करेगा।

चरण सात : प्रोत्साहित आत्मसमर्पण– हिंसा से बाहर निकलने का अवसर

जैसे-जैसे माओवादी विद्रोह कमजोर होता गया और सुरक्षा अभियानों का दबाव बढ़ता गया, एक बड़ा मानसिक बदलाव भी दिखने लगा। जो डर पहले माओवादी ढांचे को जोड़े रखता था, वह अब संदेह, थकान और इस एहसास में बदल गया कि इस आंदोलन में अब कोई भविष्य नहीं है। गृह मंत्री अमित शाह इस बात को अच्छी तरह समझते थे कि सिर्फ हिंसा से विद्रोह खत्म नहीं होता बल्कि हिंसा शरीर को कमजोर करती है, लेकिन पुनर्वास ही उसकी असली ताकत को तोड़ता है।

यहीं से सातवें चरण की शुरुआत हुई और यह थी—बंदूक से बाहर निकलने का वैचारिक और मानवीय रास्ता। इसमें न कोई सामूहिक माफी थी, न युद्धविराम और न ही ऐसा संवाद जो विद्रोह को सही ठहराए। इसके बजाय अमित शाह ने एक अलग और सोची-समझी रणनीति अपनाई—एक ऐसा रास्ता, जिसमें आत्मसमर्पण करने वालों को व्यवस्थित, प्रोत्साहन देने वाला और सम्मानजनक विकल्प मिले।

2020 में गृह मंत्रालय द्वारा लागू की गई उन्नत नक्सल आत्मसमर्पण-सह-पुनर्वास नीति इसी सोच की उपज थी। यह नीति केवल निरस्त्रीकरण के लिए नहीं, बल्कि पूर्व उग्रवादियों को आर्थिक, सामाजिक और मनोवैज्ञानिक रूप से मुख्यधारा में पुनः एकीकृत करने के उद्देश्य से तैयार की गई थी। इसमें करुणा और कठोरता, दोनों का संतुलन रखा गया। जघन्य अपराधों में लिप्त शीर्ष नेतृत्व और अपेक्षाकृत कम भूमिका निभाने वाले कैडरों के बीच स्पष्ट अंतर किया गया, किंतु दोनों को ही यह संदेश दिया गया कि हिंसा छोड़ने पर राज्य का दरवाज़ा बंद नहीं होगा।

सरकार ने आत्मसमर्पण को नक्सल विरोधी रणनीति का दीर्घकालिक मानवीय स्तंभ बनाया। 2022 तक 521 वामपंथी उग्रवादियों के आत्मसमर्पण

दर्ज किए गए। 2023 में छत्तीसगढ़ में नई सरकार के गठन के बाद यह संख्या बढ़कर 1,053 तक पहुँच गई, जो यह दर्शाता है कि कठोर सुरक्षा कार्रवाई और विश्वास-निर्माण उपाय एक-दूसरे के विरोधी नहीं, बल्कि पूरक हैं। प्रोत्साहन केवल प्रतीकात्मक नहीं थे। पूर्व कैडरों को ₹2.5 लाख से ₹5 लाख तक की वित्तीय सहायता दी गई, जिसे एकमुश्त न देकर निगरानी में किश्तों में जारी किया गया ताकि पुनर्संगठन या हथियारों की खरीद की कोई संभावना न रहे।

इसके साथ ही :

- कौशल प्रशिक्षण।
- कृषि एवं लघु उद्यमिता के लिए बीज, पशुधन या मशीनरी।
- आवास सहायता, बच्चों की शिक्षा और चिकित्सीय पुनर्वास।
- सामाजिक कलंक को मिटाने हेतु पहचान-सुरक्षा और पुनर्वास।

जैसे ठोस उपाय किए गए।

लेकिन निर्णायक तत्त्व केवल संसाधन नहीं थे—संदेश था। अमित शाह ने स्पष्ट और निर्विवाद संवाद स्थापित किया, "हथियार डाल दीजिए और आप पर एक भी गोली नहीं चलाई जाएगी। कोई औपचारिक समारोह नहीं, कोई प्रचार नहीं। हिंसा छोड़िए—राज्य आपको शांति से जीने देगा।"

यह संदेश मीडिया के लिए नहीं था। यह उन लोगों के लिए था जो जंगलों के बंकरों में, टूटते रेडियो सिग्नलों और पर्चों के माध्यम से इसे सुन रहे थे। इसमें न भावुकता थी, न सौदेबाज़ी—केवल निश्चितता।

यह दृष्टिकोण पूर्ववर्ती सरकारों के युद्धविराम-आधारित संवाद मॉडल से मूलतः भिन्न था। 2022 में माओवादी मध्यस्थों ने "आदिवासी स्वायत्तता" के नाम पर वार्ता के नए मार्गों को तलाशने का प्रयास किया। शाह ने इसे बिना हिचक अस्वीकार कर दिया, "बात करने को है ही क्या? भारतीय संविधान पहले से हर आदिवासी अधिकार की रक्षा करता है। आत्मसमर्पण करें या परिणाम भुगतें।"

इस स्पष्टता ने उस रणनीति को समाप्त कर दिया जिसमें युद्धविराम का उपयोग पुनर्गठन के लिए किया जाता था।

परिणाम निर्णायक रहे। 2025 तक देशभर में 5,000 से अधिक माओवादी कैडरों ने आत्मसमर्पण किया—केवल पैदल सैनिक ही नहीं, बल्कि मध्य स्तरीय कमांडर, लॉजिस्टिक हैंडलर, महिला विंग कार्यकर्ता और कूरियर नेटवर्क भी। छत्तीसगढ़—जो विद्रोह का सबसे मजबूत गढ़ था—इस परिवर्तन का केंद्र बना। ज़मीन पर बदलाव जीवंत थे। दंतेवाड़ा में पूर्व माओवादियों ने मिलेट्स और जनजातीय हस्तशिल्प का सहकारी उत्पादन शुरू किया। सुकमा में एक पूर्व महिला कैडर सामुदायिक स्वास्थ्य कार्यकर्ता बनी। गढ़चिरौली में आत्मसमर्पित उग्रवादी वन-मार्गदर्शक बनकर सुरक्षा बलों को पुराने आईईडी ज़ोन और आपूर्ति मार्गों की पहचान में सहायता देने लगे।

प्रतीकात्मक अर्थ गहरे थे। जो लोग कभी भारतीय राज्य से डरते थे या उससे लड़ते थे, वही अब उन क्षेत्रों के पुनर्निर्माण में सहभागी बन रहे थे जिन्हें उनका आंदोलन दशकों तक नियंत्रित करता रहा था।

आत्मसमर्पण नीति का उद्देश्य प्रतिशोध नहीं था। उसका लक्ष्य था भूमिका-परिवर्तन के माध्यम से विजय—उग्रवादियों को शांति के साक्षी में बदलना और भय के स्थान पर गरिमा के माध्यम से विश्वास का पुनर्निर्माण करना।

चरण आठ : जनजातीय सशक्तिकरण– विकास ही अंतिम हथियार

विद्रोह वहीं पनपते हैं जहाँ राज्य अनुपस्थित होता है। माओवादी भी इसका अपवाद नहीं थे। वे केवल विचारधारा के बल पर भर्ती नहीं करते थे; वे शासन के शून्य में स्वयं को स्थापित कर लेते थे। जहाँ सड़कें नहीं थीं, वहाँ आवाजाही उनके नियंत्रण में थी। जहाँ स्कूल नहीं थे, वहाँ बच्चों का वैचारिक प्रशिक्षण होता था। जहाँ प्रशासन अदृश्य था, वहीं वे सत्ता बन जाते थे।

अमित शाह समझते थे कि माओवाद का उन्मूलन केवल आतंकियों को समाप्त करने से नहीं होगा, बल्कि उन परिस्थितियों को खत्म करने से होगा, जिन्होंने उन्हें जन्म दिया।

यहीं से उभरा अभियान का आठवाँ स्तम्भ विकास को सुरक्षा कवच बनाना। यह दृष्टि रणनीतिक ढाँचे ‘समाधान’ (एसएएमएडीएचएन) के रूप

में साकार हुई—एक ऐसा संक्षेप जिसे गृहमंत्री अमित शाह नीति नहीं, बल्कि दर्शन बताते थे।

वित्तीय और भौतिक हस्तक्षेप :

लगभग ₹10,000 करोड़ के परिव्यय के साथ 'समाधान' को देश के सबसे उपेक्षित जिलों में लागू किया गया। पहला रणक्षेत्र सैन्य नहीं था—वह अवसंरचना थी।

- घने जंगलों को चीरती सड़कें बनीं, दशकों से कटे गाँवों को अस्पतालों, स्कूलों और बाज़ारों से जोड़ा।
- 2025 तक 5,000 किमी से अधिक नई सड़कें बनाई गईं—बहुत से मार्गों को सीआरपीएफ़ और कोबरा इकाइयों ने मीटर-दर-मीटर आईईडी से साफ किया।

स्वास्थ्य सेवाएँ और जीवन सुरक्षा :

गहन बस्तर में, जहाँ स्वास्थ्य सेवाएँ कभी अकल्पनीय थीं, वहाँ 200 नए स्वास्थ्य केंद्र स्थापित हुए—प्राथमिक स्वास्थ्य केंद्र, ट्रॉमा यूनिट और मोबाइल मेडिकल वैन। गर्भवती महिलाएँ अब जंगलों में 20 किमी पैदल चलने की बजाय संस्थागत प्रसव का लाभ लेने लगीं।

शिक्षा और सशक्तिकरण :

एकलव्य मॉडल आवासीय विद्यालयों ने आदिवासी बच्चों को निःशुल्क आवास, आधुनिक शिक्षा और पोषण प्रदान किया। 2024 के अंत तक लगभग 50,000 छात्र नामांकित हुए—सुरक्षित नेटवर्क से विश्वविद्यालय, खेल अकादेमी और सिविल सेवा तक पहुँचे।

महिलाएँ परिवर्तन की धुरी :

जनजातीय स्वयं सहायता समूह (एसएचजी) को प्रोत्साहित किया गया— कौशल केंद्र, वस्त्रों के उत्पादन केन्द्रों और कृषि सहकारी समितियों के माध्यम से स्थायी आजीविका सुनिश्चित की गई। मलकानगिरी से लातेहार तक जो माताएँ कभी बेटों को नक्सली दस्तों में जाते देखती थीं, स्थायी आय अर्जित करने लगीं और शांति की वैकल्पिक विचारधारा रचने लगीं।

सुरक्षा और प्रतीकात्मक प्रोत्साहन :

- बिजली अब बस्तियों में पहुँच गई—2025 तक 98% गाँव रौशन हुए।
- नक्सल-मुक्त घोषित गाँवों को ₹1 करोड़ पुरस्कार—शांति के लिए गाँव-दर-गाँव प्रतिस्पर्धा।

धीरे-धीरे, पचास वर्षों में बनी माओवाद की वैचारिक दीवारें ढहने लगीं। कांकेर के एक जनजातीय बुज़ुर्ग ने कहा, "पहले हम फुसफुसाते थे, अब बोलते हैं।"

यह केवल रूपक नहीं था—साक्ष्य था कि विकास ने भय को बदलकर आशा और अवसर में परिवर्तित कर दिया।

इसका अंतिम सार यह रहा :

- बल ने विद्रोह को कमजोर किया।
- आत्मसमर्पण ने उसे तोड़ा।
- विकास ने उसे दफ़न कर दिया।

अब शेष था विरासत—भारत उस आंदोलन को कैसे याद करेगा जिसने कभी उसके लोकतांत्रिक मूल को चुनौती दी थी और उस नेतृत्व को जिसने यह सुनिश्चित किया कि वह फिर कभी न उठे।

चरण नौ : व्यक्तिगत सहभागिता– संकल्प को जीवंत करने वाली यात्राएँ

जैसे-जैसे माओवाद विरोधी अभियान ने गति पकड़ी और रणनीति ने दिशा तय की, गृह मंत्री अमित शाह ने कदम बढ़ाया—एक ऐसा कदम जो युद्ध की रणनीति के बीच मानवता की गर्मी लेकर आया। यह चरण था मैदान में उतरने का, लोगों के बीच रहने का, उन लोगों के जीवन को समझने का, जिन्होंने भारत के सबसे लंबे आंतरिक संघर्ष की छाया में साँस ली थी।

अगर खुफिया ग्रिड, विशेष बल और समाधान (SAMADHAN) पहल इस अभियान की हड्डियाँ थीं तो शाह की उपस्थिति उसकी धड़कन बन

गई। नेतृत्व केवल बंद कमरों, युद्ध-कक्षों या मंत्रिमंडलीय बैठकों में गढ़ा नहीं जाता; यह बलिदान की निकटता में परखा और मजबूती पाता है।

2022 से शाह ने अभेद्य माने जाने वाले क्षेत्रों का लगातार दौरा शुरू किया—बस्तर के जंगल, गढ़चिरौली की सड़कें, नारायणपुर, सुकमा, लातेहार, मलकानगिरी। ये यात्राएँ केवल औपचारिक निरीक्षण नहीं थीं; यह थी जमीनी सच्चाई से मिलन की कठोर, गहन और संवेदनशील प्रक्रिया।

शाह सीधे बोले, सुनते रहे, समझते रहे—जिला पुलिस प्रमुखों, सीआरपीएफ़ बटालियन कमांडरों, कोबरा इकाइयों के नेताओं, आत्मसमर्पित कैडरों और जनजातीय समुदाय प्रमुखों से। उनका संदेश था, "यह कोई दूर का युद्ध नहीं है। यह भारत का युद्ध है और हम जो शुरू करते हैं, उसे पूरा करते हैं।" एक क्षण जो दिलों पर छा गया : दिसंबर 2024, कांकेर-सुकमा धुरी। भीषण मुठभेड़ के बाद कई जवान शहीद हुए। गृहमंत्री ने पहुँचकर शहीदों के परिवारों से भेंट की और उनका ढाढ़स बढ़ाया। एक अत्यंत ही भावुक करने वाली तस्वीर आई जिसमें वह कच्चे घर की मिट्टी की फर्श पर पालथी मारकर बैठे एक पिता के काँपते कंधे पर हाथ रखकर उन्हें आश्वस्त करते हुए दिखे। यहीं एक साहस और करुणा भरा निर्णय लिया गया। शहीद सुरक्षा कर्मियों के परिवार को ₹1 करोड़ अनुग्रह राशि और परिवार के एक सदस्य को स्थायी नौकरी देने की घोषणा की गई।

जून 2025 में नारायणपुर का दौरा एक बड़ा संकेत था। यह वही इलाका था, जिसे कभी माओवादियों का मजबूत गढ़ माना जाता था। इस दौरे में सुरक्षा समीक्षा हुई, जिसमें एसएचओ स्तर के अधिकारी, वन अधिकारी और जनजातीय पुनर्वास से जुड़े लोग शामिल थे। उसी दिन वहाँ पहली आधुनिक फॉरेंसिक खुफिया प्रयोगशाला का उद्घाटन भी किया गया। इस लैब में आईइडी की जांच, ड्रोन से मिली जानकारी को समझने और संचार को ट्रैक करने जैसी सुविधाएँ थीं यानी अब सिर्फ लड़ाई नहीं, बल्कि भविष्य की तैयारी भी हो रही थी।

अमित शाह जी का साफ संदेश था कि अब यहाँ स्थायी और मजबूत सरकारी व्यवस्था खड़ी हो रही है। जहाँ पहले विद्रोही अपने ठिकाने बनाते थे, वहाँ अब राज्य की मजबूत मौजूदगी दिखाई दे रही है।

अक्टूबर 2025 में अमित शाह की बस्तर यात्रा बहुत खास रही। उन्होंने बस्तर के प्रसिद्ध माँ दंतेश्वरी मंदिर में दर्शन किए। लोगों ने इसे राजनीति नहीं, बल्कि बस्तर की संस्कृति और पहचान का सम्मान माना। इसका स्पष्ट संदेश था कि बस्तर अब बंदूकों का नहीं, यहाँ के लोगों का है। उसी दिन बीजापुर में 41 सक्रिय माओवादी कैडरों ने अपने परिवारों के साथ आत्मसमर्पण किया। उन्होंने कहा कि गृहमंत्री अमित शाह के संदेश और प्रशासन में वास्तविक बदलाव ने उन्हें नागरिक जीवन में लौटने के लिए प्रेरित किया।

शाह की उपस्थिति ने यह दिखाया कि यह मिशन केवल सामरिक नहीं— यह सभ्यतागत और मानवीय भी है। दुर्गम जंगलों में तैनात जवानों ने इसे केवल समारोह नहीं, संकल्प की स्फूर्ति कहा। उन्होंने देखा कि राष्ट्र उनके साथ खड़ा है, उनके बलिदान की गूँज सुनता है और उनके प्रयास को मूल्य देता है।

जहाँ नीति कमजोर होती, वहाँ उनको साक्षात् नेतृत्व ने गर्माहट, विश्वास और संकल्प का अनुभव कराया।

चरण दस : अंतिम चरण– नेतृत्व के उन्मूलन की ओर, लक्ष्य 2026

नवंबर 2025 तक आते-आते संघर्ष का स्वर बदल चुका था। अब यह रोज़ की जंगल की मुठभेड़ों का मामला नहीं रहा, बल्कि सटीक और योजनाबद्ध अभियानों का रूप ले चुका था। सुरक्षा का दायरा सिमट गया था, माओवादियों के रास्ते टूट चुके थे, उनके ठिकाने सामने आ चुके थे और आपूर्ति भी बाधित हो गई थी। सबसे बड़ा बदलाव उनके मनोबल में दिखा। वह भरोसा और डर, जो उन्हें सालों तक जोड़े रखता था, अब धीरे-धीरे टूटने लगा था।

अब सिर्फ एक आखिरी लक्ष्य बचा था — उनका नेतृत्व। पोलित ब्यूरो और केंद्रीय समिति, जो इस पूरे आंदोलन को दिशा देती थी। यह कोई अचानक लिया गया फैसला नहीं था, बल्कि लंबे समय से जुटाई गई खुफिया जानकारी का नतीजा था। नक्शों, पकड़े गए संदेशों, दस्तावेज़ों और आत्मसमर्पण करने वालों की जानकारी ये सब मिलकर यही संकेत दे रहे थे कि अब अंत करीब है।

2025 की शुरुआत में इस दिशा में एक बड़ा मोड़ आया और यह था - माड़वी हिड़मा का अंत। यह वही नाम था, जो लंबे समय तक डर का प्रतीक

बना रहा। लेकिन यह सिर्फ शुरुआत थी। कुछ ही समय बाद वरिष्ठ कमांडर सोनू ने बिना किसी टकराव के आत्मसमर्पण कर दिया। फिर खबर आई कि देवुजी, जो इस आंदोलन का वैचारिक चेहरा माना जाता था, भारत से बाहर नेपाल में शरण लेने की कोशिश कर रहा है। इससे साफ हो गया कि जो कमांड चेन कभी मजबूत और डर पैदा करने वाली मानी जाती थी, वह अब टूट चुकी है। जो कभी अजेय लगता था, वह अब बिखरकर सिर्फ एक बचा-खुचा ढांचा रह गया था।

सितंबर 2025—रायपुर।

"नक्सल-मुक्त भारत शिखर सम्मेलन।" सुरक्षा बल, अधिकारी, नागरिक समाज और आत्मसमर्पित कैडर—सभी उपस्थित थे।

अमित शाह का संदेश शांत, पर अटल था, "कोई युद्धविराम नहीं होगा। फ़रवरी तक आत्मसमर्पण करें। अन्यथा अभियान और तेज़ होगा।"

यह कोई धमकी नहीं थी। यह अंतिम घड़ी की सूचना थी। समय-रेखा पहले ही तय थी—31 मार्च 2026; माओवादी दूतों ने आख़िरी प्रयास किया—समय बढ़ाने का अनुरोध।

शाह ने अडिग अस्वीकृति दी। यह केवल प्रशासनिक निर्णय नहीं था, यह दृढ़ संकल्प था।

पचास वर्षों तक विद्रोहियों ने वार्ता की खिड़कियों का उपयोग अपनी रणनीतिक साँस लेने की जगह के रूप में किया। वह युग अब समाप्त हो चुका था। समय-निर्धारण का अधिकार अब राज्य के हाथ में था।

नवंबर 2025 के अंत तक माओवादी उपस्थिति एक बिखरे हुए इतिहास तक सिमट चुकी थी :

- बिना कमांड के गुरिल्ला समूह।
- बिना श्रोता की विचारधारा।
- और बिना दिशा की हिंसा।

युद्ध अब जीतने के लिए नहीं था। यह समाप्त होने के लिए था।

उपसंहार : नक्सल-मुक्त प्रभात

मार्च 2026 की घड़ी जब नज़दीक आई, भारत ने अपने इतिहास के एक निर्णायक मोड़ पर कदम रखा। वह संघर्ष जो कभी 200 से अधिक जिलों में फैल चुका था, हज़ारों जीवनों की आहुति ले चुका था, अब केवल कुछ सीमित क्षेत्रों में धुँधला स्मरण बनकर रह गया। अमित शाह के नेतृत्व में नक्सल-संबंधित हिंसा में लगभग 80 प्रतिशत की गिरावट दर्ज हुई। 2019 की लगभग 1,200 घटनाएँ घटकर 2025 तक 200 से भी कम रह गईं। नागरिक हताहतों में कमी आई और सुरक्षा बलों की क्षति भी घट गई। उसी के साथ आई—शांति, जिसकी लंबे समय से प्रतीक्षा थी। 50,000 करोड़ रुपए से अधिक का सार्वजनिक और निजी निवेश अब आदिवासी अंचलों की ओर बहा—सड़कें, कौशल केंद्र, खनन क्षेत्र, इको-टूरिज़्म कॉरिडोर, ब्रॉडबैंड कनेक्टिविटी, कृषि हब, वन उपज सहकारिताएँ, आदिवासी उद्यमिता इनक्यूबेटर। बस्तर, सुकमा, गढ़चिरौली, लातेहार और मालकानगिरि—नाम जो कभी रक्त और भय के पर्याय थे, अब संभावना के प्रतीक बन गए।

अमित शाह ने जो मॉडल तैयार किया, वह सिर्फ काउंटर-इंसर्जेंसी की रणनीति नहीं था, बल्कि एक व्यापक और संतुलित जवाब था। जहाँ जरूरत थी वहाँ सख्ती, जहाँ संभव था वहाँ संवेदनशीलता, और आगे ऐसी स्थिति न बने इसके लिए विकास पर जोर दिया गया। आज भारत ज्यादा एकजुट, सुरक्षित और आत्मविश्वास से भरा दिखता है, क्योंकि यह लंबा और कठिन दौर अब खत्म होने की कगार पर था।

इतिहास इन दस चरणों को सिर्फ नीतियों के रूप में नहीं, बल्कि एक राष्ट्रीय मिशन के रूप में याद रखेगा—दृढ़ इच्छा, अनुशासन और स्पष्ट सोच पर आधारित एक मिशन।

माओवाद को भारत ने केवल चुनौती नहीं दी, उसे विघटित किया। अब, जंगल कुछ और फुसफुसाते हैं—क्रांति नहीं, संभावना।

अंतत: वह दिन भी आया जब भारत ने अपनी खुद की पुकार लोकतन्त्र के सबसे बड़े मंदिर से सुनी। अमित शाह के 30 मार्च 2026 को संसद में दिए गए संबोधन में उन्होंने नक्सलवाद के खिलाफ चल रहे अभियान की प्रगति

पर विस्तार से बात की। उन्होंने कहा कि सरकार का लक्ष्य 31 मार्च 2026 तक देश से नक्सलवाद को समाप्त करने का था और मौजूदा स्थिति इसका शुभ संकेत कर रही है। उनके अनुसार, औपचारिक प्रक्रियाएँ पूरी होने के बाद इसकी आधिकारिक घोषणा की जाएगी, लेकिन भारत अब नक्सल-मुक्त स्थिति के बहुत करीब पहुँच चुका है। उन्होंने यह भी उल्लेख किया कि बस्तर क्षेत्र में स्थिति पहले की तुलना में काफी बेहतर हुई है। वहाँ विकास और प्रशासनिक पहुँच को मजबूत करने के लिए कई कदम उठाए गए हैं। उन्होंने बताया कि हर गाँव में स्कूल स्थापित करने, सार्वजनिक वितरण प्रणाली (पीडीएस) की दुकानों का विस्तार करने और स्वास्थ्य सेवाओं को मजबूत करने पर विशेष ध्यान दिया गया है। इसके अलावा, पंचायत और तहसील स्तर पर प्राथमिक और सामुदायिक स्वास्थ्य केंद्रों की उपलब्धता बढ़ाई गई है। नागरिकों को आधार और राशन कार्ड जैसी सुविधाएँ दी गई हैं, और खाद्य सुरक्षा के तहत नियमित रूप से अनाज उपलब्ध कराया जा रहा है। इस पूरे दृष्टिकोण को सरकार की उस नीति के हिस्से के रूप में देखा गया, जिसमें सुरक्षा के साथ-साथ विकास और कल्याणकारी सेवाओं के माध्यम से प्रभावित क्षेत्रों को मुख्यधारा से जोड़ने पर जोर दिया गया है।

अमित शाह ने अपने संबोधन में यह भी कहा कि बस्तर लंबे समय तक इसलिए पिछड़ा रहा क्योंकि वहाँ नक्सलवाद का प्रभाव बना रहा, जिससे विकास योजनाओं को ठीक से लागू करने में कठिनाई आई। उनके अनुसार, अब इस प्रभाव में कमी आने के बाद क्षेत्र विकास की मुख्यधारा से जुड़ रहा है और वहाँ तेजी से प्रगति के संकेत दिखाई दे रहे हैं। उन्होंने पुनर्वास और संवाद नीति पर जोर देते हुए कहा कि सरकार का दृष्टिकोण स्पष्ट और संतुलित है। जो लोग हिंसा का रास्ता छोड़कर आत्मसमर्पण करते हैं, उनके लिए पुनर्वास, सुरक्षा और सम्मानजनक जीवन की व्यवस्था की जाएगी। साथ ही उन्होंने यह भी स्पष्ट किया कि जो लोग हथियार नहीं छोड़ते, उनके खिलाफ कानून के अनुसार सख्त कार्रवाई जारी रहेगी। सरकार संवाद के लिए तैयार है, लेकिन यह संवाद केवल उन्हीं के साथ संभव है जो हिंसा का त्याग करते हैं। हिंसा जारी रखने वालों को कानूनी परिणामों का सामना करना होगा।

निष्कर्षतः नक्सलवाद का प्रभाव समाप्त हो जाने पर भारत अधिक एकजुट और समन्वित रूप से "विकसित भारत" के लक्ष्य की ओर आगे बढ़ सकता है। इससे "एक भारत, श्रेष्ठ भारत" की भावना और अधिक मजबूत होने की बात कही जाती है, जहाँ संवैधानिक मूल्यों के साथ-साथ भारतीय संस्कृति की विविधता और समृद्धि भी अधिक सुदृढ़ रूप में स्थापित हो सके। इसी संदर्भ में इसे सरकार की प्रमुख उपलब्धियों में से एक के रूप में भी प्रस्तुत किया जाता है, जहाँ सुरक्षा, विकास और पुनर्वास की नीतियों को एक साथ जोड़कर प्रभावित क्षेत्रों में बदलाव लाने का प्रयास किया गया है। इस विषय पर चर्चा करते हुए भाजपा सांसद संबित पात्रा द्वारा संसद में नरेन्द्र मोदी के नेतृत्व को लेकर दिया गया यह कथन भी उद्धृत किया जाता है कि "मोदी जी सरेंडर नहीं, धुरंधर हैं।"

अध्याय छः

ऑपरेशन कगार : अंत की शुरुआत—घोषणा, रणनीति और पहला निर्णायक प्रहार (मार्च–मई 2025)

“माओवाद-प्रभावित जिले, जो कभी विकास से वंचित थे, अब स्थिर प्रगति देख रहे हैं। यह देखकर हृदय प्रसन्न होता है कि दीपावली समारोह के दौरान, ये क्षेत्र अंधकार से बाहर निकलकर प्रकाश की ओर बढ़ रहे हैं” —जी. किशन रेड्डी, केंद्रीय मंत्री (अक्टूबर 2025)

यह घोषणा किसी बड़े मंच या शोर-शराबे के साथ नहीं की गई थी, लेकिन उसका अर्थ बिल्कुल साफ था। 31 मार्च 2025 को देश की आंतरिक सुरक्षा से जुड़े शीर्ष अधिकारियों की मौजूदगी में केंद्रीय गृह मंत्री अमित शाह ने एक ऐसा बयान दिया, जिसने दशकों से चले आ रहे नक्सल संघर्ष की दिशा बदल दी। उनका स्वर शांत था, शब्द सधे हुए थे, लेकिन संदेश पूरी दृढ़ता के साथ सामने रखा गया, "31 मार्च 2026 तक भारत पूरी तरह नक्सल-मुक्त होगा।"

सरकार के बाहर कई लोगों को यह बात साहसिक, कुछ को महत्त्वाकांक्षी लगी। लेकिन बस्तर, गढ़चिरौली, मालकानगिरि और अराकू घाटी जैसे इलाकों में वर्षों से नक्सल हिंसा का सामना कर रहे सुरक्षा बलों के लिए यह केवल एक नीति-घोषणा नहीं थी। यह उस संघर्ष के अंतिम चरण की शुरुआत का संकेत था, जिसका वे लंबे समय से इंतज़ार कर रहे थे।

मोदी सरकार ने नक्सलवाद से निपटने के लिए एक ऐसी रणनीति अपनाई, जो पहले की सरकारों के बिखरे और अधूरे प्रयासों से अलग थी। प्रधानमंत्री नरेन्द्र मोदी के नेतृत्व में एक समन्वित और मजबूत नीति बनाई गई, जिसमें विकास और सुरक्षा—दोनों को साथ लेकर चलने पर ज़ोर दिया गया। जहाँ संभव हो, वहाँ बातचीत और पुनर्वास को प्राथमिकता दी गई और जहाँ हिंसा जारी रही, वहाँ सख़्त और निर्णायक सुरक्षा कार्रवाई की गई। केंद्र और राज्यों के बीच बेहतर तालमेल इस रणनीति की सबसे बड़ी ताकत बना। इसी सोच के तहत मार्च 2026 तक सभी नक्सल-प्रभावित क्षेत्रों को नक्सलवाद से मुक्त करने का स्पष्ट लक्ष्य तय किया गया।

भारत ने नक्सलवाद के खिलाफ जितनी लंबी लड़ाई लड़ी है, उतनी शायद किसी बाहरी दुश्मन से भी नहीं। 1967 में नक्सलबाड़ी से शुरू हुई

यह विचारधारा समय के साथ हिंसक विद्रोह में बदल गई। 2010 के दंतेवाड़ा हमले जैसे दर्दनाक घटनाक्रमों से लेकर सड़कों, स्कूलों और जनप्रतिनिधियों पर हमलों तक—इस संघर्ष ने देश के बड़े हिस्से को प्रभावित किया। खासकर छत्तीसगढ़ का बस्तर क्षेत्र दशकों तक प्रशासन की पकड़ से बाहर रहा। वहाँ न सड़कें बन पाईं, न अस्पताल ठीक से चल पाए और लोकतंत्र केवल नाम भर का रह गया।

पिछले दस वर्षों में स्थिति में बड़ा बदलाव आया। लगातार और लक्षित सुरक्षा अभियानों के चलते नक्सली हिंसा में तेज़ गिरावट दर्ज की गई। 2004 से 2014 के बीच जहाँ 16,463 हिंसक घटनाएँ हुई थीं, वहीं 2014 से 2024 के बीच यह संख्या घटकर 7,744 रह गई—यानी करीब 53 प्रतिशत की कमी। सुरक्षा बलों की मौतों में 73 प्रतिशत और नागरिक मौतों में 70 प्रतिशत की गिरावट आई। ये आँकड़े साफ दिखाते हैं कि सरकार की रणनीति ज़मीन पर असर दिखा रही थी। सुरक्षा ढाँचे में भी बड़े सुधार किए गए। 2014 तक जहाँ केवल 66 सुदृढ़ पुलिस थाने थे, वहीं पिछले दस वर्षों में 586 नए सुदृढ़ पुलिस थाने बनाए गए। नक्सल-प्रभावित जिलों की संख्या 126 से घटकर 2025 तक सिर्फ 11 रह गई और सबसे अधिक प्रभावित जिलों की संख्या 36 से घटकर 3 रह गई। इसके अलावा पिछले छह वर्षों में 361 नए सुरक्षा शिविर और 68 नाइट-लैंडिंग हेलिपैड बनाए गए, जिससे दूर-दराज़ इलाकों में सुरक्षा बलों की तैनाती और निगरानी कहीं अधिक प्रभावी हो सकी।

सिर्फ बंदूक के दम पर ही नहीं, बल्कि नक्सलियों की आर्थिक ताकत को तोड़ने पर भी पूरा ध्यान दिया गया। एनआईए ने नक्सली फ़ंडिंग की जाँच के लिए विशेष इकाई बनाई और 40 करोड़ रुपए से अधिक की संपत्तियाँ ज़ब्त कीं। राज्य सरकारों ने भी इतनी ही राशि की संपत्तियाँ कुर्क कीं, जबकि प्रवर्तन निदेशालय ने 12 करोड़ रुपए से अधिक की अवैध संपत्ति ज़ब्त की। इसके साथ ही शहरी नक्सल नेटवर्क पर की गई कार्रवाई ने उनके प्रचार तंत्र और समर्थन ढाँचे को भी कमजोर कर दिया।

कुल मिलाकर, ऑपरेशन कगार केवल एक सुरक्षा अभियान नहीं था। यह उस लंबे संघर्ष के अंत की ठोस शुरुआत थी—जिसमें राज्य ने स्पष्ट कर दिया कि हिंसा के लिए अब न समय मिलेगा, न जगह।

फिर भी 2025 तक एक बड़ा और साफ बदलाव दिखने लगा था। सरकार ने फिर से सिर्फ ताकत के दम पर नहीं, बल्कि लगातार और मजबूत मौजूदगी के कारण अपना नियंत्रण कायम कर लिया था।

जिन जंगलों को कभी अभेद्य समझा जाता था, वहाँ अब सड़कें पहुँच चुकी थीं। जिन आसमानों ने पीढ़ियों तक मोबाइल सिग्नल नहीं देखा था, वहाँ टावर खड़े हो चुके थे। जो योजनाएँ कभी फ़ाइलों में कैद रहती थीं, वे अब गाँवों की ज़मीन पर उतरने लगी थीं।

आत्मसमर्पण नीतियों ने भी तस्वीर बदल दी थी। जो लोग कभी भय और हिंसा के प्रतीक थे, वे अब सूत्रधार, किसान, मज़दूर या कभी-कभी गवाह बन चुके थे। सबसे अहम बात यह थी कि दशकों से भूगोल, गोपनीयता और वैचारिक ब्रेनवॉश के सहारे टिके माओवादी नेतृत्व ढाँचे में पहली बार दरारें दिखने लगी थीं।

वामपंथी उग्रवाद से निपटने के लिए केंद्र सरकार ने राज्यों की क्षमता को वित्तीय मदद, बेहतर ढांचा और जरूरी संसाधन देकर लगातार मजबूत किया। सुरक्षा संबंधी व्यय योजना के तहत पिछले 11 वर्षों में नक्सल प्रभावित राज्यों को ₹3,331 करोड़ दिए गए। इस दौरान फंडिंग में लगभग 155% की बढ़ोतरी हुई, जो यह दिखाती है कि इस मुद्दे को लेकर सरकार की प्राथमिकता अब पहले से कहीं ज्यादा स्पष्ट और मजबूत हो गई है।

विशेष अवसंरचना योजना के अंतर्गत विशेष बलों और खुफिया इकाइयों को मजबूत करने के लिए सैकड़ों करोड़ की परियोजनाएँ स्वीकृत की गईं। सुदृढ़ पुलिस थानों का एक ऐसा नेटवर्क खड़ा किया गया, जिसने पहले कभी न देखी गई सुरक्षा उपस्थिति सुनिश्चित की। 2014 के बाद कुल 586 सुदृढ़ पुलिस थाने बनाए गए—जो उन इलाकों में राज्य की स्थायी मौजूदगी का प्रतीक बन गए, जहाँ पहले केवल डर का शासन था।

इसके साथ ही विकास को सुरक्षा की ढाल बनाया गया। 2014 से 2025 के बीच नक्सल-प्रभावित इलाकों में लगभग 12,000 किलोमीटर सड़कें बनीं। हज़ारों किलोमीटर की नई परियोजनाओं को मंज़ूरी मिली, जिससे प्रशासन और आम नागरिक के बीच की दूरी घटती चली गई। संचार की खाई पाटने के लिए मोबाइल नेटवर्क का तेज़ी से विस्तार हुआ। 2जी से लेकर

4जी तक हज़ारों टावर उन इलाकों में लगाए गए। केवल संचार की कमी दूर करने के लिए मोबाइल नेटवर्क का तेजी से विस्तार किया गया। 2G से लेकर 4G तक हज़ारों टावर उन इलाकों में लगाए गए, जहाँ पहले संपर्क का मतलब सिर्फ संदेशवाहक या जंगल के रास्ते होता था। डिजिटल कनेक्टिविटी ने न सिर्फ सुविधा बढ़ाई, बल्कि लोगों के अलगाव को भी खत्म करने में बड़ी भूमिका निभाई।

वित्तीय समावेशन ने इस बदलाव को और गहरा किया। हज़ारों बैंक शाखाएँ, एटीएम और बैंकिंग कॉरेस्पॉन्डेंट्स स्थापित किए गए। पोस्ट ऑफिस गाँवों के पास पहुँचे। पहली बार बड़ी आबादी औपचारिक अर्थव्यवस्था से जुड़ी, जिससे नक्सली दबाव और जबरन वसूली की ज़मीन खिसकने लगी।

शिक्षा और कौशल पर भी उतना ही ज़ोर दिया गया। आईटीआई, स्किल डेवलपमेंट सेंटर और प्रशिक्षण संस्थानों ने स्थानीय युवाओं को हथियार नहीं, हुनर थमाया। जो पीढ़ियाँ कभी जंगल की राजनीति में फँसने को मजबूर थीं, उनके सामने अब रोज़गार और सम्मानजनक जीवन का विकल्प था।

कानूनी मोर्चे पर भी राज्य पीछे नहीं हटा। एनआईए की विशेष शाखा ने नक्सल नेटवर्क पर सीधा प्रहार किया—जाँचें तेज़ हुईं, आरोप-पत्र दाख़िल हुए और वैचारिक संरक्षकों तक संदेश पहुँचा कि अब कोई सुरक्षित पनाह नहीं बची है।

स्थानीय भागीदारी का सबसे प्रतीकात्मक उदाहरण 2018 में दिखा, जब बस्तरिया बटालियन का गठन हुआ। बस्तर के ही युवाओं ने वर्दी पहनी और सुरक्षा व्यवस्था का हिस्सा बने। इससे सुरक्षा, विकास और विश्वास—तीनों एक ही रणनीति में पिरोए गए।

इसी ठोस ज़मीनी समझ के आधार पर गृह मंत्री ने यह घोषणा की। यह सिर्फ भाषण या राजनीति नहीं थी। जो समय-सीमा तय की गई, वह कोई संयोग नहीं, बल्कि सोच-समझकर बनाई गई रणनीति का नतीजा थी।

बंद दरवाज़ों के पीछे, सुरक्षा योजनाकार पहले ही उस अंतिम ढाँचे को गढ़ चुके थे, जिसे आगे चलकर निर्णायक मोड़ के रूप में याद किया जाएगा—ऑपरेशन कगार।

इसकी मूल सोच बिल्कुल साफ थी। अब लक्ष्य केवल नियंत्रण, बातचीत या धीमे क्षरण तक सीमित नहीं रहेगा। यह अंतिम धक्का होगा—माओवादी आंदोलन को सैन्य, वैचारिक और क्षेत्रीय—तीनों स्तरों पर पूरी तरह निष्प्रभावी करने के लिए।

ऑपरेशन कगार की रणनीति कुछ अहम बदलावों पर टिकी थी। इसकी सोच बिल्कुल साफ थी—अब लक्ष्य सिर्फ नियंत्रण, बातचीत या धीरे-धीरे कमजोर करना नहीं रहेगा। यह एक अंतिम और निर्णायक प्रयास था, जिसमें माओवादी आंदोलन को सैन्य, वैचारिक और क्षेत्रीय—तीनों स्तरों पर खत्म करना था।

ऑपरेशन कगार की रणनीति कुछ बड़े बदलावों पर आधारित थी। स्थानीय स्तर पर और आत्मसमर्पण करने वालों से मिलने वाली खुफिया जानकारी को और मजबूत किया गया। पहले जहाँ अलग-अलग राज्यों के बीच तालमेल एक कमजोरी थी, अब वही पूरी तरह मजबूत हो चुका था। जिन सीमाओं का माओवादी पहले सुरक्षित रास्ते की तरह इस्तेमाल करते थे, अब सुरक्षा बल उन्हें एक साझा युद्ध क्षेत्र की तरह देखते हुए मिलकर कार्रवाई कर रहे थे।

तकनीक ने इस संघर्ष का पूरा रूप बदल दिया। ड्रोन, नाइट-विज़न उपकरण, हीट सिग्नेचर और संचार को पकड़ने वाली तकनीक ने माओवादियों की सबसे बड़ी ताकत यानी छिपे रहने की क्षमता को खत्म कर दिया।

घोषणा होते ही इसका असर ज़मीन पर दिखने लगा। अभियानों की रफ्तार और तरीका बदल गया। अब यह सिर्फ एक सामान्य संघर्ष नहीं रहा, बल्कि एक ऐसा अभियान बन गया था जो स्पष्ट रूप से अंत की ओर बढ़ रहा था।

अप्रैल 2025 : पहला निर्णायक धक्का

दक्षिणी छत्तीसगढ़ और उससे लगे तेलंगाना के जंगलों में इस नई रणनीति ने पहली बार अपना पूरा रूप लिया। 21 अप्रैल 2025 की रात लगभग पूरी खामोशी में एक असाधारण तैनाती शुरू हुई। दस हज़ार से अधिक सुरक्षाकर्मी अलग-अलग दिशाओं से कार्रेगुट्टालू की दुर्गम पहाड़ियों की ओर बढ़ने लगे। यह सिर्फ संख्या का मामला नहीं था, बल्कि एक साफ संकेत था कि अब राज्य सिर्फ पीछा नहीं कर रहा, बल्कि पूरी तरह घेराबंदी कर रहा है। कई दिनों

तक यह अभियान लगभग चुपचाप चलता रहा। ज़मीन खुद एक बड़ी चुनौती थी—बरसात में फिसलन भरी ढलानें, घने बाँस के जंगल जहाँ कुछ ही दूरी तक दिखाई देता था और संकरी घाटियाँ जहाँ हल्की-सी आवाज़ भी गूँजने लगती थी। माओवादी, जो सालों से इन जंगलों में रहकर लड़ते आए थे, अपने पुराने तरीकों पर भरोसा कर रहे थे—अलग समूहों मे बिखर जाना, सीमाएँ पार कर जाना और फिर कहीं और एकत्रित हो जाना। लेकिन इस बार हालात बदल चुके थे। अब उनके लिए भागने के रास्ते पहले जैसे खुले नहीं थे।

सुरक्षा बल धीरे-धीरे, परत-दर-परत आगे बढ़ता गया। रास्ते काटने वाली टीमों ने भागने के सभी रास्ते बंद कर दिए, और ऊपर से हवाई निगरानी ने उनके अस्थायी ठिकानों और गतिविधियों को पहचानना शुरू कर दिया। जवाब में माओवादियों ने भी प्रतिरोध किया—कहीं आईएनएसएएस से फायरिंग हुई, कहीं आईईडी के धमाके सुनाई दिए—लेकिन इस बार वह प्रतिरोध पहले जैसा संगठित और प्रभावी नहीं था। उसमें बिखराव था, हताशा थी और दिशा का अभाव साफ झलकता था।

14 मई को, जब ऑपरेशन ब्लैक फॉरेस्ट का समापन हुआ, तब तक तस्वीर साफ हो चुकी थी। 31 माओवादी मारे गए थे। दर्जनों गिरफ्तार हुए या उन्होंने आत्मसमर्पण कर दिया था। बरामद हथियार—राइफलें, ग्रेनेड, संचार उपकरण और प्रशिक्षण मैनुअल—इस बात के गवाह थे कि केवल लड़ाके नहीं टूटे थे, बल्कि उनकी प्रशिक्षण ख़िलाँ और संचालन क्षमता भी गंभीर रूप से बाधित हो चुकी थी।

लेकिन आँकड़ों से कहीं बड़ा बदलाव मनोवैज्ञानिक था।

पहली बार, माओवादियों को एक ऐसे क्षेत्र से पीछे हटना पड़ा जिसे वे वर्षों से अभेद्य मानते आए थे। यह पीछे हटना केवल सामरिक नहीं था—यह वैचारिक भी था।

इसकी गूँज जंगलों से बाहर तक पहुँची। गाँवों में जहाँ पहले भय की चुप्पी पसरी रहती थी, लोग प्रशासन के पास आने लगे। वे आत्मसमर्पण नीतियों के बारे में पूछने लगे, पुनर्वास सहायता के बारे में जानने लगे, विकास योजनाओं को लेकर सवाल करने लगे। उनके लिए यह केवल एक सैन्य कार्रवाई नहीं थी—यह मुक्ति का क्षण था।

इसके बाद के हफ्ते किसी एक बड़े युद्ध के नहीं थे, बल्कि निरंतर दबाव के थे। दंतेवाड़ा-बीजापुर अक्ष के जंगलों में बार-बार झड़पें हुईं। छोटे-छोटे माओवादी दस्ते अपने आपूर्ति भंडार और संचार केंद्रों को और भीतर ले जाने की कोशिश करते रहे—लेकिन हर प्रयास पर रोक लगी।

25 अप्रैल को गश्ती मार्ग पर घात लगाने की एक कोशिश नाकाम हुई—तीन माओवादी वहीं निष्क्रिय कर दिए गए। महीने भर में बस्तर ज़ोन में कुल मिलाकर 140 से अधिक उग्रवादी निष्क्रिय हुए—एक ऐसा आँकड़ा, जो उस समय के लिए असाधारण था। परंपरागत रूप से यह अवधि शुष्क-ऋतु अभियानों और मानसून के बीच का शांत संक्रमण काल मानी जाती रही है। लेकिन इस बार शांति नहीं थी—केवल दबाव था।

सुरक्षा प्रतिष्ठान में अब कोई भ्रम नहीं बचा था। यह कोई सामान्य अभियान नहीं था। यह इतिहास का वह क्षण था, जब दशकों पुराना संतुलन टूट रहा था और अंत पहली बार स्पष्ट रूप से दिखाई देने लगा था।

मई 2025 : रीढ़ का टूटना

7 मई की मुठभेड़ सिर्फ एक सफल सैन्य कार्रवाई नहीं थी, बल्कि यह साफ संकेत था कि अब रणनीति माओवादी संगठन की पूरी संरचना को तोड़ने पर केंद्रित हो चुकी है। इसके बाद खुफिया जानकारी और तेज़ व स्पष्ट होने लगी। पकड़े गए संदेशों से पता चला कि शीर्ष नेतृत्व के बीच तालमेल लगभग टूट चुका है। कोई स्पष्ट आदेश नहीं थे, वे बार-बार बदल रहे थे और कई फील्ड कमांडरों को अपने स्तर पर फैसले लेने पड़ रहे थे।

मध्य मई तक सुरक्षाबलों ने इस कमजोरी को निर्णायक अवसर में बदल दिया। बड़े अभियानों के बजाय छोटे, अत्यंत लक्षित ऑपरेशन शुरू किए गए—ऐसे ऑपरेशन जो दिखते कम थे, लेकिन असर गहरा छोड़ते थे। बस्तर, सुकमा और मुलुगु के सीमावर्ती इलाकों में आपूर्ति मार्गों पर लगातार प्रहार हुए। दवाइयों, विस्फोटक सामग्री और संचार उपकरणों की खेपें रास्ते में ही ज़ब्त होने लगीं। जिन जंगल मार्गों पर वर्षों से माओवादी निर्बाध आवाजाही करते थे, वे अचानक जोखिम भरे गलियारे बन गए।

नेतृत्व पर दबाव बढ़ने लगा। वरिष्ठ कैडर छोटे-छोटे समूहों में बंटकर इधर-उधर छिपने लगे और अपने स्थायी ठिकानों को छोड़कर अस्थायी

जगहों पर रहने लगे। जो संगठन कभी लंबी योजना और धैर्य के लिए जाना जाता था, वही अब हालात के हिसाब से तुरंत प्रतिक्रिया देने और बचाव करने की स्थिति में आ गया था।

मनोवैज्ञानिक प्रभाव और भी गहरा था। स्थानीय दस्ता-स्तर के उग्रवादियों में यह धारणा बनने लगी कि "केंद्र" अब उनकी रक्षा नहीं कर पा रहा। कुछ इलाकों में संदेश पहुँचना ही बंद हो गया; कहीं आदेश मिले भी तो वे ज़मीन की वास्तविकताओं से कटे हुए थे। परिणामस्वरूप, आत्मसमर्पण की प्रवृत्ति तेज़ हुई और कई समर्थक नेटवर्क निष्क्रिय होने लगे।

मई के उत्तरार्ध तक यह स्पष्ट हो चुका था कि यह केवल संघर्ष की एक और लहर नहीं थी। माओवादी आंदोलन, जो दशकों तक भूगोल, भय और वैचारिक अनुशासन के सहारे टिका रहा था, पहली बार अपने भीतर से चरमराता दिखाई दे रहा था।

रीढ़ टूट रही थी और इसके साथ ही यह मिथक भी कि यह विद्रोह अजेय है।

अबूझमाड़ का हिसाब

अबूझमाड़ के जंगल लंबे समय तक एक लगभग मिथकीय पहचान के साथ जाने जाते रहे—सुंदरता के लिए नहीं, बल्कि रहस्य और भय के लिए। दशकों तक यह इलाका माओवादी आंदोलन का वैचारिक आश्रय और संचालन मुख्यालय बना रहा। नौकरशाह इसके नाम का उल्लेख भी ऐसे करते थे, मानो यह कोई वर्जित मानचित्र का हिस्सा हो। सुरक्षा बल यहाँ बिना असाधारण तैयारी के प्रवेश करने से बचते थे। आम भारतीय के लिए अबूझमाड़ एक अनसुलझी पहेली थी—भारत का वह भूभाग जहाँ राज्य की सत्ता मानो ठहर-सी गई हो।

लेकिन 21 मई 2025 को अबूझमाड़ मिथक नहीं रहा। वह निर्णायक युद्धभूमि बन गया।

मुठभेड़ की शुरुआत अचानक हुई। एक स्काउट टीम का सामना बहुत करीब से एक माओवादी विस्फोटक यूनिट से हो गया। घबराहट में चली एक गोली ने जंगल की खामोशी तोड़ दी और वहीं से घटनाओं की एक कड़ी शुरू

हो गई। कुछ ही मिनटों में 60 से ज्यादा हथियारबंद माओवादी अपनी-अपनी जगह बदलने लगे। उन्हें लगा कि यह एक सामान्य झड़प है, जिसे वे संभाल लेंगे। लेकिन उन्हें पता नहीं था कि पूरा इलाका पहले से ही चारों तरफ से घेर लिया गया है।

इसके बाद जो हुआ, वह भारतीय वामपंथी उग्रवाद के इतिहास की सबसे तीव्र और निर्णायक मुठभेड़ों में से एक बन गया। पचास घंटे से भी अधिक समय तक लगातार बारिश में घने कोहरे और घुप्प अँधेरे के बीच गोलियों की आवाज़ जंगलों में गूंजती रही, मानो प्रकृति और संघर्ष एक साथ आमने-सामने खड़े हों। आसमान में मंडराते ड्रोन हर हलचल पर नज़र रखे हुए थे, जैसे अँधेरे के बीच भी कुछ आँखें जाग रही हों। अग्रिम कमांड पोस्टों से चारों ओर से घेरकर किए गए हमलों का बहुत सटीक तालमेल बैठाया गया। हर कदम सोच-समझकर उठाया गया और हर दिशा पूरी तरह नियंत्रण में रखी गई।

ऊँची पहाड़ियों पर तैनात अचूक निशानाबाज़ों ने घेरे को और सख्त कर दिया। उनकी निगरानी में कोई भी रास्ता खुला नहीं छोड़ा गया। हर संभावित निकास बिंदु पर नजर थी, हर कोशिश को वहीं रोक देने का इंतज़ाम था। यह केवल मुठभेड़ नहीं थी; यह एक ऐसा क्षण था, जहाँ रणनीति, धैर्य और दृढ़ता ने मिलकर परिणाम की दिशा तय करनी शुरू कर दी थी।

जब अंतिम तलाशी अभियान शुरू हुआ तो जंगल की धरती ने पराजय का पूरा पैमाना उजागर कर दिया।

मृतकों में नंबाला केशव राव—उर्फ़ बसवराजू भी शामिल था। दशकों तक जिसे माओवादी आंदोलन का सबसे खूँखार और रणनीतिक मस्तिष्क माना गया, वह अब समाप्त हो चुका था। 2010 के दंतेवाड़ा नरसंहार का योजनाकार, 2013 के झीरम घाटी हमले का सूत्रधार और वह व्यक्ति जिसका नाम माओवादी ऑपरेशनल डॉक्ट्रिन का पर्याय बन चुका था—अब इतिहास बन चुका था।

यह केवल एक शीर्ष नेता की मृत्यु नहीं थी। यह विद्रोह की केंद्रीय तंत्रिका-प्रणाली का उच्छेदन था।

बसवराजू के साथ केवल हथियार नहीं गिरे—मनोबल, दिशा और संगठनात्मक आत्मविश्वास भी ढह गया।

केवल मई 2025 में ही 200 से अधिक माओवादी निष्क्रिय किए गए—एक ऐसा आँकड़ा जो स्वयं में इस बात का प्रमाण था कि संतुलन पूरी तरह बदल चुका है।

गोलीबारी के बाद छाई खामोशी में—नीति-निर्माण कक्षों से लेकर अग्रिम पुलिस बैरकों तक—एक साझा एहसास स्पष्ट हो गया था :

यह अब केवल नियंत्रण या दबाव का अभियान नहीं रहा।

यह अन्तिम खेल की वास्तविक शुरुआत थी—जहाँ विद्रोह टूट नहीं रहा था, बल्कि बिखर रहा था।

पतन, पीछा और सिमटता मानचित्र (जून-सितंबर 2025)

2025 की गर्मियों ने अभियान के एक नए और निर्णायक चरण को चिह्नित किया। वर्ष के शुरुआती महीनों में माओवादी नेतृत्व और कमान संरचना पर करारे प्रहार किए जा चुके थे, लेकिन जून के बाद यह स्पष्ट होने लगा कि उन आघातों का वास्तविक प्रभाव ज़मीन पर क्या अर्थ रखता है। दशकों तक गति, समय और भूभाग की शर्तें तय करने वाला विद्रोह अब केवल जनशक्ति ही नहीं खो रहा था—वह अपनी सबसे अहम पूँजी, पहल (इनिशिएटिव) भी गँवा चुका था।

मई में बसवराजू की मृत्यु ने माओवादी ढांचे को भीतर तक हिला दिया। पहले जो संदेशों में साफ आदेश, योजनाएँ और रणनीति होती थी, अब उनमें भ्रम, डर और आपसी अविश्वास दिखने लगा। जो कमान-श्रृंखला कभी मजबूत और अनुशासित मानी जाती थी, वह धीरे-धीरे टूटने लगी साथ ही ऊपर से लेकर छोटे दस्तों तक असर दिखने लगा और इस बार यह टूटन खुद से ठीक नहीं हो पाई।

फिर भी सुरक्षा बलों ने कोई जल्दबाज़ी या आत्मसंतोष नहीं दिखाया। उन्हें पता था कि सिर्फ मिशन की तीव्रता देखकर निष्कर्ष निकालना खतरनाक हो सकता है, क्योंकि माओवादी पहले भी झटके खाकर बिखरते और फिर समय मिलने पर दोबारा उभरते रहे हैं। इसी अनुभव के आधार पर जून और जुलाई में रणनीति को सोच-समझकर शांत और लगातार दबाव बनाए रखने वाली रखा गया। बड़े दिखने वाले अभियानों के बजाय धीरे-धीरे घेरकर कमजोर करने की रणनीति पर ज़ोर दिया गया।

यह वह चरण था, जिसे किसी एक बड़े या भव्य युद्ध ने नहीं, बल्कि लगातार, थकान रहित और हर दिशा से बने दबाव ने आकार दिया। ऐसा दबाव, जिसने विद्रोह को सिर्फ पीछे धकेला नहीं, बल्कि उसे संभलने, फिर से संगठित होने या पहल वापस लेने का कोई मौका ही नहीं दिया।

धीरे-धीरे, सप्ताह दर सप्ताह, माओवादी प्रभाव का नक्शा सिमटता गया, मानो एक लंबी छाया धूप में घटती चली जा रही हो। उसी के साथ, एक लंबे और थकाऊ संघर्ष का अंत भी अब दूर की संभावना नहीं, बल्कि सामने उभरती हुई वास्तविकता जैसा दिखने लगा।

जून: मुठभेड़ों से हटकर अलग-थलग करने की रणनीति की ओर बदलाव

जून के अभियानों ने रणनीतिक दृष्टिकोण में एक स्पष्ट और परिपक्व बदलाव को रेखांकित किया। अब उद्देश्य केवल बड़े बल-समूहों की तैनाती के ज़रिए मुठभेड़ों को बढ़ाना नहीं था, बल्कि विद्रोह को भीतर से अलग-थलग करना था। राज्य ने आत्मसमर्पण कर चुके कैडरों को एक सुव्यवस्थित और भरोसेमंद खुफिया पारिस्थितिकी तंत्र में सक्रिय रूप से शामिल करना शुरू किया। ये पुरुष और महिलाएँ—जो कभी जंगल के मार्गों, हथियार भंडारों, वैचारिक प्रशिक्षण केंद्रों और कूरियर नेटवर्क की बारीकियों से परिचित थे—अब मुखबिर, मार्गदर्शक और कई मामलों में मध्यस्थ की भूमिका निभाने लगे।

इस दबाव-आधारित और सूचना-प्रधान अभियान के परिणाम लगभग तुरंत दिखाई देने लगे। वही जंगल, जहाँ कभी 'मुक्ति' और 'जनयुद्ध' के नारे गूँजते थे, अब अनिश्चितता और अविश्वास की प्रतिध्वनि से भरने लगे। बीजापुर, सुकमा, दंतेवाड़ा और कांकेर जैसे जिलों में आत्मसमर्पण को प्रोत्साहित करने वाले पोस्टर दिखाई देने लगे और वर्षों बाद पहली बार ऐसा हुआ कि ग्रामीणों ने माओवादियों के निर्देश पर उन्हें फाड़ा नहीं। यह मौन स्वीकृति अपने आप में एक गहरा संकेत थी।

जून के शुरुआती हफ्तों में छत्तीसगढ़ भर में चलाए गए सर्च और कॉम्बिंग अभियानों के दौरान 18 विद्रोही मारे गए—कुछ छोटी मुठभेड़ों में तो कुछ घात लगाने के प्रयासों को विफल करते हुए। किंतु इससे भी अधिक निर्णायक

संकेत आत्मसमर्पण के अनुरोधों में आई तीव्र वृद्धि थी। केवल बीजापुर जिले में ही लगभग 100 माओवादी—अधिकतर निचले स्तर के कैडर, कूरियर और मिलिशिया सदस्य ने हथियार डाले। उनके बयान भय, थकान और इस बढ़ती धारणा की ओर इशारा करते थे कि अब राज्य का पलड़ा निर्णायक रूप से भारी हो चुका है।

एक आत्मसमर्पित कैडर ने बाद में उस मनोभाव को शब्द दिए, जो धीरे-धीरे पुलिस बैरकों और खुफिया रिपोर्टों में प्रतीकात्मक बन गया, “पहाड़ का फ़ैसला बदल गया है... अब हमारे लोग चुप हो गए हैं।”

जिन जंगलों में कभी वैचारिक ज्वाला प्रखरता से जलती थी, वह अब बुझ नहीं तो कम से कम मद्धिम अवश्य पड़ चुकी थी और यही इस चरण की सबसे बड़ी उपलब्धि थी।

जुलाई : मद्धिम पड़ती परछाईं

जुलाई उसी लय में आगे बढ़ा, जिसे अनुभवी अधिकारी अक्सर “प्रहार से पहले की शांति” कहते हैं। अभियान लगातार जारी रहे, लेकिन मुठभेड़ें अब कम और बिखरी हुई होती जा रही थीं—मानो संघर्ष की तीव्रता धीमी नहीं, बल्कि भीतर ही भीतर बदल रही हो। यह साफ संकेत था कि माओवादी आत्मविश्वास, उनका संगठनात्मक अनुशासन और उनकी गतिशीलता अब सिमटती जा रही थी। तेलंगाना के दमरथोगु जंगलों में हुई एक छोटी-सी मुठभेड़ में एक माओवादी ऑपरेटिव मारा गया और दो अन्य को जीवित पकड़ लिया गया। वहीं, इससे भी दक्षिण में केरल में पुलिस ने दो संदिग्ध माओवादी कूरियरों को गिरफ्तार किया।

ये घटनाएँ भले ही आकार में छोटी लगें, लेकिन उनका संकेत बड़ा था—जंगलों में कमजोर पड़ता विद्रोह भले ही अपनी ज़मीन खो रहा हो, उसकी वैचारिक छाया अब भी नई जगहों की तलाश में भटक रही थी। वह सिर्फ बंदूक के साथ नहीं, बल्कि विचार के रूप में भी जीवित रहने की कोशिश कर रही थी—शहरों और कस्बों की ओर बढ़ते हुए।

फिर भी इस महीने का सबसे निर्णायक संकेत हताहतों की संख्या नहीं, बल्कि फैला हुआ सन्नाटा था। जिन इलाकों को कभी अत्यंत संवेदनशील माना

जाता था—विशेषकर सुकमा और दंतेवाड़ा के कुछ हिस्सों में—माओवादी गतिविधियाँ तेज़ी से क्षीण हो गईं। जो ग्रामीण वर्षों तक भय और संकोच में रहते थे, वे अब सुरक्षा बलों से खुले तौर पर संवाद करने लगे। साप्ताहिक बाज़ार फिर से नियमित होने लगे। रुका हुआ सड़क निर्माण कार्य दोबारा शुरू हुआ। आदिवासी युवाओं की पुलिस और अर्धसैनिक भर्ती अभियानों में भागीदारी उस स्तर तक पहुँची, जिसकी कल्पना एक वर्ष पहले तक भी कठिन थी।

संदेह और अविश्वास के वातावरण में वर्षों तक कार्य कर चुके अधिकारियों ने इस परिवर्तन को शोर-शराबे के बिना, एक शांत संतोष के साथ देखा। राज्य केवल सैन्य अर्थों में नहीं जीत रहा था—वह अपनी नैतिक और प्रशासनिक वैधता भी पुनः स्थापित कर रहा था।

फिर भी खुफिया तंत्र के भीतर एक अलग चेतावनी उभर रही थी : इतिहास गवाह है कि जब विद्रोही संगठन पूरी तरह घिर जाते हैं तो वे अक्सर अंतिम साँस में उच्च प्रभाव वाले, प्रतीकात्मक हिंसक प्रतिशोध का सहारा लेते हैं। उसी आशंका को ध्यान में रखते हुए व्यवस्था ने अपनी तैयारियाँ और कड़ी कर दीं।

अगस्त : इकट्ठा होता तूफ़ान

अगस्त में कुछ मुठभेड़ें ज़रूर हुईं—अधिकतर छोटी और सीमित दायरे की—जिनमें ज़्यादातर निचले स्तर के माओवादी मारे गए। लेकिन इस महीने की असली अहमियत इन झड़पों में नहीं, बल्कि उस सूचना-प्रवाह में थी जो धीरे-धीरे एक निर्णायक तस्वीर बना रही थी।

गर्मियों की शुरुआत से अब तक 200 से ज़्यादा आत्मसमर्पणों ने खुफिया तंत्र को बेहद अहम जानकारी दी। पहली बार माओवादियों के नेटवर्क की कमजोरियाँ, उनके आने-जाने के रास्ते, बचे हुए ठिकाने और आपसी संपर्क साफ तौर पर सामने आने लगे। अब यह अनुमान या अधूरी जानकारी पर आधारित नहीं था, बल्कि एक स्पष्ट और ठोस तस्वीर बन चुकी थी।

इससे यह भी स्पष्ट हो गया कि विद्रोह की बची-खुची ताकत अब केवल दो इलाकों तक सिमट चुकी है—अबूझमाड़ के घने और दुर्गम जंगल और अराकू घाटी तथा आंध्र-ओडिशा सीमा से लगी पहाड़ियाँ।

ये क्षेत्र अब किसी बड़े हमले की तैयारी के केंद्र नहीं रह गए थे। ये अंतिम शरणस्थल बन चुके थे—ऐसे ठिकाने जहाँ लड़ने से ज़्यादा छिपने की कोशिश हो रही थी।

इसी पृष्ठभूमि में उच्च स्तरीय बैठकों में एक गंभीर, लेकिन शांत सवाल उभरने लगा : क्या यह सही समय है—जब विद्रोह बिखर रहा है—अंतिम प्रहार करने का या फिर थोड़ी प्रतीक्षा की जाए, यह देखने के लिए कि कहीं यह आंदोलन खुद को फिर से संगठित करने की कोशिश तो नहीं कर रहा?

इस सवाल का जवाब अपेक्षा से कहीं जल्दी आ गया और वह जवाब राज्य की रणनीति से नहीं, बल्कि विद्रोह की अगली हरकत से सामने आया।

सितंबर : विद्रोह का अंतिम प्रतिघात

सितंबर के मध्य तक खुफिया एजेंसियों को यह स्पष्ट संकेत मिलने लगे थे कि बसवराजू की मौत के बाद माओवादी नेतृत्व अबूझमाड़ के गहरे जंगलों में खुद को फिर से संगठित करने और कमान-श्रृंखला को पुनः स्थापित करने की कोशिश कर रहा है। नारायणपुर, दंतेवाड़ा और कोंडागाँव की सीमाओं से जुड़े जंक्शन क्षेत्र में संदिग्ध हलचलें दिखाई देने लगीं मानो लंबे समय से शांत पड़े इलाके में फिर से कोई गतिविधि जाग रही हो। थर्मल इमेजिंग में हथियारबंद समूहों की मौजूदगी दर्ज हुई और ड्रोन निगरानी ने उन पगडंडियों पर आवाजाही पकड़ ली, जो वर्षों से लगभग वीरान पड़ी थीं।

यह कोई छोटा संकेत नहीं था। यह इस बात की आहट थी कि कमजोर पड़ चुका ढांचा फिर से खुद को चुपचाप, लेकिन योजना के साथ खड़ा करने की कोशिश कर रहा है। इससे संदेश साफ था कि अगर इसे अभी नहीं रोका गया, तो यही कोशिश आगे चलकर फिर से मजबूत रूप ले सकती है। इसीलिए फैसला भी उतना ही स्पष्ट था कि इस पुनर्गठन को सफल नहीं होने दिया जाएगा।

15 सितंबर की भोर से पहले, एसटीएफ़, डीआरजी और सीआरपीएफ़ के 300 से अधिक जवान बिना किसी शोर-शराबे के जंगलों में दाख़िल हो गए। यह अभियान पहले की तरह बड़े इलाके की तलाशी पर आधारित नहीं था, बल्कि सटीक खुफिया इनपुट, थर्मल इमेजिंग और संभावित मूवमेंट पैटर्न के विश्लेषण पर टिका था।

पहला हमला माओवादियों ने किया।

सुबह लगभग चार बजे बाँस के झुरमुटों से अचानक गोलीबारी शुरू हुई। रॉकेट-प्रोपेल्ड ग्रेनेड भी दागे गए—यह दिखाने के लिए कि विद्रोह की मारक क्षमता पूरी तरह खत्म नहीं हुई है। लेकिन इस बार सुरक्षा बल पूरी तैयारी के साथ थे। जंगल युद्ध में प्रशिक्षित त्वरित प्रतिक्रिया दलों ने खाइयों और घनी वनस्पति की आड़ लेते हुए चारों ओर से घेराबंदी कर ली।

करीब बारह घंटे तक मुठभेड़ चली।

जब अंततः गोलियों की आवाज़ थमी तो 18 माओवादी मारे जा चुके थे। इनमें दंडकारण्य स्पेशल ज़ोनल कमेटी के दो प्रमुख कमांडर भी शामिल थे। तलाशी के दौरान हथियार, वायरलेस सेट और रणनीतिक दस्तावेज़ मिले—जो साफ संकेत दे रहे थे कि यह नेतृत्व को दोबारा खड़ा करने की एक आख़िरी, हताश कोशिश थी।

यह ऐसा प्रहार था, जिससे माओवादी संगठन दोबारा सँभल नहीं पाया।

इसके बावजूद मुश्किल से एक हफ्ते बाद विद्रोह ने यह दिखाने की कोशिश की कि वह अब भी ज़िंदा है। अराकू घाटी में टीडीपी के दो स्थानीय नेताओं की लक्षित हत्या कर दी गई। उद्देश्य साफ था—डर पैदा करना और यह जताना कि आदिवासी इलाकों में राजनीतिक गतिविधि अब भी असुरक्षित है।

लेकिन प्रतिक्रिया में कोई देरी नहीं हुई।

ग्रेहाउंड्स, जो अपनी तेज़ी और सटीक कार्रवाई के लिए जाने जाते हैं, ने तुरंत अगला अभियान शुरू कर दिया। कुछ ही घंटों में हत्या में शामिल माओवादी दल की पहचान कर ली गई। फिर मुठभेड़ हुई, जिसमें चार माओवादी मारे गए। सब कुछ बिना शोर-शराबे के हुआ – बिना किसी औपचारिक चेतावनी या बयान के।

इसके बाद की ख़ामोशी जानबूझकर रखी गई थी—एक ऐसा संदेश जो माओवादी नेतृत्व तक बिना शब्दों के पहुँच जाए : प्रतिशोध का दौर अब खत्म हो चुका था। अब समाप्ति का दौर शुरू हो चुका था।

सितंबर के अंत तक रेड कॉरिडोर—जो कभी भारत के लगभग एक-तिहाई हिस्से में फैला हुआ था—सिकुड़कर मुख्य रूप से बस्तर क्षेत्र के केवल छः कोर जिलों तक सीमित रह गया। जो मानचित्र कभी नीतिगत बहसों और

सुर्ख़ियों पर छाया रहता था, वह अब बहाल लोकतंत्र के समुद्र में बिखरे छोटे-छोटे द्वीपों जैसा दिखने लगा।

ऑपरेशन कक्षों में भी बदलाव दिखने लगा। जिन नक्शों पर पहले लाल घेरों से ख़तरे चिह्नित किए जाते थे, वहाँ अब हरे और नीले रंग उभरने लगे—पुनः सुरक्षित क्षेत्र, चालू सड़कें, दोबारा खुले स्कूल और वे संचार लाइनें, जहाँ पहले केवल सन्नाटा था।

फिर भी, किसी ने जश्न नहीं मनाया। अभी नहीं।

क्योंकि अनुभव कहता है—विद्रोह चुपचाप खत्म नहीं होते। वे अक्सर अंतिम क्षणों में सबसे हिंसक रूप लेते हैं।

साल की आख़िरी तिमाही तेज़ी से नज़दीक आ रही थी और हर अधिकारी यह महसूस कर रहा था : सबसे निर्णायक परीक्षा अभी बाकी है।

अंतिम प्रहार और नेतृत्व का पतन (अक्टूबर-नवंबर 2025)

अक्टूबर तक आते-आते यह साफ हो चुका था कि माओवादी विद्रोह अपने निर्णायक मोड़ पर पहुँच गया है। महीनों से चल रहे दबाव, लगातार पीछा और योजनाबद्ध क्षरण ने संगठन की रीढ़ तोड़ दी थी। फिर भी असली चुनौती अभी बाकी थी—यह सुनिश्चित करना कि बचे-खुचे गुट किसी छोटे लेकिन अधिक हताश और घातक रूप में फिर से इकट्ठा न हो सकें। इतिहास गवाह रहा है कि जब विद्रोहियों के पास खोने को बहुत कम बचता है, तभी वे सबसे हिंसक हो जाते हैं—चाहे नेपाल हो, पेरू या फ़िलीपींस।

इसी पृष्ठभूमि में 4 अक्टूबर को पहला बड़ा अभियान शुरू हुआ। दंतेवाड़ा और नारायणपुर की सीमा से लगे घने जंगलों में सितंबर के दौरान हलचल के संकेत मिल रहे थे—कीचड़ में ताज़े पदचिह्न, पकड़े गए रेडियो संदेश और आत्मसमर्पित कैडरों की जानकारियाँ—सब कुछ इस ओर इशारा कर रही थीं कि माओवादियों का एक बड़ा दस्ता यहाँ सर्दियों के लिए वैकल्पिक ठिकाना बनाने की कोशिश कर रहा है।

इस बार सुरक्षा बलों ने इंतज़ार नहीं किया।

सीआरपीएफ़, राज्य पुलिस, डीआरजी और तकनीकी निगरानी इकाइयों से बनी 650 से अधिक जवानों की संयुक्त टास्क फ़ोर्स सुनियोजित लेकिन

आक्रामक अंदाज़ में जंगलों में दाख़िल हुई। पहले की तरह हालात को टटोलने की रणनीति नहीं अपनाई गई। संदेश स्पष्ट था—कमज़ोरी दिख चुकी है और अब पुनर्गठन की कोई गुंजाइश नहीं छोड़ी जाएगी।

शुरुआती घंटों में माओवादियों ने ज़ोरदार प्रतिरोध किया। जंगल की ऊँची छतरी के बीच से स्वचालित हथियारों की फ़ायरिंग गूँज उठी। उन्हें भूभाग की अच्छी समझ थी और उन्होंने ऊँचाई का लाभ लेकर आगे बढ़ रही टुकड़ियों को तय रास्तों में फँसाने की कोशिश की।

लेकिन इस बार तकनीक ने उनका सबसे बड़ा हथियार छीन लिया।

थर्मल ड्रोन ने ऊपर से उनकी स्थिति और आवाजाही के रास्ते उजागर कर दिए। रेडियो जैमर ने पीछे हटने और आपसी समन्वय की कोशिशों को पंगु बना दिया। कुछ ही घंटों में यह साफ हो गया कि जो जंगल कभी उनकी ढाल था, वही अब उनके खिलाफ काम कर रहा है—हर हरकत दिख रही थी, हर भागने का रास्ता पहले से अनुमानित था।

जब मुठभेड़ खत्म हुई और तलाशी शुरू हुई तो 31 माओवादी मारे जा चुके थे—हाल के वर्षों में एक ही दिन में सबसे बड़े उन्मूलनों में से एक। बरामद सामग्री में असॉल्ट राइफलें, विस्फोटक, संचार उपकरण और हस्तलिखित नोट्स शामिल थे। ये काग़ज़ी दस्तावेज़ इस बात का संकेत थे कि नेतृत्व अब डिजिटल माध्यमों से भी डरने लगा था।

जनशक्ति का नुकसान माओवादियों के लिए बड़ा झटका था। लेकिन योजनाओं का इस तरह उजागर होना लगभग विनाशकारी था।

इसके तीन हफ्ते बाद दूसरा बड़ा प्रहार हुआ। इस बार आंध्र-ओडिशा सीमा पर चित्रकोंडा के पास। 24 अक्टूबर की भोर में आंध्र प्रदेश की विशिष्ट इकाई ग्रेहाउंड्स ने ठोस खुफिया सूचना के आधार पर हथियार और रसद ले जा रहे एक माओवादी समूह को घेर लिया।

यह मुठभेड़ लंबी नहीं चली।

कुछ ही मिनटों में सब कुछ खत्म हो गया।

जब धुआँ छँटा तो 24 माओवादी मारे जा चुके थे।

इन अक्टूबर अभियानों के साथ माओवादियों ने अपने दो सबसे महत्त्वपूर्ण बैकअप क्षेत्र खो दिए। जो ठिकाने कभी कई राज्यों में फैले

एक विस्तृत जाल का हिस्सा थे, वे अब सिमटकर छोटे-छोटे, अलग-थलग टापुओं जैसे रह गए थे। जिन नक्शों पर पहले "माओवादी प्रभुत्व", "प्रभाव क्षेत्र" और "आवागमन गलियारे" अंकित होते थे, वहाँ अब एक नई वास्तविकता उभर रही थी—राज्य की वापसी। लेकिन यह वह क्षण नहीं था, जहाँ रुककर संतोष किया जा सके। सुरक्षा बल अच्छी तरह जानते थे कि लंबे संघर्ष का अंतिम चरण ही सबसे अधिक जोखिम भरा होता है—जहाँ हारता हुआ पक्ष आखिरी कोशिशों में और अधिक उग्र हो सकता है। इसलिए अगला कदम भी उतना ही तेज़, उतना ही सटीक और उतना ही निर्णायक होना जरूरी था।

और अक्टूबर ने मानो यह संकेत स्पष्ट कर दिया—यह संघर्ष अपने अंत के करीब पहुँच चुका है।

नवंबर : व्यापक खोज अभियान

यदि अक्टूबर सीमाओं को साफ करने का महीना था तो नवंबर उन बची-खुची परछाइयों के शिकार का समय बन गया—वे नाम जो कभी पुलिस थानों, प्रशासनिक दफ़्तरों और राजनीतिक काफ़िलों में आतंक का पर्याय हुआ करते थे।

इन सभी नामों में एक नाम सबसे ऊपर था—**माड़वी हिड़मा।**

सुरक्षा बलों के लिए हिड़मा मात्र एक हाई-वैल्यू टार्गेट नहीं था। वह विद्रोह की क्रूरता का सजीव प्रतीक था—पीएलजीए बटालियन नंबर-1 का कमांडर, जिसने सुकमा, बीजापुर और दंतेवाड़ा में एक के बाद एक घातक हमलों की रूपरेखा गढ़ी थी। उसके द्वारा की गई कार्यवाही माओवादी इतिहास की सबसे विनाशकारी हमलों में दर्ज थी।

वर्षों तक हिड़मा सुरक्षा बलों को छकाता रहा। उसे जंगल की भाषा आती थी—हाथियों की पगडंडियों से सीमाएँ पार करना, हर कुछ दिनों में बदलते अस्थायी ठिकानों में ठहरना और संचार में लगभग पूर्ण मौन बनाए रखना। अपने कैडरों के लिए वह किसी किंवदंती से कम नहीं था—एक "डरावना और रहस्यमयी कमांडर", जो दिखाई कम देता था, पर असर गहरा छोड़ता था। राज्य के लिए, वह एक अधूरा अध्याय था, जिसे बंद करना बाकी था।

लेकिन नवंबर तक उसके पास छिपने की जगहें कम पड़ने लगी थीं।

खुफिया सूचनाएँ बार-बार एक ही दिशा की ओर इशारा कर रही थीं—आलूरी सीताराम राजू जिले के मारेडुमिल्ली के जंगल, जहाँ आंध्र प्रदेश, तेलंगाना और छत्तीसगढ़ की सीमाएँ एक-दूसरे से मिलती हैं। निगरानी के पैटर्न, इकट्ठा की गई धीमी फुसफुसाहटें और सशस्त्र कैडरों की अचानक बढ़ी हुई हलचल, सब एक ही कहानी कह रहे थे कि बिखरा हुआ नेतृत्व अब फिर से एक जगह सिमटने लगा था।

यह सिर्फ एक ठिकाना मिलने की बात नहीं थी, बल्कि उस अंतिम चरण का संकेत था जब छिपा हुआ नेतृत्व अब धीरे-धीरे सामने आने लगा था।

निर्णय में देर नहीं लगी।

18 नवंबर की भोर से पहले, लगभग 150 जवान—मुख्यतः ग्रेहाउंड्स, जिनके साथ एसटीएफ़ और स्थानीय पुलिस थी—कोहरे की आड़ में जंगलों में दाख़िल हुए। भूभाग अत्यंत कठिन था : काई से ढकी फिसलन भरी चट्टानें, घनी झाड़ियाँ और पानी से भरी मिट्टी जो बूटों को दलदल की तरह खींच लेती थी। जोंकें वर्दियों से चिपक रही थीं। कहीं दृश्यता मीटरों तक सिमट जाती तो कहीं कुछ इंचों तक।

लेकिन इन सबका कोई महत्त्व नहीं था। आगे बढ़ते जवान जानते थे—यह एक ऐतिहासिक क्षण है।

पहली मुठभेड़ एक संकरे नाले के पास शुरू हुई। ठंडी सुबह में अचानक गोलियों की आवाज गूँज उठी, जब पेड़ों के पीछे छिपे विद्रोहियों ने फायरिंग शुरू कर दी। लड़ाई तेज़ और करीब से हुई, जहाँ पहले से बनी योजना से ज्यादा मौके पर तुरंत प्रतिक्रिया देना अहम था।

इसी दौरान, दूसरी टीमें चुपचाप किनारे के रास्तों से आगे बढ़ीं। ये वही रास्ते थे जो अक्सर जंगली जानवरों के चलने से बने होते हैं। यह रणनीति लंबे अनुभव और प्रशिक्षण का नतीजा थी। ऊपर आसमान में ड्रोन लगातार निगरानी कर रहे थे, ताकि भागने के रास्तों को पहले ही पहचान लिया जाए।

और फिर निर्णायक क्षण आया।

कुछ ही घंटों में प्रतिरोध टूटने लगा। जब टीमें मुठभेड़ क्षेत्र को सुरक्षित करने के लिए आगे बढ़ीं तो पहचान स्पष्ट हो गई। मृतकों में केवल पैदल कैडर ही नहीं थे, बल्कि माओवादी आंदोलन का सबसे मायावी और भयावह कमांडर भी था।

माड़वी हिड़मा मारा जा चुका था।

उसके साथ उसके कई प्रमुख सहयोगी भी ढेर हो चुके थे—उसकी पत्नी राजे, "टेक शंकर" के नाम से जाना जाने वाला आईईडी विशेषज्ञ और कैडर सदस्य चेल्लुरी नारायण, देवे तथा लक्मल।

जंगल—जहाँ कभी विद्रोह ने गहरी जड़ें जमाई थीं—पहली बार पूर्ण मौन में डूब गया। न कोई पीछे हटना। न कोई पुनर्गठन। न कोई अगला चरण।

यह केवल एक ऑपरेशन नहीं था—यह एक युग का प्रतीकात्मक अंत था।

परिणाम : केंद्रविहीन हो चुका एक आंदोलन

इसके बाद के दिनों में विद्रोह जिस गति से बिखरने लगा, उसकी कल्पना कुछ महीने पहले तक असंभव थी। नारायणपुर में 22 से 28 नवंबर के बीच 28 माओवादियों ने आत्मसमर्पण किया। अनेक आत्मसमर्पित कैडरों ने स्वीकार किया कि हिड़मा की मृत्यु ने उन्हें यह अंतिम संकेत दे दिया था कि अब प्रतिरोध निरर्थक हो चुका है।

कुछ छिटपुट झड़पें अवश्य हुईं—बस्तर क्षेत्र में अलग-अलग मुठभेड़ों में पाँच और विद्रोही मारे गए, लेकिन इनमें अब विद्रोह का वह भार नहीं था। ये न संगठित ऑपरेशनल हमले थे, न किसी दीर्घकालिक रणनीति से प्रेरित, बल्कि एक ऐसे आंदोलन की आत्मरक्षात्मक प्रतिक्रियाएँ थीं, जो स्वयं पर विश्वास खो चुका था।

दिल्ली, कोलकाता और हैदराबाद में शहरी सहानुभूति नेटवर्कों ने विरोध-प्रदर्शन की कोशिश की—जाँच की माँग करते हुए और मुठभेड़ को 'राजनीतिक हत्या' के रूप में प्रस्तुत करने का प्रयास करते हुए। लेकिन इन प्रदर्शनों में न वह गति थी, न संगठन और न ही वह भावनात्मक समर्थन, जो कभी उनका आधार हुआ करता था।

विमर्श बदल चुका था और उसके साथ जनभावना भी।

दशकों में पहली बार, विभिन्न सुरक्षा एजेंसियाँ—सीआरपीएफ़, डीआरजी, ग्रेहाउंड्स, राज्य पुलिस और खुफिया नेटवर्क—विद्रोह के बारे में ऐसे शब्दों में बातें करने लगीं, जो कभी अकल्पनीय थे।

एक जारी संघर्ष के रूप में नहीं, बल्कि एक समाप्त होती कथा के रूप में—एक समापन अध्याय।

पुनर्निर्मित मानचित्र, पुनर्लिखित युद्ध

29 नवंबर 2025 तक आंतरिक आकलनों ने उसी सत्य की औपचारिक पुष्टि कर दी, जिसे ज़मीनी स्तर पर सुरक्षा बल और स्थानीय प्रशासन पहले ही महसूस कर चुके थे—

माओवादी आंदोलन अब एक संगठित विद्रोह नहीं रह गया था। वह अब केवल बिखरे हुए अवशेषों का एक खंडित समूह भर था—नेतृत्वविहीन, दिशाहीन और प्रतिक्रियात्मक।

जहाँ कभी रेड *कॉरिडोर* मध्य और पूर्वी भारत के विशाल भूभाग में एक सतत पट्टी की तरह फैला हुआ था, वहीं अब उसकी प्रभावी उपस्थिति सिमटकर केवल छः जिलों तक रह गई थी और वे सभी बस्तर क्षेत्र में स्थित थे। वहाँ भी यह उपस्थिति किसी दीर्घकालिक रणनीति या विस्तारवादी योजना का संकेत नहीं थी, बल्कि केवल दबाव में की जा रही आत्मरक्षात्मक गतिविधियों तक सीमित थी।

अब युद्ध का मानचित्र बदल चुका था। उसके साथ बदल चुका था—युद्ध का स्वरूप।

कई महीने पहले केंद्रीय गृह मंत्री द्वारा घोषित 31 मार्च 2026 की समय-सीमा, जिसे कभी अत्यधिक महत्त्वाकांक्षी माना गया था, अब न तो राजनीतिक नारा लगती थी और न ही प्रशासनिक आशा।

वह अब अपरिहार्य प्रतीत हो रही थी।

राज्य अब केवल भूभाग पर नियंत्रण नहीं स्थापित कर रहा था—वह वैचारिक प्रभुत्व, प्रशासनिक वैधता और सामाजिक विश्वास—तीनों को एक साथ पुनः अर्जित कर चुका था।

यह किसी एक ऑपरेशन की जीत नहीं थी। यह पूरे युद्ध की पुनर्लेखन-प्रक्रिया थी।

अभी जीत पूरी नहीं हुई है पर अब वह हमारी पहुँच में है

खुशी का माहौल है, पर संयम के साथ, इतिहास की सीख और खोए हुए जीवनों के सम्मान को ध्यान में रखते हुए। फिर भी माहौल में एक शांत और स्थिर बदलाव साफ महसूस होने लगा है। गश्त अब पहले जैसी भारी नहीं लगती। जो कैंप कभी कड़ी सुरक्षा और घेराबंदी के प्रतीक थे, वहाँ अब सामान्य तैनाती जैसा वातावरण दिखने लगा है। जो सड़कें पहले "उच्च-जोखिम" वाली मानी जाती थीं, वे अब आम लोगों के लिए खुलने लगी हैं। बच्चे बिना सुरक्षा के स्कूल जाने लगे हैं और बाज़ार भी अब सूर्यास्त के बाद तक खुले रहने लगे हैं।

भय की चुप्पी अब बिखर चुकी थी और उसकी जगह वह सामान्य जीवन लौट आया था, जिसकी ध्वनि वर्षों से लुप्त थी।ऑपरेशन कगार की शुरुआत एक स्पष्ट संदेश के रूप में हुई थी। नवंबर तक आते-आते यह अभियान एक *समापन-अध्याय* बन चुका था और बस्तर के जंगलों में—जहाँ कभी कमांड टेंटों में क्रांतिकारी नारों की गूँज होती थी—अब केवल बिखरे हुए पदचिह्न बचे थे, जो धीरे-धीरे मिट्टी में विलीन हो रहे थे।

सरकार द्वारा हाल के वर्षों में संचालित सतत और खुफिया-आधारित अभियानों ने उल्लेखनीय परिणाम दिए हैं। वर्ष 2025 में अब तक सुरक्षा बलों ने 317 नक्सलियों को मार गिराया, 862 को गिरफ्तार किया और 1,973 कैडरों के आत्मसमर्पण को संभव बनाया—जो सुरक्षा कार्रवाई और पुनर्वास नीति के संयुक्त प्रभाव को दर्शाता है। अकेले 2024 में ही 290 नक्सली मारे गए, 1,090 गिरफ्तार हुए और 881 ने आत्मसमर्पण किया।

नेतृत्व स्तर पर भी बड़ा आघात पहुँचा। 2024 में एक केंद्रीय समिति सदस्य (सीसीएम) और 2025 में पाँच सीसीएम सहित कुल 28 शीर्ष नक्सली नेताओं का उन्मूलन किया गया। सटीक खुफिया और अंतर-एजेंसी समन्वय के चलते ऑपरेशन ब्लैक फ़ॉरेस्ट (कगार) के तहत 27 कट्टर नक्सली मारे गए।

आत्मसमर्पण अभियान ने भी तेज़ी पकड़ी। 23 मई 2025 को बीजापुर में 24 कट्टर नक्सलियों ने आत्मसमर्पण किया। वहीं, अक्टूबर 2025 में छत्तीसगढ़ और महाराष्ट्र में कुल 258 नक्सलियों ने आत्मसमर्पण किया—

छत्तीसगढ़ में 197, महाराष्ट्र में 61—जिसमें 10 वरिष्ठ नक्सली नेता भी शामिल थे।

यह घटनाक्रम साफ संकेत देता है कि विद्रोही नेटवर्क अब निर्णायक रूप से कमजोर पड़ चुका है। अंतिम विजय भले अभी बाकी थी, लेकिन अब वह दूर की कल्पना नहीं, बल्कि नज़रों के दायरे में आती हुई एक स्पष्ट वास्तविकता बन चुकी थी।

रेड कॉरिडोर की परछाइयाँ : नक्सलवाद के सबसे ख़तरनाक कमांडरों का पतन

मध्य भारत के घने और कठोर जंगलों में—जहाँ साल के पेड़ विद्रोह की गूँज फुसफुसाते हैं और हवा में बारूद तथा बारिश से भीगी मिट्टी की गंध तैरती रहती है—भारतीय राज्य और माओवादी विद्रोहियों, जिन्हें नक्सली कहा जाता है, के बीच दशकों से एक अदृश्य युद्ध सुलगता रहा है।

1967 में पश्चिम बंगाल के नक्सलबाड़ी में किसान विद्रोह की चिंगारियों से जन्मा यह आंदोलन—भूमि, शोषण और आदिवासी हाशिएकरण से जुड़े आक्रोश में जड़ें जमाए हुए—कभी छत्तीसगढ़, तेलंगाना, झारखंड और उससे आगे तक फैले एक भयावह "रेड कॉरिडोर" का निर्माण कर चुका था।

माड़वी हिड़मा : बस्तर का भूत

जिन आदिवासियों की रक्षा का दावा माड़वी हिड़मा करता था, उनके लिए वह दोधारी तलवार था—एक ओर शोषण के विरुद्ध रक्षक, दूसरी ओर निर्दयी तानाशाह। हिड़मा ने सैकड़ों लोगों को "पुलिस के मुखबिर" बताकर जन-अदालतों में मौत के घाट उतारा और उनके शव जंगल की झाड़ियों में चेतावनी के रूप में फेंक दिए।

18 नवंबर 2025 को आंध्र-तेलंगाना-छत्तीसगढ़ के सीमावर्ती मारेडुमिल्ली जंगल में आंध्र प्रदेश के ग्रेहाउंड्स कमांडो ने हिड़मा का आतंक समाप्त कर दिया। उसकी पत्नी राजे उर्फ़ राजक्का और कई प्रमुख सहयोगी भी मारे गए। उस क्षण जंगलों ने मानो गहरी साँस ली, लेकिन निर्दोषों की सामूहिक कब्रों के निशान अभी भी मौजूद थे।

हिड़मा का जन्म 1981 में छत्तीसगढ़ के सुकमा जिले के आदिवासी परिवार में हुआ। किशोरावस्था में ही पीपुल्स लिबरेशन गुरिल्ला आर्मी (पीएलजीए) में शामिल, वह तेजी से तरक्की करता हुआ बटालियन नंबर-1 का कमांडर बन गया—विद्रोह की सबसे घातक स्ट्राइक फ़ोर्स। 30 की उम्र तक ही वह सीपीआई (माओवादी) की केंद्रीय समिति में सबसे कम उम्र का सदस्य बन गया, तेलुगु नेतृत्व में एक दुर्लभ आदिवासी चेहरा। उसके सिर पर 1 करोड़ रुपए का इनाम था, जो 26 से अधिक घातक हमलों और 150 से अधिक हत्याओं में उसकी भूमिका का प्रतीक था।

बसवराजू : जंगल का रणनीतिकार

हिड़मा के प्रभाव क्षेत्र से बहुत दूर नहीं, नारायणपुर और बीजापुर के बीच फैले अबूझमाड़ के जटिल और घने जंगलों में, 21 मई 2025 को ऑपरेशन कगार के दौरान एक और बड़ा मोड़ आया, एक ऐसा चरण, जिसे "ब्लैक फ़ॉरेस्ट" के नाम से जाना गया। नंबाला केशव राव, उर्फ़ बसवराजू, सीपीआई (माओवादी) का महासचिव और सर्वोच्च कमांडर, लगभग पचास घंटे तक चली भीषण मुठभेड़ में मारा गया। इस दौरान 27 विद्रोही ढेर हुए।

वारंगल के रीजनल इंजीनियरिंग कॉलेज से बी.टेक करने वाला बसवराजू 1980 के दशक में सर्किट बोर्ड छोड़कर कार्बाइन थाम चुका था। 2004 में सीपीआई (माओवादी) के गठन के बाद वह विद्रोह का वैचारिक केंद्र बन गया। उसके सिर पर रखी गई 1.5 करोड़ रुपए की इनाम राशि केवल गिरफ्तारी से बच निकलने की कहानी नहीं थी, बल्कि माओवादी हिंसा के सबसे रक्तरंजित अध्यायों में उसकी भूमिका का प्रमाण थी।

बसवराजू की रणनीतियों ने अनगिनत आईईडी धमाकों और जंगलों की मुठभेड़ों को जन्म दिया। केवल दंडकारण्य क्षेत्र में ही 100 से अधिक सुरक्षा कर्मियों और नागरिकों की जान गई। विकास की सड़कें मौत के गलियारों में बदल गईं और खनन नगर जबरन वसूली के केंद्र बन गए।

बसवराजू के मारे जाने के बाद पैदा हुए नेतृत्व के खालीपन को भरने की कोशिश में सुधाकर उभरकर सामने आया। अबूझमाड़ के दुर्गम क्षेत्र में वह

कई घातक हमलों का प्रमुख रणनीतिकार बन गया, एक ऐसा चेहरा, जो परदे के पीछे रहकर हमलों की दिशा तय करता था।

वर्ष 2024–25 में उसके द्वारा किए गए हमलों में अकेले 50 से ज्यादा लोगों की जान गई। ये हमले अचानक नहीं होते थे, बल्कि पूरी योजना और तैयारी के साथ किए जाते थे। गोलियों और विस्फोटकों का ऐसा इस्तेमाल किया जाता था कि सुरक्षा बलों के गश्ती दल और जिन लोगों को मुखबिर माना जाता था, वे बच न सकें।

सुधाकर के दस्ते की संलिप्तता जनवरी 2025 के बीजापुर आईईडी हमले में भी पाई गई। इस हमले में एक वाहन को विस्फोट से उड़ा दिया गया, जिसमें आठ जिला रिज़र्व गार्ड के जवान और एक नागरिक चालक की मौत हो गई। यह घटना स्पष्ट रूप से दिखाती है कि माओवादी "जनयुद्ध" की आड़ में अक्सर निर्दोष नागरिकों को भी अपनी हिंसा की चपेट में लाते रहे।

सुधाकर का अंत तेलंगाना राज्य समिति के सदस्य भास्कर के साथ हुआ, जिन पर विभिन्न राज्यों में कुल ₹45 लाख का इनाम घोषित था। जंगल से बरामद शवों के साथ एसएलआर, एके-47 और आईएनएसएएस राइफलों का जखीरा मिला, जो यह दर्शाता है कि कभी शक्तिशाली माओवादी युद्ध मशीनरी अब अपने अंतिम चरण में थी।

इसी क्रम में 22 जनवरी 2025 को ओडिशा-छत्तीसगढ़ सीमा पर 62 वर्षीय रामचंद्र रेड्डी उर्फ़ चलपति, केंद्रीय समिति के शहरी रणनीतिकार, एक सीमा-पार मुठभेड़ में मारे गए। इस संघर्ष में 14 माओवादी ढेर हुए। चलपति पर ₹1 करोड़ का इनाम घोषित था और वह 2018 के सुकमा-बीजापुर हमलों का मुख्य सूत्रधार था, जिनमें समन्वित विस्फोट और गोलीबारी में 20 से अधिक सुरक्षा कर्मियों और नागरिकों की जान गई थी। वह माओवादी नेटवर्क को शहरी क्षेत्रों तक फैलाकर वसूली और तोड़फोड़ की गतिविधियों का संचालन कर रहा था। उसकी मृत्यु ने जंगल में सक्रिय दस्तों और शहरी "सहानुभूति रखने वालों" के बीच की कड़ियों को तोड़ दिया, जिसके बाद दर्जनों माओवादियों ने आत्मसमर्पण किया।

यह सिलसिला पहले से ही जारी था। 2 दिसंबर 2024 को कुर्साम मांगू उर्फ़ भद्रू या पापन्ना, तेलंगाना के मुलुगु जिले में छः अन्य माओवादियों के

साथ मारा गया। मांगू, राज्य समिति का सदस्य और ₹20 लाख के इनामी, अपनी आईईडी विशेषज्ञता के कारण 2024 में छत्तीसगढ़ सीमा के पास कई घातक हमलों में शामिल था। इन हमलों में दस से अधिक लोगों की जान गई थी और आसपास के ग्रामीणों में भय का माहौल पैदा हुआ।

कुछ ही सप्ताह बाद 16 जनवरी 2025 को बड़े चोक्का राव उर्फ़ दामोदर, जो माओवादी संगठन का तेलंगाना राज्य सचिव था, बीजापुर के जंगलों में मारा गया। उसकी गतिविधियाँ उसी जनवरी आईईडी हमले से जुड़ी थीं, जिसने कई परिवारों को उजाड़ दिया और विकास की ओर जाने वाली सड़कें लंबे समय तक अवरुद्ध कर दीं।

सीमा पार झारखंड के लातेहार में मई 2025 के दौरान झारखंड जन मुक्ति परिषद (जेजेएमपी) के प्रमुख पप्पू लोहारा को निष्क्रिय कर दिया गया। उस पर ₹10 लाख का इनाम घोषित था। लोहारा पर 95 से अधिक मामलों में संलिप्तता का आरोप था, जिनमें 2024 के जंगलों में किए गए घातक हमलों में 15 हत्याएँ शामिल थीं। उसके मारे जाने और उसके बाद 24 कैडरों के आत्मसमर्पण से स्पष्ट संकेत मिला कि विभाजित माओवादी गुट अब बिखरने की प्रक्रिया में थे।

इसी तरह महाराष्ट्र के गढ़चिरौली में जुलाई 2024 में विशाल अत्राम, एक डिविजनल कमांडर, मारा गया। उसके सीमा-पार हमलों में 12 लोगों की मौत हुई थी और उसकी गतिविधियाँ छत्तीसगढ़ के तथाकथित अराजक कॉरिडोर तक फैली थीं। वहीं, छत्तीसगढ़ के कांकेर में 16 अप्रैल 2024 को हुए सबसे बड़े अभियान में 29 माओवादी मारे गए। इनमें शंकर राव (₹25 लाख इनामी) भी शामिल थे, जिसने 2023-24 के दौरान 20 से अधिक कथित "मुखबिरों" की हत्या की। इस मुठभेड़ में तीन सुरक्षाकर्मी घायल हुए, लेकिन लाल झंडा गंभीर रूप से क्षत-विक्षत हो गया।

ये नौ नाम उस अवधि में मारे गए 500 से अधिक नक्सलियों के केवल शीर्ष प्रतिनिधि हैं। ये वही लोग थे जो संगठन के मस्तिष्क, हथियार चलाने वाले हाथ और वैचारिक स्तंभ थे, जिन्होंने दो दशकों तक लाल झंडे को खून से भिगोए रखा। इनके मारे जाने के साथ ही सीपीआई (माओवादी) का पोलित ब्यूरो लगभग नेतृत्वविहीन हो गया, उसकी सैन्य संरचनाएँ टूट गईं

और तथाकथित "मुक्त क्षेत्र" का सपना सिमटकर घने जंगलों में बिखरे छोटे समूहों तक सीमित रह गया।

युद्ध पूरी तरह समाप्त नहीं हुआ, लेकिन पिछले पचास वर्षों में पहली बार जंगलों की खामोशी डर से कम और शांति से पहले की संकोचपूर्ण चुप्पी अधिक प्रतीत होती है।

2024-25 में 500 से अधिक माओवादियों की मौतें, जैसा कि आधिकारिक आँकड़े बताते हैं, अलग-अलग कार्रवाई नहीं थीं, बल्कि व्यापक परिवर्तन की बुनावट का हिस्सा थीं। ऑपरेशन कगार / ब्लैक फ़ॉरेस्ट जैसे अभियानों में लगभग 20,000 सुरक्षाकर्मी तैनात किए गए थे ताकि भागने के रास्ते बंद किए जा सकें। परिणामस्वरूप तथाकथित रेड कॉरिडोर 180 जिलों से घटकर केवल 12 जिलों तक सीमित हो गया। 2015 से अब तक 10,000 से अधिक माओवादियों ने आत्मसमर्पण किया है।

फिर भी, जैसे-जैसे विद्रोह का दायरा सिमट रहा है, मानवीय क्षति की पीड़ा अब भी खत्म नहीं हुई है। आज भी गड्ढों, बारूदी सुरंगों और आईईडी विस्फोटों के निशान अपने पीछे घायल और मृतकों की कहानियाँ छोड़ जाते हैं। केवल बीजापुर में ही 2000 से अब तक लगभग 850 नागरिक अपनी जान गंवा चुके हैं। ये सिर्फ आँकड़े नहीं हैं, बल्कि वे जीवन हैं जो इस लंबे संघर्ष की आग में झुलस गए। आदिवासी समुदाय, जो न तो पूरी तरह माओवादियों के थे, न ही पूरी तरह राज्य के, इसी बीच फँसे रहे और इस त्रासदी का सबसे बड़ा बोझ उठाते रहे।

यह सच्चाई याद दिलाती है कि किसी भी संघर्ष की अंतिम कीमत अक्सर वही लोग चुकाते हैं, जिनकी आवाज़ सबसे कम सुनी जाती है।

वे इनाम, जो कभी कमांडरों पर दबाव डालने और उनकी निष्ठा सुनिश्चित करने के लिए इस्तेमाल होते थे, अब हथियार डाल चुके माओवादी नेताओं और कैदियों के पुनर्वास की दिशा में लगाए जा रहे हैं।

इस अंतिम चरण के बदलते परिदृश्य में जंगल—जो कभी विद्रोहियों को पनाह देते थे—अब शांति और पुनर्निर्माण का आश्रय बन सकते हैं। जैसे-जैसे अंतिम गोलियों की आवाज़ पत्तों की सरसराहट में मिलती जा रही है, यह कहानी अब विजय की नहीं, बल्कि एक घायल भूमि के धीरे-धीरे स्वस्थ होने की कहानी बनती जा रही है।

जंगल अब शांत हैं। वे वही स्थान हैं, जहाँ कभी अछूत माने जाने वाले वारलॉर्ड्स (ऐसे शक्तिशाली स्थानीय नेता जो किसी क्षेत्र पर अपनी निजी सेना के बल पर नियंत्रण रखते हैं।) ने आदिवासी गाँवों को नरसंहार के मैदान और राष्ट्रीय राजमार्गों को कब्रिस्तान बना दिया था। ये वारलॉर्ड्स अब एक-एककर निशाना बनाकर समाप्त कर दिए गए हैं। उनके शव झाड़ियों से बाहर निकाले गए या नुकीले गड्ढों से बरामद उस विद्रोह के अंतिम अध्याय की गवाही देते हैं, जिसने उन्हीं लोगों को निगल लिया, जिन्हें वह मुक्ति देने का दावा करता था।

भाग 3

अध्याय सात

शहरी नक्सलवाद : संगठित अराजकता के व्हाइट-कॉलर सहायक, नेटवर्क और संरक्षक

“एक और बड़ी चुनौती शहरी नक्सलवाद है। शहरी नक्सलवाद का दायरा अंतरराष्ट्रीय स्तर तक पहुँच रहा है। अगर वे साल में एक-दो बार मोदी के बारे में कुछ सकारात्मक ट्वीट कर दें या टीवी पर कुछ सकारात्मक कह दें या किसी अख़बार में कुछ सकारात्मक लिख दें तो कुछ पत्रकार उन्हें इतना अपमानित कर देते हैं कि उन्हें घेरा जाता है और छूने तक योग्य नहीं माना जाता। उन्हें इस तरह चुप कराया जाता है कि वे कभी फिर बोल न सकें। यही शहरी नक्सलवाद की विधि है”

—नरेन्द्र मोदी, भारत के प्रधानमंत्री (जनवरी 2026)

‘शहरी नक्सल’ शब्द का उद्भव और उसका महत्त्व : वामपंथी उग्रवाद की छिपी हुई शाखा

समकालीन भारत में ‘शहरी नक्सल’ शब्द एक अहम और प्रभावशाली संज्ञा के रूप में सामने आया है। इसका इस्तेमाल उन शहरी, शिक्षित लोगों या समूहों के लिए किया जाता है, जो माओवादी आंदोलन को विचारों, कानूनी मदद, प्रचार या अन्य तरीकों से समर्थन देते हैं। यह केवल एक राजनीतिक आरोप नहीं माना जाता, बल्कि माओवादी संगठनों की उस रणनीति से जुड़ा है, जिसमें शहरों के जरिए अपने आंदोलन को जिंदा रखने की कोशिश की जाती है, खासकर तब, जब ग्रामीण इलाकों में उन्हें नुकसान झेलना पड़ रहा हो।

प्रधानमंत्री नरेन्द्र मोदी द्वारा सार्वजनिक मंचों पर ‘शहरी नक्सल’ शब्द का बार-बार उपयोग और इसके साथ प्रयुक्त शब्द ‘आंदोलनजीवी’ (जो लगातार आंदोलनों में जीवित रहते हैं) ने इस अवधारणा को सामान्य बनाया और आम नागरिकों को इस खतरे के प्रति सचेत किया। यह खतरा अक्सर मानवाधिकार और अकादमिक स्वतंत्रता के आवरण में खुलकर संचालित होता है।

शहरी नक्सलों की पहचान करना असहमति पर हमला नहीं है; यह संवैधानिक लोकतंत्र की रक्षा है—उन तत्त्वों के खिलाफ, जो प्रत्यक्ष या परोक्ष रूप से उन शक्तियों का समर्थन करते हैं, जिन्होंने “क्रांति” के नाम पर हजारों सुरक्षाकर्मियों और निर्दोष आदिवासियों की जान ली है।

नक्सलवाद की ऐतिहासिक जड़ें और उसका "शहरी" स्वरूप

नक्सलवादी आंदोलन की शुरुआत भले ही 1967 में एक ग्रामीण सशस्त्र विद्रोह के रूप में हुई हो, लेकिन आरंभिक दौर से ही इसके नेतृत्व को यह स्पष्ट समझ थी कि अंतिम विजय केवल जंगलों में नहीं, बल्कि शहरों में जड़ें जमाए बिना संभव नहीं है। चारू मजूमदार ने अपने लेखन में छात्रों, बुद्धिजीवियों और सांस्कृतिक कर्मियों को शहरी क्षेत्रों में संगठित करने की आवश्यकता पर विशेष बल दिया था।

सीपीआई (माओवादी) के 2004 के दस्तावेज़ "अर्बन पर्सपेक्टिव" में इस रणनीति को बहुत साफ तरीके से समझाया गया है। इसमें बताया गया है कि शहरों का इस्तेमाल कैसे भर्ती करने, पैसे जुटाने, कानूनी मदद पाने और अलग-अलग आंदोलनों के आधार के रूप में किया जा सकता है। खुद इस दस्तावेज़ में माना गया है कि अगर यह शहरी समर्थन तंत्र न हो, तो उनका "लंबा जनयुद्ध" टिक नहीं सकता।

आज जब माओवादी आंदोलन ने व्यापक क्षेत्रीय क्षति झेली है, तब भी उसकी हिंसक क्षमता का पूरी तरह समाप्त न होना इस बात का संकेत है कि यह शहरी नेटवर्क अब भी सक्रिय और प्रभावी बना हुआ है। इसलिए इस नेटवर्क को उजागर करना और ध्वस्त करना उतना ही आवश्यक है, जितना जंगलों में सक्रिय सशस्त्र कैडरों के विरुद्ध युद्धक्षेत्र में निर्णायक सफलता हासिल करना।

शब्द-गठन की प्रक्रिया : विवेक अग्निहोत्री का समयोचित हस्तक्षेप

फिल्मकार और लेखक विवेक अग्निहोत्री ने 2017-18 के दौरान अपने लेखन, साक्षात्कार और *अर्बन नक्सल* पुस्तक के माध्यम से 'अर्बन नक्सल' शब्द को पहली बार व्यापक रूप से प्रचलित किया। जब्त किए गए माओवादी साहित्य और अपने निजी अनुभवों के आधार पर अग्निहोत्री ने यह दिखाया कि किस प्रकार शहरी अभिजात वर्ग का एक हिस्सा सशस्त्र विद्रोह को रोमानीकृत करता है, जबकि वही वर्ग उस व्यवस्था के विशेषाधिकारों का आनंद भी उठाता है, जिसे वह उखाड़ फेंकने की बात करता है।

इस पहल का समय अत्यंत निर्णायक साबित हुआ। कुछ ही महीनों के भीतर 2018 के भीमा कोरेगाँव हिंसा मामले में पुणे पुलिस की जाँच के दौरान ऐसे पत्र

और दस्तावेज़ सामने आए, जिन्होंने इसी प्रकार के शहरी समर्थन नेटवर्क के अस्तित्व की पुष्टि की। कई चर्चित कार्यकर्ताओं की गिरफ्तारी ने यह स्पष्ट किया कि "अर्बन नक्सल" कोई काल्पनिक या सैद्धांतिक खतरा नहीं है, बल्कि आज के भारत में वास्तविक और सक्रिय चुनौती है।

राजनीतिक इच्छाशक्ति और जन-जागरूकता के माध्यम से सामान्यीकरण

वास्तविक निर्णायक मोड़ तब आया जब प्रधानमंत्री नरेन्द्र मोदी ने अपने प्रमुख सार्वजनिक भाषणों में 'अर्बन नक्सल' शब्द का लगातार प्रयोग शुरू किया। 2017 के बाद से उन्होंने देश को इस खतरे के प्रति आगाह किया—खतरा जो राजनीति, मीडिया, शिक्षा जगत और यहाँ तक कि विपक्षी दलों में भी पैठ बना चुका था।

प्रधानमंत्री मोदी ने बार-बार समझाया कि ये तत्त्व सुरक्षा बलों का मनोबल तोड़ने, आदिवासी क्षेत्रों में विकास परियोजनाओं को बाधित करने और ऐसी कथाएँ गढ़ने का काम करते हैं, जिनमें भारतीय राज्य उत्पीड़क और हथियारबंद माओवादी पीड़ित के रूप में प्रस्तुत किए जाते हैं।

"अर्बन नक्सल" को लगातार "टुकड़े-टुकड़े गैंग" और बाद में "आंदोलनजीवी" से जोड़ते हुए, प्रधानमंत्री ने इस विचारधारा के रोमानी आवरण को हटाया और उसके अराजकतावादी मूल को उजागर किया। चाहे यह जंगलों में एके-47 के माध्यम से हो या राजधानी में अव्यवस्थित प्रदर्शनों के रूप में—अराजकता का कोई स्थान परिपक्व लोकतंत्र में नहीं है, जहाँ मतभेदों का समाधान हिंसा और भय से नहीं, बल्कि चुनाव और संस्थाओं के माध्यम से किया जाता है।

प्रधानमंत्री मोदी की भूमिका : एक शब्द को राष्ट्रीय चेतावनी में बदलना

नरेन्द्र मोदी से अधिक प्रभावी ढंग से 'अर्बन नक्सल' शब्द को मुख्यधारा में लाने वाला कोई अन्य नेता नहीं हो सकता था। गुजरात (2017), संसद (2022), भोपाल (2023), कुरुक्षेत्र (2024), वर्धा (2024), रिपब्लिक समिट (2025) और रामनाथ गोयनका व्याख्यान (2025) में दिए गए अपने

भाषणों में उन्होंने लगातार एक ही संदेश दृढ़ता से दोहराया : अर्बन नक्सल वह भूमिगत हिंसक सेना का खुला चेहरा है, जिसने वर्ष 2000 के बाद से 15,000 से अधिक भारतीयों की हत्या की है।

2025 तक जब उन्होंने संसद में यह कहा कि राहुल गांधी "अर्बन नक्सलों की भाषा" बोल रहे हैं, तब यह शब्द रोज़मर्रा की राजनीतिक शब्दावली का हिस्सा बन चुका था। यह कोई भाषणगत अतिशयोक्ति नहीं थी, बल्कि एक सुनियोजित जन-शिक्षा अभियान था, जिसका उद्देश्य नागरिकों को उन तत्त्वों की पहचान करने और अस्वीकार करने में सक्षम बनाना था, जो आतंक को बौद्धिक वैधता प्रदान करते हैं।

सहायक शब्द : 'आंदोलनजीवी' जन-आंदोलनों पर पलने वाले परजीवी

फ़रवरी 2021 में प्रधानमंत्री मोदी ने 'आंदोलनजीवी' शब्द पेश किया। यह उन पेशेवर आंदोलनकारियों को परिभाषित करता है, जो समस्याओं के समाधान के लिए नहीं, बल्कि देश को स्थायी अस्थिरता में बनाए रखने के लिए एक आंदोलन से दूसरे आंदोलन में कूदते रहते हैं।

सीएए विरोधी आंदोलन से लेकर किसान आंदोलनों और विकास परियोजनाओं को रोकने वाले तथाकथित पर्यावरणीय प्रदर्शन—वही चेहरे और संगठन बार-बार सामने आते हैं, जो अक्सर माओवादी नैरेटिव को ही दोहराते हैं। प्रधानमंत्री मोदी ने "आंदोलनजीवी" को "अर्बन नक्सल" से जोड़कर स्पष्ट कर दिया कि चाहे हिंसक हों या कथित रूप से अहिंसक—लगातार अराजकता फैलाने की प्रवृत्ति अंततः एक ही राष्ट्रविरोधी उद्देश्य की पूर्ति करती है।

लोकतंत्र—बहस और शांतिपूर्ण विरोध से फलता-फूलता है, न कि सुनियोजित अराजकता से, जो सशस्त्र विद्रोहियों को परोक्ष संरक्षण देती है। "अर्बन नक्सल" की यात्रा—एक फिल्मकार की अंतर्दृष्टि से प्रधानमंत्री मोदी के राष्ट्रीय आह्वान तक—स्वतंत्र भारत के इतिहास के सबसे सफल जन-जागरूकता अभियानों में से एक का प्रतीक है। इसने लाखों नागरिकों को यह समझाया कि वामपंथी उग्रवाद केवल दूर-दराज़ के जंगलों तक सीमित नहीं

है; शहरों में उसका परिष्कृत समर्थन तंत्र भी मौजूद है, जिसे कानूनसम्मत तरीकों से पहचानना और निष्क्रिय करना आवश्यक है।

एक परिपक्व लोकतंत्र में आलोचना और सुधार के लिए पूरी जगह होती है, लेकिन उन लोगों के लिए जगह नहीं हो सकती जो सीधे या परोक्ष रूप से हिंसक विचारधारा को बढ़ावा देते हैं। वही विचारधारा जिसने आदिवासी समाज को नुकसान ही पहुँचाया है, भले ही उसके नाम पर संरक्षण का दावा किया जाता हो। इसलिए ऐसे तत्वों की पहचान करना किसी तरह की तानाशाही नहीं, बल्कि देश की संवैधानिक व्यवस्था को उसके भीतर के खतरों से बचाने का एक जिम्मेदार कदम माना जा सकता है।

कुख्यात गतिविधियों का नेटवर्क

भारत में वामपंथी उग्रवाद का सामना कभी केवल बस्तर, गढ़चिरौली या झारखंड की पहाड़ियों तक सीमित नहीं रहा। जहाँ एक ओर सशस्त्र कैडर दूर-दराज़ क्षेत्रों में गुरिल्ला युद्ध छेड़े हुए थे, वहीं शहरों में एक समानांतर वैचारिक संघर्ष जारी था—विश्वविद्यालयों, समाचार कक्षों, अदालतों, प्रकाशन गृहों और मानवाधिकार मंचों तक फैला।

यहीं से 'अर्बन नक्सल' शब्द सामने आया। एक ऐसा शब्द, जिसका इस्तेमाल कुछ लोग उन लोगों के लिए करते हैं, जिन्हें वे माओवादी उग्रवाद को विचारों या समर्थन के जरिए मदद करते हुए देखते हैं। वहीं, जिन पर यह आरोप लगाया जाता है, वे इसे पूरी तरह नकारते हैं और कहते हैं कि उनका काम सिर्फ लोकतांत्रिक अधिकारों के तहत सक्रियता, शोध या असहमति व्यक्त करना है।

अब यह बहस सिर्फ बंदूक और सरकार के बीच नहीं रह गई है। असली सवाल यह बन गया है कि हिंसा, विद्रोह और न्याय को लोगों के सामने कैसे पेश किया जाता है, उन्हें सही ठहराया जाता है या चुनौती दी जाती है। समय के साथ यह एक वैचारिक टकराव बन गया है, जहाँ एक तरफ सुरक्षा को प्राथमिकता देने वाली सोच है और दूसरी तरफ अधिकारों के नाम पर विरोध करने वाली सोच। दोनों ही विचारधाराएँ खुद को सही मानती हैं।

प्रारंभिक वैचारिक आधार : शब्द के प्रचलन से पहले की पृष्ठभूमि

'अर्बन नक्सल' शब्द के सार्वजनिक विमर्श में आने से बहुत पहले ही भारत के मार्क्सवादी बौद्धिक जगत में क्रांतिकारी हिंसा की वैधता को लेकर एक वैचारिक ढाँचा तैयार हो चुका था। 1960 और 1970 के दशक में नक्सलबाड़ी विद्रोह के बाद अकादमिक और साहित्यिक वामपंथ के कुछ वर्गों ने सशस्त्र संघर्ष को किसी अपराध की तरह नहीं, बल्कि गहरे संरचनात्मक अन्याय के विरुद्ध एक स्वाभाविक और आवश्यक प्रतिक्रिया के रूप में प्रस्तुत किया। इसे वर्ग-संघर्ष और सामंती व्यवस्था के विरुद्ध ऐतिहासिक परिवर्तन की प्रक्रिया के रूप में देखा गया।

क्रांतिकारी कविताओं, पत्रिकाओं और बंद समूहों में होने वाली चर्चाओं के ज़रिए एक ऐसी भाषा बनाई गई, जिसमें विद्रोह करने वालों को अपराधी नहीं, बल्कि बदलाव लाने वाली ताकत के रूप में दिखाया गया। यही सोच आगे भी बार-बार सामने आती रही, खासकर तब जब माओवादी आंदोलन और ज्यादा संगठित, हिंसक और खतरनाक होता गया।

1990 के बाद का अधिकार-आधारित विमर्श और शहरी झुकाव

1990 के दशक के बाद, खासकर 2000 की शुरुआत तक, माओवादी प्रभाव सिर्फ जंगलों और दूर इलाकों तक सीमित नहीं रहा। इसके साथ-साथ शहरों में भी एक नया वैचारिक और संगठित ढांचा बनने लगा। इसमें अधिकारों की बात करने वाले संगठन, कानूनी मदद देने वाले समूह, वैकल्पिक मीडिया प्लेटफॉर्म और विश्वविद्यालयों से जुड़े चर्चा मंच शामिल थे।

इसके आलोचकों का तर्क है कि यह शहरी नेटवर्क खुद हथियार नहीं उठाता, लेकिन माओवादी हिंसा को विचारों के स्तर पर सही ठहराने का काम करता है। उनके अनुसार, इस हिंसा को अक्सर विस्थापन, खनन या सरकारी कार्रवाई के खिलाफ "प्रतिरोध" के रूप में दिखाया गया, जबकि यह बात कम ही सामने आती है कि इसी हिंसा में आम नागरिक, शिक्षक, जनप्रतिनिधि और सुरक्षा बल भी निशाना बनाए जाते हैं।

दूसरी ओर, इन आंदोलनों के समर्थकों का तर्क था कि राज्य की ज्यादतियों, मानवाधिकार उल्लंघनों और गहरे संरचनात्मक अन्याय को सामने

लाना लोकतंत्र की बुनियादी ज़िम्मेदारी है। उनके अनुसार सत्ता से सवाल पूछना और पीड़ित समुदायों की आवाज़ बनना, किसी भी सभ्य लोकतांत्रिक व्यवस्था का आवश्यक अंग है।

इन्हीं दो दृष्टिकोणों के बीच का यह तनाव आने वाले वर्षों तक सार्वजनिक विमर्श की केंद्रीय धुरी बना रहा—जहाँ एक पक्ष इसे राष्ट्र की आंतरिक सुरक्षा का प्रश्न मानता रहा, वहीं दूसरा इसे अधिकारों और जवाबदेही की लड़ाई के रूप में देखता रहा।

लेखक और विचारक : नक्सल नैरेटिव के उत्प्रेरक

अरुंधति रॉय :

2000 के दशक के उत्तरार्ध और 2010 के शुरुआती वर्षों में, जब माओवादी उग्रवाद को लेकर राष्ट्रीय बहस अपने चरम पर थी, अरुंधति रॉय भारत की सबसे चर्चित और विवादास्पद बौद्धिक आवाज़ों में उभरकर सामने आईं। उनका निर्णायक हस्तक्षेप नवंबर 2009 में *आउटलुक* पत्रिका में प्रकाशित निबंध "मिस्टर चिदंबरम्स वॉर" के ज़रिए हुआ, जिसे बाद में 2011 में प्रकाशित उनकी पुस्तक *वॉकिंग विद द कॉमरेड्स* में शामिल किया गया।

इस लेख में रॉय ने मध्य भारत के आदिवासी इलाक़ों में सक्रिय माओवादी आंदोलन को "स्वतंत्रता के बाद भारत का सबसे महत्त्वपूर्ण प्रतिरोध आंदोलन" बताया। उन्होंने माओवादियों को आतंकवादी संगठन के रूप में देखने के बजाय, राज्य-समर्थित खनन और आधारभूत संरचना परियोजनाओं से हो रहे हिंसक विस्थापन के विरुद्ध आदिवासियों के रक्षक के रूप में प्रस्तुत किया। यह लेख उस समय सामने आया, जब 2009 में तत्कालीन गृह मंत्री पी. चिदंबरम के नेतृत्व में यूपीए सरकार ने माओवाद के विरुद्ध समन्वित अभियान "ऑपरेशन ग्रीन हंट" शुरू किया था।

2010 में अरुंधति रॉय ने छत्तीसगढ़ के दंडकारण्य जंगलों में पीपुल्स लिबरेशन गुरिल्ला आर्मी की एक टुकड़ी के साथ लगभग तीन सप्ताह बिताए। इसके बाद मार्च 2010 में *आउटलुक* में प्रकाशित उनका लेख "वाकिंग विद द कॉमरेड्स" सामने आया, जिसमें उन्होंने माओवादी जीवन और विचारधारा को एक सहानुभूतिपूर्ण, प्रत्यक्ष अनुभव के रूप में प्रस्तुत किया।

इस लेख ने उस "रोमांटिक क्रांतिकारी" छवि को और मजबूत किया, जिसमें विद्रोहियों को एक ऐसे योद्धा के रूप में दिखाया गया, जो कथित कॉरपोरेट-राज्य गठजोड़ के खिलाफ संघर्ष कर रहे हैं, जहाँ जंगल सिर्फ संघर्ष का मैदान नहीं, बल्कि एक वैकल्पिक दुनिया की संभावना के रूप में उभरता है।

सबसे तीखी प्रतिक्रिया 6 अप्रैल 2010 को दंतेवाड़ा में हुए भीषण माओवादी हमले के बाद देखने को मिली, जो दशकों में भारतीय सुरक्षा बलों पर हुए सबसे घातक हमलों में से एक था। इस हमले के तुरंत बाद दिए गए साक्षात्कारों और लेखों में रॉय ने माओवादियों की स्पष्ट निंदा करने से इनकार किया। *तहलका* और बाद में द *गार्जियन* में दिए गए उनके व्यापक रूप से उद्धृत बयानों में उन्होंने इस हमले को "प्रतिशोध" बताया और कहा कि वास्तविक हिंसा राज्य और खनन कंपनियों द्वारा चलाई जा रही "गरीबों के खिलाफ जंग" है।

उनका बहुचर्चित कथन था, "अगर सरकार गाँव जलाती रहे, लोगों को मारती रहे, खनन कंपनियों के लिए जंगल साफ करती रहे... तो लोग प्रतिकार करेंगे। और दंतेवाड़ा में वही हुआ।"

इन टिप्पणियों ने देशभर में तीव्र प्रतिक्रिया को जन्म दिया। तत्कालीन गृह मंत्री पी. चिदंबरम ने उनके बयानों को "भयानक" बताते हुए जवानों की हत्या को जायज़ ठहराने का आरोप लगाया। भाजपा नेता अरुण जेटली ने उनके खिलाफ देशद्रोह का मुकदमा चलाने की माँग की। कई टीवी एंकरों और स्तंभकारों ने उन्हें "माओवादी समर्थक" बताते हुए आतंकवाद के महिमामंडन का दोषी ठहराया। 2010 में छत्तीसगढ़ हाईकोर्ट में एक जनहित याचिका भी दायर की गई, जिसमें माओवादियों का "गौरवगान" करने के आरोप में उनके विरुद्ध कार्रवाई की माँग की गई। उसी वर्ष जब रॉय कथित राज्य अत्याचारों के पीड़ितों से मिलने दंतेवाड़ा गईं, तब कांग्रेस-शासित छत्तीसगढ़ सरकार ने उनके खिलाफ गिरफ्तारी की संभावना पर भी संक्षेप में विचार किया।

वहीं उनके समर्थकों, जिनमें मानवाधिकार कार्यकर्ता, वाम-उदारवादी बुद्धिजीवी और आदिवासी अधिकार संगठन शामिल थे, ने उनका बचाव करते हुए कहा कि रॉय उन गिनी-चुनी मुख्यधारा की आवाज़ों में से थीं, जिन्होंने सलवा जुडूम की बर्बरता, टाटा स्टील और एस्सार जैसी परियोजनाओं के

लिए हुए बड़े पैमाने पर जबरन विस्थापन और पंचायत (अनुसूचित क्षेत्रों में विस्तार) अधिनियम, 1996 (पीईएसए) के व्यवस्थित उल्लंघन को उजागर किया। पीईएसए कानून आदिवासी क्षेत्रों में भूमि अधिग्रहण के लिए ग्राम सभा की सहमति को अनिवार्य बनाता है, जिसे व्यवहार में लगातार नज़रअंदाज़ किया गया।

उनके समर्थकों का कहना था कि रॉय बस अपना काम कर रही थीं। वह सरकार से सवाल पूछ रही थीं और कमजोर लोगों की बात सामने रखने का प्रयास कर रही थीं।

इस पूरे विवाद ने एक स्थायी वैचारिक विभाजन को जन्म दिया। आलोचकों के लिए, जिनमें मुख्यधारा का मीडिया, सुरक्षा प्रतिष्ठान और कांग्रेस व भाजपा दोनों सरकारें शामिल थीं, रॉय के विचार सशस्त्र विद्रोह को वैध ठहराने और भारतीय राज्य के विरुद्ध हिंसा को औचित्य प्रदान करने के समान थे। वहीं उनके समर्थकों का मानना था कि उनके लेखों और वक्तव्यों ने संघर्ष के मूल कारणों—भूमि से बेदखली, संसाधनों का दोहन और राज्य दमन—पर एक असहज लेकिन आवश्यक राष्ट्रीय मंथन को मजबूर किया, जिसे आधिकारिक विमर्श लंबे समय तक दबाता रहा।

आज भी दंतेवाड़ा प्रकरण वह सबसे अधिक उद्धृत उदाहरण है, जिसके आधार पर रॉय पर "माओवादियों का पक्ष लेने" का आरोप लगाया जाता है। इसके बावजूद, उसी दौर के उनके लेख आज भी उत्तर-औपनिवेशिक प्रतिरोध, सबाल्टर्न अध्ययन और भारत में विकास की राजनीतिक अर्थव्यवस्था से जुड़े अकादमिक पाठ्यक्रमों में अनिवार्य पठन सामग्री बने हुए हैं।

रामचंद्र गुहा :

"अर्बन नक्सल" की बहस में जिन बुद्धिजीवियों का नाम अक्सर चर्चा में आता है, उनमें रामचन्द्र गुहा अग्रिम पंक्ति में हैं। उनका नाम भारत के सबसे जाने-माने और सम्मानित इतिहासकारों में से एक हैं। द *टेलीग्राफ* और *हिंदुस्तान टाइम्स* जैसे प्रमुख समाचारपत्रों में वे लंबे समय तक नियमित स्तंभकार रहे हैं और *इंडिया आफ़्टर गाँधी* तथा *गाँधी बिफ़ोर इंडिया* जैसी चर्चित पुस्तकों के लेखक हैं। यही वजह है कि न केवल उनके समर्थक, बल्कि उनके विरोधी भी

नक्सलवाद पर उनके विचारों को गंभीरता से लेते हैं और हर बात को बहुत ध्यान और बारीकी से परखते हैं।

नक्सलवाद पर उनके द्वारा अगस्त 2007 में *इकोनॉमिक एंड पॉलिटिकल वीकली* में "आदिवासीज़, नक्सलाइट्स एंड इंडियन डेमोक्रेसी" लेख में उनका विचार मुखरता से सामने आया। यह लेख ऐसे समय लिखा गया था जब यूपीए सरकार छत्तीसगढ़ में सलवा जुड़ूम जैसे अभियानों की दिशा में आगे बढ़ रही थी और माओवादी आंदोलन अपने विस्तार के चरम दौर में था। इस लेख में गुहा ने नक्सलवाद, आदिवासी असंतोष और भारतीय लोकतंत्र के अंतर्संबंधों पर चार मूलभूत तर्क रखे, जिन्होंने आगे चलकर इस पूरी बहस की दिशा और विभाजन रेखाएँ तय कर दीं।

आदिवासी विस्थापन की ऐतिहासिक निरंतरता :

रामचंद्र गुहा का मानना है कि माओवादी आंदोलन अचानक शुरू हुई हिंसा नहीं है, बल्कि आदिवासी समाज के लंबे समय से चले आ रहे उपेक्षा और विस्थापन का परिणाम है। उनके अनुसार, इसकी शुरुआत औपनिवेशिक समय में जमीन छिनने से हुई और आज़ादी के बाद बड़े प्रोजेक्ट जैसे - नर्मदा, कोयल-कारो और बोधघाट के कारण यह समस्या और बढ़ी। हाल के वर्षों में मध्य भारत में बढ़ते खनन कार्यों ने इस स्थिति को और गंभीर बना दिया।

अपने तर्क को मजबूती देने के लिए गुहा ठोस आँकड़ों का सहारा लेते हैं। वे वाल्टर फर्नांडिस के अध्ययन का उल्लेख करते हुए बताते हैं कि 1951 से 1990 के बीच विकास परियोजनाओं के कारण लगभग 2.13 करोड़ लोग विस्थापित हुए, जिनमें 85 लाख आदिवासी थे। चिंताजनक तथ्य यह है कि इनमें से केवल लगभग 25 प्रतिशत लोगों का ही समुचित पुनर्वास हो पाया।

राज्य की विफलता : भर्ती का माध्यम

रामचंद्र गुहा का मानना था कि भारतीय राज्य आदिवासी क्षेत्रों में अपनी बुनियादी जिम्मेदारियाँ निभाने में लगातार और व्यवस्थित रूप से विफल रहा है—चाहे वह शिक्षा हो, स्वास्थ्य सेवाएँ हों या न्याय तक पहुँच। माओवादी प्रभाव वाले इलाकों में राज्य की उपस्थिति अक्सर केवल पुलिस थाने या वन

विभाग तक सीमित रही, जिन्हें स्थानीय लोग कल्याणकारी संस्थाओं के रूप में नहीं, बल्कि नियंत्रण और दमन के प्रतीकों के रूप में देखते थे।

रामचंद्र गुहा का मानना है कि जब सरकार अपनी जिम्मेदारी ठीक से नहीं निभा पाती, तो एक खाली जगह बन जाती है। इसी खाली जगह का फायदा माओवादियों को मिला। जब शासन और प्रशासन मौजूद नहीं दिखा, तब माओवादियों के "अपना शासन" और जल्दी न्याय देने के दावे गरीब और वंचित लोगों को आकर्षित करने लगे। इस तरह सरकार की कमजोरी सिर्फ एक कारण नहीं रही, बल्कि माओवादी आंदोलन के लिए लोगों को जोड़ने का प्रयास इस आंदोलन की सफलता का बड़ा जरिया बन गई।

हिंसा की निंदा—लेकिन एक महत्त्वपूर्ण शर्त के साथ

रामचंद्र गुहा ने नक्सली हिंसा की स्पष्ट और बिना किसी संकोच के निंदा की। उन्होंने साफ लिखा कि माओवादी उन सैकड़ों पुलिसकर्मियों, निर्वाचित प्रतिनिधियों और आम नागरिकों की हत्या की नैतिक ज़िम्मेदारी से बच नहीं सकते।

लेकिन इसके साथ ही उन्होंने एक ज़रूरी शर्त भी जोड़ी। गुहा का तर्क था कि केवल हथियार उठाने वालों को ही कटघरे में खड़ा करना पर्याप्त नहीं है; राज्य को भी उन हज़ारों आदिवासियों के जीवन के विघटन की नैतिक ज़िम्मेदारी स्वीकार करनी चाहिए, जिनकी ज़मीन, आजीविका और सामाजिक संरचना औद्योगीकरण, खनन और वन-आरक्षण नीतियों के कारण प्रभावित हुई।

यहीं से विवाद की रेखा खिंचती है। अनेक पाठकों और आलोचकों को यह समानांतर नैतिक आकलन एक तरह की झूठी समानता (फॉल्स इक्विवेलेंस) लगा, मानो राज्य की नीतिगत विफलताओं और सशस्त्र हिंसा को एक ही नैतिक तराज़ू पर तौला जा रहा हो।

"साक्षी बनने" का नैतिक दायित्व :

लेख का सबसे अधिक विवादित हिस्सा उसके अंत में आता है। यहाँ रामचंद्र गुहा शहरी बुद्धिजीवियों और पत्रकारों की भूमिका पर सीधा सवाल उठाते हैं। उनका कहना था कि जो लोग महानगरों में रहते हैं और अख़बारों व पत्रिकाओं में लिखते हैं, उनका नैतिक कर्तव्य है कि वे आदिवासी इलाक़ों में हो रहे कष्टों

के साक्षी बनें—चाहे वह पीड़ा राज्य की नीतियों से उपजी हो या नक्सलियों की हिंसा से।

गुहा ने यह भी सुझाव दिया कि दिल्ली या बेंगलुरु में बैठे विद्वानों और पत्रकारों को समय-समय पर दंतेवाड़ा और बीजापुर जैसे ज़िलों में जाना चाहिए। उन्हें वहाँ न तो समाधान सुझाने के लिए, न ही नैतिक उपदेश देने के लिए, बल्कि केवल देखने, समझने और ईमानदारी से रिपोर्ट करने के लिए जाना चाहिए।

उनके समर्थकों और कई अंतरराष्ट्रीय विद्वानों के लिए यह अपील वेरियर एल्विन और महाश्वेता देवी जैसी परंपरा की अगली कड़ी थी, जहाँ ज़मीन की सच्चाई को करीब से समझकर, हाशिए पर खड़े लोगों की पीड़ा को संवेदनशीलता के साथ सामने लाया जाता है।

लेकिन "अर्बन नक्सल" विमर्श के उभार के बाद यही अंश गुहा के आलोचकों के लिए सबसे बड़ा प्रमाण बन गया। उनके अनुसार "साक्षी बनने" की यह भाषा खतरनाक रूप से द्विअर्थी थी, जिसमें हिंसा की स्पष्ट निंदा और उसकी सौंदर्यात्मक प्रस्तुति के बीच की रेखा धुंधली हो जाती है।

2018 में भाजपा समर्थक पत्रिका *स्वराज्य* ने "द एस्थेटिसाईजेशन ऑफ वायलेंस : हाउ रामचंद्र गुहा रोमांटिसाइज्ड नक्सलिज्म" शीर्षक से एक विस्तृत आलोचना प्रकाशित की। इसमें तर्क दिया गया कि "साक्षी" बनने की यह शब्दावली सशस्त्र विद्रोह को नैतिक-बौद्धिक आवरण देती है और हिंसा को एक बौद्धिक अनुभव की तरह प्रस्तुत करती है।

उसी वर्ष भीमा कोरेगाँव मामले के दौरान गुहा का 2007 का यह लेख बार-बार सोशल मीडिया और टेलीविज़न बहसों में उद्धृत किया गया। इसे उदाहरण के रूप में पेश किया गया कि कैसे प्रतिष्ठित उदार बुद्धिजीवियों ने भी कभी विद्वत्ता और सहानुभूति के नाम पर माओवादी प्रभावित क्षेत्रों में जाने और उन्हें समझने की वकालत की थी—एक ऐसी वकालत, जिसे अब राष्ट्रीय सुरक्षा के संदर्भ में संदेह की दृष्टि से देखा जाने लगा।

बाद के वर्षों में रामचंद्र गुहा ने माओवाद के प्रति किसी भी प्रकार की सहानुभूति से स्वयं को साफ तौर पर अलग किया है। *द प्रिंट* (2021) और *द टेलीग्राफ* (2023) को दिए गए साक्षात्कारों में उन्होंने माओवादियों को एक

"आपराधिक उद्यम" कहा, जो ठेकेदारों से जबरन वसूली करता है और लेवी देने से इनकार करने वाले निर्दोष आदिवासियों की हत्या तक कर देता है।

फिर भी, उन्होंने न तो अपने 2007 के लेख में दिए गए मूल ऐतिहासिक तर्कों से सार्वजनिक रूप से पीछे हटने की घोषणा की है और न ही "साक्षी बनने" की अपनी अवधारणा को पूरी तरह त्यागा है। यही अस्पष्टता उन्हें आज भी आलोचकों की निगाह में बनाए रखती है। परिणामस्वरूप, वे अक्सर अरुंधति रॉय के साथ एक ही श्रेणी में उद्धृत कर दिए जाते हैं, जबकि दोनों के दृष्टिकोणों, भाषा और निष्कर्षों में वास्तविक अंतर काफ़ी गहरा है।

इसी संदर्भ में रामचन्द्र गुहा का उदाहरण "अर्बन नक्सल" बहस के एक अहम पहलू को सामने लाता है। यह दिखाता है कि माओवादी हिंसा को समझने और उसके कारणों पर संतुलित, अकादमिक तरीके से बात करने की कोशिश भी कई बार विवाद में आ जाती है। खासकर तब, जब उस हिंसा के पीछे की विचारधारा की साफ और कठोर आलोचना नहीं की जाती। ऐसी स्थिति में, कुछ लोग इन प्रयासों को, चाहे सही हो या गलत, वामपंथी उग्रवाद के प्रति परोक्ष समर्थन के रूप में देखने लगते हैं।

एक परिपक्व लोकतंत्र में ऐतिहासिक विश्लेषण, नैतिक प्रश्न और साक्ष्य-आधारित विमर्श पूरी तरह वैध बौद्धिक गतिविधियाँ हैं। लेकिन जब इन्हें ऐसे संगठनों को "ऑक्सीजन" देने वाला माना जाने लगे, जो आईईडी लगाते हैं, "जन अदालतों" के नाम पर हत्याएँ करते हैं और भय के माध्यम से शासन चलाते हैं, तब राज्य और समाज—दोनों को उन्हें चुनौती देने का न केवल अधिकार, बल्कि दायित्व भी होता है।

ज्याँ द्रेज़, अमित भादुड़ी और गौतम नवलखा :

ये तीनों व्यक्ति "अर्बन नक्सल" बहस के उस चेहरे का प्रतिनिधित्व करते हैं, जिनका अक्सर जिक्र किया जाता है। ये सभी पढ़े-लिखे हैं और अपने-अपने क्षेत्र में अंतरराष्ट्रीय पहचान रखने वाले लोग हैं। फिर भी, सरकार, जाँच एजेंसियों और कुछ मीडिया वर्गों द्वारा बार-बार यह कहा गया है कि इनके विचारों ने माओवादी हिंसा को बौद्धिक स्तर पर सही ठहराने में भूमिका निभाई है।

ज्याँ द्रेज़

ज्याँ द्रेज़ का जन्म बेल्जियम में हुआ था, परंतु उन्होंने भारत को अपनी कर्मभूमि बनाया। वह विकासवादी अर्थशास्त्र के बड़े प्रवर्तक माने जाते हैं। उन्होंने नोबेल पुरस्कार विजेता अमर्त्य सेन के साथ *हंगर एंड पब्लिक एक्शन* (1989) और *एन अनसर्टेन ग्लोरी* (2013) जैसी प्रभावशाली पुस्तकों का सह-लेखन भी किया है। मनरेगा की वैचारिक रूपरेखा गढ़ने वालों में उनका नाम अग्रणी माना जाता है और स्वतंत्र भारत में ग्रामीण गरीबी, भुखमरी और सामाजिक सुरक्षा पर उनका नाम प्रभावशाली बौद्धिक आवाज़ों में गिना जाता रहा है।

इसके बावजूद माओवादी उग्रवाद से जुड़े मुद्दों पर उनके रुख ने उन्हें समय-समय पर विवादों और आरोपों के केंद्र में ला खड़ा किया। इन विवादों के कुछ प्रमुख पड़ाव निम्नवत रहे हैं —

2006–2010 के दौरान :

द्रेज़ ने छत्तीसगढ़ सरकार द्वारा गठित सलवा जुड़ूम मिलिशिया के विरुद्ध खुलकर अभियान चलाया। नंदिनी सुंदर के साथ मिलकर उन्होंने कई तथ्यात्मक रिपोर्टों का सह लेखन किया, जिनका उल्लेख बाद में सर्वोच्च न्यायालय के निर्णयों में भी हुआ। वर्ष 2011 में सुप्रीम कोर्ट ने सलवा जुड़ूम को असंवैधानिक घोषित कर दिया, जिसे द्रेज़ और उनके सहयोगियों के लिए एक बड़ी वैचारिक जीत माना गया।

नवंबर 2010 :

ईपीडब्ल्यू में प्रकाशित लेख “माओइज्म एंड द इंडियन स्टेट” इस लेख में द्रेज़ ने माओवादियों द्वारा की गई हत्याओं की स्पष्ट निंदा की, लेकिन साथ ही यह भी तर्क दिया कि “माओवादी विद्रोह की जड़ें आदिवासी समाज की अत्यंत दयनीय जीवन-स्थितियों में हैं।” उन्होंने ऑपरेशन ग्रीन हंट की आलोचना करते हुए उसे “दुनिया के सबसे वंचित लोगों के खिलाफ छेड़ा गया युद्ध” तक कहा। उनकी इस प्रकार की सोच और भाषा बाद में उनके आलोचकों के लिए वैचारिक रूप से सबसे बड़ा विवाद का कारण बनी।

2011–2016 के बीच :

द्रेज़ बस्तर क्षेत्र में गए कई तथ्यान्वेषण (फ़ैक्ट-फ़ाइंडिंग) दलों का हिस्सा रहे। इन दलों की रिपोर्टों में सुरक्षा बलों पर बलात्कार, आगजनी और फर्जी मुठभेड़ों जैसे गंभीर आरोप लगाए गए। आलोचकों का कहना है कि इन रिपोर्टों को माओवादी प्रचार सामग्री में नियमित रूप से उद्धृत किया गया और जेएनयू तथा दिल्ली विश्वविद्यालय जैसे परिसरों में सेमिनारों के माध्यम से व्यापक रूप से प्रसारित किया गया।

2017 के बाद से :

उन्होंने माओवादी प्रभावित क्षेत्रों में कथित "राज्य दमन" के विरुद्ध जारी लगभग हर बड़े सार्वजनिक पत्र और बयान पर हस्ताक्षर किए। इनमें 2019 में गढ़चिरौली में मारे गए 40 माओवादियों की मौत के विरोध में लिखा गया खुला पत्र भी शामिल है, जिसके बारे में बाद में यह सामने आया कि मृतकों में शीर्ष माओवादी कमांडर भी थे। आलोचकों का यह भी आरोप है कि द्रेज़ ने कभी माओवादियों द्वारा किए गए किसी विशिष्ट नरसंहार की निंदा में हस्ताक्षरित बयान जारी नहीं किया।

उनकी अंतरराष्ट्रीय पहचान, कल्याणकारी योजनाओं में योगदान और खाद्य सुरक्षा कानून जैसे कामों में भूमिका के कारण ज्याँ द्रेज़ को सीधे "अर्बन नक्सल" कहना उनके आलोचकों के लिए भी उचित नहीं है। इसी वजह से उनके आलोचक अक्सर यह शब्द इस्तेमाल नहीं करते, बल्कि हल्के व्यंग्य में उन्हें "माओवाद को रोमांटिक बनाने वाले बेल्जियम में जन्मे अर्थशास्त्री" कहकर संबोधित करते हैं।

अमित भादुड़ी

अमित भादुड़ी जवाहरलाल नेहरू विश्वविद्यालय (जेएनयू) के मानद प्रोफेसर हैं और भारत के सबसे प्रतिष्ठित मार्क्सवादी अर्थशास्त्रियों में गिने जाते हैं। वे योजना आयोग के पूर्व सलाहकार रह चुके हैं और 1991 के बाद लागू किए गए नव-उदारवादी (नियो-लिबरल) आर्थिक सुधारों के लंबे समय से मुखर आलोचक रहे हैं। आर्थिक विकास, असमानता और लोकतंत्र के संबंध पर उनके लेखन को अकादमिक जगत में गंभीरता से लिया जाता है। इसी बौद्धिक प्रभाव और सार्वजनिक सक्रियता के कारण वामपंथी उग्रवाद से जुड़े

विमर्श में उन पर बार-बार "अर्बन नक्सल" होने के आरोप भी लगाए जाते रहे हैं।

इस निम्नलिखित घटनाओं और संदर्भों के आधार पर इस बात को और बल मिलता है—

2007–2009 : ईपीडब्ल्यू में प्रकाशित लेख *इकोनॉमिक एंड पॉलिटिकल वीकली* में प्रकाशित अपने चर्चित लेखों, "डेवलपमेंट और डेवलपमेंटल टेररिज्म?" और "प्रिडेटरी ग्रोथ" में भादुड़ी ने यह तर्क दिया कि 1991 के बाद अपनाया गया भारतीय विकास मॉडल खनन और औद्योगिक विस्तार के लिए किसानों और आदिवासियों के बड़े पैमाने पर विस्थापन पर आधारित रहा है। उनके अनुसार इसी प्रक्रिया ने माओवादी आंदोलन के फैलाव के लिए अनुकूल सामाजिक परिस्थितियाँ तैयार कीं।

उन्होंने एक वाक्य में इस दृष्टिकोण को समेटते हुए लिखा, "माओवादी विद्रोह एक गहरी बीमारी का सबसे हिंसक लक्षण है।" आलोचकों के अनुसार इस प्रकार की भाषा ने हिंसक विद्रोह को अपराध की बजाय सामाजिक प्रतिक्रिया के रूप में प्रस्तुत किया।

2008 : ऑपरेशन ग्रीन हंट पर सार्वजनिक बयान

2008 में भादुड़ी ने लगभग 30 अन्य अर्थशास्त्रियों और बुद्धिजीवियों के साथ मिलकर एक सार्वजनिक बयान पर हस्ताक्षर किए, जिसमें ऑपरेशन ग्रीन हंट को निलंबित करने और माओवादियों से संवाद स्थापित करने की माँग की गई। आलोचकों ने इसे सुरक्षा बलों की कार्रवाई को कमजोर करने वाला कदम बताया।

2010 : तहलका साक्षात्कार और दंतेवाड़ा विवाद

2010 में तहलका को दिए गए एक व्यापक रूप से चर्चित साक्षात्कार में भादुड़ी ने कहा, "अगर सरकार हर आदिवासी विरोध को माओवादी मानती रहेगी तो वह माओवादियों को और मजबूत ही करेगी।" इसी साक्षात्कार में सीधे पूछे जाने पर उन्होंने दंतेवाड़ा नरसंहार की स्पष्ट और बिना शर्त निंदा करने से परहेज़ किया। यह रुख उनके आलोचकों के लिए निर्णायक मोड़ साबित हुआ और उन पर माओवादी हिंसा के प्रति नैतिक अस्पष्टता (मोरल एम्बिग्युटी) बरतने का आरोप लगाया गया।

2016-2018 :

भीमा कोरेगाँव प्रकरण

इस अवधि में भादुड़ी ने भीमा कोरेगाँव मामले में गिरफ्तार किए गए कार्यकर्ताओं के समर्थन में जारी कई याचिकाओं और खुले पत्रों पर हस्ताक्षर किए। उन्होंने इन गिरफ्तारियों को लोकतांत्रिक अधिकारों पर हमला बताते हुए आरोपियों को "माओवादी सहानुभूति रखने वाले" कहे जाने का विरोध किया और उन्हें "लोकतांत्रिक अधिकारों के रक्षक" के रूप में प्रस्तुत किया।

2018 : 'सहानुभूति नेटवर्क' का आरोप

2018 में पुणे पुलिस के एक लीक दस्तावेज़ में भादुड़ी का नाम उन लोगों की सूची में शामिल बताया गया, जो माओवादी आंदोलन को "बौद्धिक इनपुट" प्रदान करने वाले सहानुभूति नेटवर्क का हिस्सा माने जाते हैं। यद्यपि उन्हें कभी गिरफ्तार नहीं किया गया, फिर भी उनका नाम गृह मंत्रालय की विभिन्न ब्रीफिंग्स में बार-बार सामने आता रहा—विशेष रूप से उन संदर्भों में, जहाँ "शैक्षणिक जगत में वामपंथी उग्रवादी विचारधारकों" की चर्चा की जाती है।

गौतम नवलखा

गौतम नवलखा लंबे समय तक इकोनॉमिक एंड पॉलिटिकल वीकली (EPW) से जुड़े रहे हैं, पीपुल्स यूनियन फॉर डेमोक्रेटिक राइट्स (पीयूडीआर) के पूर्व संपादकीय सलाहकार रहे हैं और कश्मीर तथा माओवादी अलगाववाद से जुड़े मुद्दों पर सबसे मुखर सार्वजनिक बुद्धिजीवियों में गिने जाते हैं।

नवलखा को अरुंधति रॉय, रामचंद्र गुहा और अमित भादुड़ी जैसे अन्य नामों की तुलना में थोड़ा अलग माना जाता है। ऐसा माना जाता है कि जहाँ बाकी लोगों पर सिर्फ नक्सलवादी विचारों या उनके प्रति सहानुभूति के आरोप लगाए जाते हैं, वहीं नवलखा के मामले में माना जाता है कि इनका जुड़ाव सीधे तौर पर संगठन से जुड़ा रहा है जो अधिक गंभीर बात है।

1990 से 2000 का दशक तक भूमिगत वैचारिक लेखन : आरोप है कि लगभग दो दशकों तक नवलखा ने छद्म नामों से माओवादी प्रकाशनों और पत्रिकाओं में नियमित लेखन किया। इन लेखों में उन्होंने आंध्र प्रदेश में सक्रिय

पीपुल्स वॉर ग्रुप के तथाकथित "वैकल्पिक विकास मॉडल" की प्रशंसा की और उसे राज्य-प्रायोजित विकास के नैतिक विकल्प के रूप में प्रस्तुत किया। आलोचकों के अनुसार यह लेखन माओवादी हिंसा को वैचारिक वैधता प्रदान करने का प्रयास था।

2010 : दंडकारण्य का 'रोमानीकरण'

2010 में प्रकाशित उनकी पुस्तक *डेज़ ऑफ द केज* और ईपीडब्ल्यू में छपे लेखों में नवलखा ने दंडकारण्य के माओवादी-नियंत्रित इलाकों को "वास्तविक जन-लोकतंत्र" के क्षेत्र के रूप में चित्रित किया। उन्होंने दावा किया कि इन क्षेत्रों में भूमि का पुनर्वितरण हुआ, सामंती संरचनाएँ टूटीं और महिलाओं को सामाजिक स्वतंत्रता मिली। आलोचक मानते हैं कि इन लेखनों में जन अदालतों, जबरन वसूली, असहमति पर हिंसा और कथित मुखबिरों की हत्याओं जैसे पहलुओं को या तो नज़रअंदाज़ किया गया या गौण बनाकर प्रस्तुत किया गया।

2011 : माओवादी वार्ताकार की भूमिका

2011 में जब केंद्र सरकार और माओवादियों के बीच संभावित शांति वार्ता की चर्चा चल रही थी, तब माओवादियों द्वारा चुने गए आधिकारिक वार्ताकारों में नवलखा का नाम भी शामिल था। वे बी.डी. शर्मा और हरीश धवन के साथ इस भूमिका में सामने आए। यह तथ्य उनके आलोचकों के लिए इस बात का प्रमाण बना कि वे केवल सहानुभूति रखने वाले नहीं, बल्कि माओवादी नेतृत्व के विश्वासपात्र भी थे।

2018 : भीमा कोरेगाँव मामला और गिरफ्तारी

अगस्त 2018 में भीमा कोरेगाँव प्रकरण की जाँच के दौरान पुणे पुलिस ने नवलखा को गिरफ्तार किया। उनके खिलाफ आरोप लगाया गया कि जब्त किए गए पत्राचार में वे सीपीआई (माओवादी) की केंद्रीय समिति के सदस्य के रूप में "संजय" कोडनेम से काम कर रहे थे। इन दस्तावेज़ों में शहरी नेटवर्क के माध्यम से धन जुटाने, हथियारों की व्यवस्था और भविष्य के अभियानों की योजनाओं का उल्लेख था।

नवलखा को लगभग दो वर्षों तक नजरबंद रखा गया। 2022 में सर्वोच्च न्यायालय ने उन्हें स्वास्थ्य कारणों से जमानत दी, लेकिन दिसंबर 2025 तक

राष्ट्रीय जाँच एजेंसी (एनआईए) द्वारा लगाए गए आरोप—यूएपीए की धाराएँ 13, 16, 17, 18, 20, 38 और 39—अब भी उनके विरुद्ध लंबित हैं।

रिहाई के बाद भी वैचारिक रुख

जमानत पर रिहा होने के बाद भी नवलखा ने अपनी विचारधारा के अनुसार अपना लेखन कार्य जारी रखा। 2023 में द *वायर* में प्रकाशित लेखों में उन्होंने माओवादी-विरोधी अभियानों को "राज्य आतंक" की संज्ञा दी और एएफ़एसपीए तथा यूएपीए जैसे कानूनों को निरस्त करने की माँग दोहराई। उनके इन लेखों में भी माओवादी हिंसा की स्पष्ट और बिना शर्त निंदा करने का अभाव ही दिखाई देता है।

इन सभी मामलों में नवलखा उन कुछ गिने-चुने व्यक्तियों में शामिल हैं जिन पर सीधे तौर पर माओवादी संगठन की सदस्यता और सक्रिय भूमिका का आरोप लगाया गया है। यही कारण है कि सरकार और सुरक्षा प्रतिष्ठान उनका मामला बार-बार इस दावे के प्रमाण के रूप में प्रस्तुत करते हैं कि "अर्बन नक्सल" कोई धुंधला, प्रतीकात्मक या काल्पनिक आरोप नहीं, बल्कि दस्तावेज़ों, जाँच एजेंसियों और अदालतों में दर्ज एक ठोस और कानूनी रूप से परिभाषित वास्तविकता है।

समग्र रूप से देखा जाए तो ज्याँ द्रेज़, अमित भादुड़ी और गौतम नवलखा उस व्यापक वैचारिक स्पेक्ट्रम का प्रतिनिधित्व करते हैं, जिसे सरकार और भारतीय जनता पार्टी "अर्बन नक्सल" की श्रेणी में रखती है।

एक ओर ऐसे वैश्विक प्रतिष्ठा प्राप्त अर्थशास्त्री हैं, जो माओवादी हिंसा की स्पष्ट और बिना शर्त निंदा करने से बचते हैं; ज्याँ द्रेज़। दूसरी ओर एक मार्क्सवादी अकादमिक हैं, जो माओवाद को पूँजीवादी शोषण की संरचनात्मक प्रतिक्रिया के रूप में प्रस्तुत करते हैं; अमित भादुड़ी। और तीसरी श्रेणी में एक ऐसा सक्रिय कार्यकर्ता है, जिस पर प्रतिबंधित माओवादी संगठन की प्रत्यक्ष सदस्यता और संगठनात्मक भूमिका के गंभीर आरोप हैं; गौतम नवलखा।

हम कह सकते हैं कि भले ही इन तीनों की भूमिका अलग-अलग रही हो, लेकिन उनके लेखों, बयानों और हस्तक्षेपों ने कहीं न कहीं इस सशस्त्र आंदोलन को वैचारिक और नैतिक समर्थन दिया। जिस आंदोलन ने वर्ष 2000 के बाद

से 15,000 से अधिक आम नागरिकों, सुरक्षाकर्मियों और जनप्रतिनिधियों की जान ली, ऐसे किसी सशस्त्र विद्रोह को नैतिक समर्थन देना वैचारिक पतन ही है।

निस्संदेह, एक परिपक्व लोकतंत्र में राज्य नीतियों की कठोर, निर्भीक और निरंतर आलोचना न केवल वैध, बल्कि आवश्यक है। किंतु उस सशस्त्र विद्रोह को—चाहे वह समर्थन प्रत्यक्ष हो या वैचारिक सहानुभूति के रूप में अप्रत्यक्ष—संजीवनी देना, जो स्वयं भारतीय संविधान, लोकतांत्रिक प्रक्रिया और जन-निर्णय की संप्रभुता को अस्वीकार करता है, किसी भी लोकतांत्रिक व्यवस्था में स्वीकार्य नहीं ठहराया जा सकता।

कानूनी मोर्चे : सक्रियता, वकालत और विवाद

बिनायक सेन—सीमा लाँघने वाला डॉक्टर

बहुत कम ऐसे मामले रहे हैं जिन्होंने आम लोगों के मन में यह धारणा मजबूत की हो कि “अर्बन नक्सल” सिर्फ एक राजनीतिक आरोप नहीं, बल्कि एक वास्तविक और दर्ज की गई परिघटना भी हो सकती है। विनायक सेन का मामला ऐसा ही एक उदाहरण माना जाता है। जब उनकी गिरफ्तारी हुई, तो कई लोगों के लिए यह बात मानना मुश्किल था कि उनका माओवाद से कोई संबंध हो सकता है। उनकी चिकित्सकीय योग्यता, शांत स्वभाव और आदिवासी इलाकों में किए गए सेवा कार्यों के कारण उन्हें एक समर्पित सामाजिक कार्यकर्ता के रूप में देखा जाता था।

बिनायक सेन ने छत्तीसगढ़ के गरीब आदिवासी इलाकों में करीब तीन दशक काम किया। उन्होंने मोबाइल क्लीनिक चलाए और कुपोषण जैसी गंभीर समस्याओं पर काम किया। लेकिन 2004 के बाद, जब उग्रवाद बढ़ने लगा, तो उनके काम को लेकर कुछ सवाल उठने लगे, खासकर उनके कथित संपर्कों को लेकर काफी तरह की बातें सामने आईं। 2005 से 2007 के बीच, उन्होंने रायपुर जेल में बंद माओवादी नेता नारायण सान्याल से कई बार मुलाकात की। जेल रिकॉर्ड के अनुसार, ये मुलाकातें पीयूसीएल के तहत हुई थीं। हालांकि, इन बैठकों में क्या बात हुई, यह स्पष्ट नहीं हो पाया, क्योंकि

इन्हें गोपनीय माना गया, चाहे वह डॉक्टर-मरीज संबंध के कारण हो या एक सामाजिक कार्यकर्ता की भूमिका के चलते। एक नागरिक अधिकार की आड़ में यह गुप्त ही रहा।

मई 2007 में पुलिस कार्रवाई के दौरान बिलासपुर स्थित सेन के निवास से प्रतिबंधित माओवादी साहित्य, डिजिटल फाइलें और सबसे गंभीर रूप से ऐसे पत्र बरामद किए गए, जिन्हें अभियोजन पक्ष ने भूमिगत माओवादी कैडरों तक पहुँचाने के लिए लिखा गया बताया। पहले से हिरासत में लिए गए स्थानीय व्यवसायी पीयूष गुहा ने अदालत में यह गवाही दी कि ये दस्तावेज़ स्वयं सेन द्वारा उसे सौंपे गए थे, ताकि उन्हें जंगलों में सक्रिय माओवादी नेतृत्व तक पहुँचाया जा सके।

रायपुर की सत्र अदालत ने गवाहों, दस्तावेज़ों और भौतिक साक्ष्यों के आधार पर दिसंबर 2010 में यह निष्कर्ष निकाला कि सेन केवल सहानुभूति रखने वाले चिकित्सक नहीं थे, बल्कि प्रतिबंधित सीपीआई (माओवादी) संगठन के लिए सक्रिय कूरियर और सहयोगी की भूमिका निभा रहे थे। अदालत ने उन्हें देशद्रोह, आपराधिक षड्यंत्र, छत्तीसगढ़ विशेष जन सुरक्षा अधिनियम और यूएपीए के अंतर्गत आजीवन कारावास की सज़ा सुनाई।

यह निर्णय उदारवादी और मानवाधिकार संगठनों में तूफ़ान की तरह उभरा। बाईस नोबेल पुरस्कार विजेताओं, एमनेस्टी इंटरनेशनल और अन्य समूहों ने सेन को “अंतरात्मा का कैदी” कहकर इस मुकदमे को उस व्हिसल-ब्लोअर के खिलाफ प्रतिशोध के रूप में पेश किया, जिसने सलवा जुड़ूम की काली छाया उजागर करने का साहस दिखाया था।

लेकिन छत्तीसगढ़ सरकार और केंद्रीय एजेंसियों के नजरिए से यह फैसला सिर्फ एक कानूनी कार्रवाई नहीं था। उनके अनुसार, यह इस बात का संकेत था कि माओवादी नेटवर्क काफी जटिल और सुनियोजित तरीके से काम कर रहा था। उनका मानना था कि भरोसेमंद और सम्मानित पेशेवरों को समाज के अलग-अलग हिस्सों में इस तरह जोड़ा गया था कि बिना दिखे ही संदेश पहुँचते रहें, धन का प्रवाह चलता रहे और जेल में बंद नेताओं का मनोबल बना रहे। यानी एक ऐसा तंत्र, जो सामने कम दिखता है, लेकिन अंदर ही अंदर लगातार सक्रिय रहता है।

अप्रैल 2011 में जब सर्वोच्च न्यायालय ने जमानत दी और कहा कि "रसोई में चावल होने से कोई नक्सली नहीं बन जाता," तो इसे व्यापक रूप से सेना की नैतिक और कानूनी जीत माना गया। लेकिन असल में, न्यायालय ने इस मामले में सबूतों की सही-गलत पर कोई फैसला नहीं किया; उसने केवल यह माना कि इतनी लंबी हिरासत अनुचित थी। मूल आरोप न तो खारिज हुए और न ही उन्हें गलत ठहराया गया। दिसंबर 2025 तक देशद्रोह और यूएपीए की धाराएँ अभी भी लागू हैं और यह मामला—गिरफ्तारी के 18 साल बाद भी—छत्तीसगढ़ उच्च न्यायालय में अंतिम सुनवाई का इंतजार कर रहा है। सरकार और सुरक्षा बलों की दृष्टि में बिनायक सेन प्रकरण आज भी इस बात का महत्त्वपूर्ण उदाहरण है कि माओवादी संगठन किस प्रकार सम्मानित शहरी पेशेवरों और मानवाधिकार कार्यकर्ताओं को आवरण के रूप में उपयोग करते हैं। एक बाल रोग विशेषज्ञ का किसी शीर्ष माओवादी नेता से तैंतीस बार मुलाकात करना, प्रतिबंधित साहित्य का संग्रह और सह-आरोपी द्वारा कूरियर कड़ी के रूप में नामित किया जाना—इन तथ्यों को सामान्य मानवाधिकार गतिविधि कहकर खारिज नहीं किया जा सकता।

जहाँ सरकार के आलोचक बिनायक सेन को गरीबों की सेवा करने वाला और अन्याय का शिकार व्यक्ति मानते हैं, वहीं राज्य इसे एक गंभीर विश्वासघात के रूप में देखता है। उसके अनुसार, सामाजिक कार्य और संस्थाओं से जुड़ाव को नक्सलवादी गतिविधियों की एक आड़ के रूप में इस्तेमाल किया गया। वामपंथी उग्रवाद के खिलाफ व्यापक लड़ाई में, इस मामले ने सरकार के रुख को और सख्त किया। यह संदेश दिया गया कि कोई भी व्यक्ति - चाहे वह कितना ही शिक्षित, सम्मानित या अंतरराष्ट्रीय स्तर पर प्रशंसित क्यों न हो अगर उस पर ऐसे संगठन की मदद करने के प्रमाण मिलते हैं, जिसने हजारों लोगों की जान ली है, तो वह कानून से ऊपर नहीं हो सकता। इस नजरिए में साफ बात यह है कि एक लोकतंत्र में फैसले भावना के आधार पर नहीं, बल्कि साक्ष्यों के आधार पर होने चाहिए, और मानवीय काम किसी भी तरह से हिंसक गतिविधियों के लिए ढाल नहीं बन सकता।

नंदिनी सुंदर और सलवा जुड़ूम मुकदमा

अकादमिक सक्रियता, संवैधानिक हस्तक्षेप और राज्य-नागरिक टकराव

नंदिनी सुंदर का नाम भारत की सबसे प्रतिष्ठित समाजशास्त्रियों और मानवविज्ञानियों में लिया जाता रहा है। वे दिल्ली विश्वविद्यालय के दिल्ली स्कूल ऑफ़ इकोनॉमिक्स में समाजशास्त्र की प्रोफेसर हैं, जहाँ वे 2005 से अध्यापन कर रही हैं और 2010 में विभागाध्यक्ष भी रहीं। उन्होंने ऑक्सफोर्ड विश्वविद्यालय से दर्शनशास्त्र, राजनीति और अर्थशास्त्र (पीपीई) में स्नातक (1989) तथा कोलंबिया विश्वविद्यालय से मानवविज्ञान में एम.ए., एम.फिल. और पीएच.डी. की पढ़ाई पूरी की है।

उनका शोध-प्रबंध *इन सर्च ऑफ गुंडा धुर : कॉलोनियलिज्म एंड कॉन्फ्लिक्ट इन बस्तर, सेंट्रल इंडिया (1854–1993)* बस्तर क्षेत्र में औपनिवेशिक शासन, जनजातीय प्रतिरोध और राज्य-समाज संबंधों के अध्ययन की आधारशिला माना जाता है। यही शोध आगे चलकर उनके आजीवन अकादमिक सरोकारों—राज्य की हिंसा, विधिक मानवविज्ञान, आदिवासी अधिकार, असमानता और संघर्ष-ग्रस्त जनजातीय क्षेत्रों—विशेषकर छत्तीसगढ़ के माओवादी-प्रभावित बस्तर संभाग—का केंद्र बना।

उनकी बहुचर्चित पुस्तक द *बर्निंग फॉरेस्ट : इंडियाज़ वॉर इन बस्तर* (2016) विस्तृत फील्डवर्क पर आधारित है, इसमें उन्होंने बस्तर क्षेत्र में माओवादी संघर्ष, सरकारी नीतियों और स्थानीय समूहों की भूमिका को समझाने की कोशिश की है। किताब का मुख्य विचार यह है कि आदिवासी इलाकों में विकास और सुरक्षा से जुड़ी योजनाएँ अक्सर बिना पर्याप्त बातचीत, मुआवज़े और अधिकारों की सुरक्षा के लागू की गईं। इसके कारण लोगों का विस्थापन हुआ, समाज में टूटन आई और हिंसा बढ़ी।

सुंदर का योगदान केवल शोध और अध्यापन तक सीमित नहीं रहा, बल्कि उन्होंने अनेक महत्त्वपूर्ण संपादित ग्रंथों और शैक्षणिक पहलों के माध्यम से भारतीय समाज और जनजातीय अध्ययन की दिशा को भी प्रभावित किया। उनके द्वारा संपादित, "एंथ्रोपोलॉजी इन द ईस्ट : द फाउंडर्स ऑफ इंडियन

सोशियोलॉजी एंड एंथ्रोपोलॉजी" (2007) और "द शेड्यूल्ड ट्राइब्स एंड देयर इंडिया" (2016) भारतीय समाजशास्त्र और मानवशास्त्र की परंपरा को समझने के लिए महत्त्वपूर्ण स्रोत माने जाते रहे हैं। इसके अतिरिक्त, 2007 से 2011 के बीच वह प्रतिष्ठित शैक्षणिक पत्रिका "कॉन्ट्रिब्यूशन्स टू इंडियन सोशियोलॉजी" की सह-संपादक भी रही। वह अकादमिक स्वतंत्रता और विश्वविद्यालयों की स्वायत्तता की मुखर समर्थक रही हैं। उनका विवाह वरिष्ठ पत्रकार सिद्धार्थ वरदराजन से हुआ है, जो देश के प्रमुख मीडिया जगत से जुड़े रहे हैं। वे द *हिंदू* के पूर्व संपादक रह चुके हैं और बाद में द *वायर* के संस्थापक संपादक के रूप में चर्चित हुए।

सलवा जुड़ूम : राज्य-प्रायोजित सतर्कतावाद का प्रयोग

जनजातीय राजनीति और मानवाधिकारों पर अपनी शैक्षणिक सक्रियता के कारण नंदिनी सुंदर सलवा जुड़ूम के विरुद्ध कानूनी याचिका से केंद्र में आ गईं। सलवा जुड़ूम एक राज्य-समर्थित सतर्कता (विजिलांटे) अभियान था, जिसकी शुरुआत जून 2005 में छत्तीसगढ़ सरकार द्वारा बस्तर संभाग के दंतेवाड़ा और बीजापुर जिलों में की गई थी। इसे आधिकारिक रूप से माओवादी संगठन सीपीआई (माओइस्ट) के बढ़ते प्रभाव के विरुद्ध एक जन-आधारित प्रतिक्रिया के रूप में प्रस्तुत किया गया था। उस समय क्षेत्र में माओवादी गतिविधियों के कारण प्रशासन और स्थानीय समाज दोनों पर गहरा दबाव था, जिसके चलते इस तरह के अभियान को सुरक्षा की एक रणनीति के रूप में आगे बढ़ाया गया।

इस अभियान के अंतर्गत स्थानीय आदिवासी युवाओं को, जिनमें कुछ की आयु चौदह से अठारह वर्ष तक बताई जाती है और जो प्रायः निरक्षर या अल्प-शिक्षित थे, को विशेष पुलिस अधिकारी (एसपीओ) के रूप में भर्ती किया गया। इन युवाओं को हथियार देकर, सीमित प्रशिक्षण प्रदान किया गया और लगभग 3,000 रुपये मासिक मानदेय पर सुरक्षा बलों के साथ तैनात किया गया। वे प्रायः केंद्रीय रिज़र्व पुलिस बल (सीआरपीएफ) जैसे अर्धसैनिक बलों के साथ मिलकर नक्सल-विरोधी अभियानों में शामिल किए जाते थे। समय के साथ, इस व्यवस्था पर नाबालिगों की भर्ती, सीमित प्रशिक्षण के साथ

हथियार सौंपे जाने, और स्थानीय समाज पर इसके दीर्घकालिक प्रभाव को लेकर कई गंभीर प्रश्न उठे। इन परिस्थितियों ने आगे चलकर इस पूरे अभियान को न्यायिक और सार्वजनिक बहस का विषय बना दिया, जिसने देश में सुरक्षा, मानवाधिकार और राज्य की भूमिका पर एक व्यापक विमर्श को जन्म दिया।

हिंसा, विस्थापन और संवैधानिक संकट

सार्वजनिक रूप से इस अभियान का नेतृत्व महेंद्र कर्मा ने किया, जबकि इसे तत्कालीन मुख्यमंत्री रमन सिंह के नेतृत्व वाली भारतीय जनता पार्टी सरकार का समर्थन प्राप्त था। समय बीतने के साथ सलवा जुड़ूम लगभग 4,000 से 6,000 विशेष पुलिस अधिकारियों का एक संगठित बल बन गया। इनमें कई ऐसे लोग भी बताए जाते हैं, जिन्हें "आत्मसमर्पित" माओवादी या कभी-कभी नाबालिगों के रूप में शामिल किया गया। ये एसपीओ प्रायः नागा बटालियन और मिज़ो बटालियन के साथ मिलकर गाँवों में चलाए जाने वाले छापामार अभियानों में भाग लेते थे। इन अभियानों के दौरान संदिग्ध उग्रवादियों की पहचान करने में इनकी प्रमुख भूमिका रहती थी।

सन् 2006 में इंडिपेंडेंट सिटिज़न्स इनिशिएटिव द्वारा एक तथ्य-जांच (फैक्ट-फाइंडिंग) रिपोर्ट तैयार की गई, जिसके सह-लेखकों में नंदिनी सुंदर भी शामिल थीं। इस रिपोर्ट में मानवाधिकार उल्लंघन से जुड़ी बताई गई कई घटनाओं को दर्ज किया गया था। रिपोर्ट में यह भी कहा गया कि इस तरह की मिलिशिया व्यवस्था के कारण सरकारी बलों और गैर-सरकारी समूहों के बीच का अंतर स्पष्ट नहीं रह गया। इससे संविधान से जुड़े नियमों और आम नागरिकों के अधिकारों से संबंधित मुद्दे और ज्यादा उलझे हुए तथा विवादित बन गए।

सर्वोच्च न्यायालय में चुनौती

इसके बाद नंदिनी सुंदर ने इतिहासकार रामचंद्र गुहा तथा पूर्व आईएएस अधिकारी ई.ए.एस. शर्मा के साथ मिलकर सन् 2007 में भारत का सर्वोच्च न्यायालय में रिट याचिका (सिविल) संख्या 250/2007 दायर की। इस याचिका में राज्य द्वारा सलवा जुड़ूम को दिए गए समर्थन को असंवैधानिक

सतर्कता (विजिलांटिज़्म) बताया गया। याचिका में कहा गया कि यह व्यवस्था अनुच्छेद 14, अनुच्छेद 21 तथा अनुच्छेद 32 का उल्लंघन करती है।

याचिका में यह भी आरोप लगाया गया कि विशेष पुलिस अधिकारी, जिनके पास युद्ध या सुरक्षा से जुड़ा पर्याप्त प्रशिक्षण और अनुभव नहीं था, उन्हें बहुत अधिक जोखिम वाले हालात में भेजा गया। इससे न्यायेतर हिंसा (extrajudicial violence) की आशंका बढ़ने की बात कही गई। साथ ही यह तर्क भी दिया गया कि माओवादी दबाव के बीच राज्य ने सुरक्षा की महत्त्वपूर्ण जिम्मेदारी ऐसे नागरिकों को सौंप दी, जो पूरी तरह प्रशिक्षित नहीं थे। यह एक गंभीर प्रशासनिक और संवैधानिक लापरवाही थी।

चार वर्षों तक चली लंबी सुनवाई के बाद, 5 जुलाई 2011 को न्यायमूर्ति बी. सुदर्शन रेड्डी और न्यायमूर्ति एस.एस. निज्जर की पीठ ने नंदिनी सुंदर एवं अन्य बनाम छत्तीसगढ़ राज्य में लगभग 300 पृष्ठों का एक महत्त्वपूर्ण निर्णय सुनाया। इस निर्णय में सलवा जुड़ूम आंदोलन को अवैध और असंवैधानिक घोषित कर दिया गया। न्यायालय ने अपने फैसले में कहा कि आम नागरिकों को विशेष पुलिस अधिकारी के रूप में हथियार देना संविधान के मूल सिद्धांतों के विरुद्ध है। विशेष रूप से, इसे अनुच्छेद 14 का उल्लंघन माना गया, क्योंकि इसमें नियुक्ति की प्रक्रिया मनमानी थी और वेतन तथा सुविधाओं में असमानता भी थी। साथ ही, इसे अनुच्छेद 21 का भी उल्लंघन बताया गया, क्योंकि कमजोर और कम प्रशिक्षित युवाओं को बिना पर्याप्त सुरक्षा और समझ के अत्यधिक जोखिम वाले कार्यों में लगाया गया। न्यायालय ने इस स्थिति को राज्य द्वारा समर्थित अराजकता (state-sanctioned anarchy) के समान बताया और कहा कि इस प्रकार की व्यवस्था विधि के शासन (rule of law) को कमजोर करती है। इस निर्णय ने न केवल सलवा जुड़ूम की वैधता पर प्रश्नचिह्न लगाया, बल्कि राज्य की सुरक्षा नीतियों और नागरिक अधिकारों के बीच संतुलन पर भी एक व्यापक राष्ट्रीय बहस को जन्म दिया।

न्यायालय ने अपने निर्णय में तुरंत सलवा जुड़ूम और विशेष पुलिस अधिकारी व्यवस्था, जिसमें तथाकथित "कोया कमांडो" भी शामिल थे, को भंग करने का आदेश दिया। साथ ही, सभी जारी किए गए हथियार और गोला-बारूद वापस लेने, विस्थापित ग्रामीणों के स्थायी पुनर्वास की व्यवस्था

करने तथा आरोपित अत्याचारों की जांच केंद्रीय अन्वेषण ब्यूरो (सीबीआई) से कराने का निर्देश दिया गया।

इसमें विशेष रूप से ताडमेटला, मोरपल्ली, तिम्मापुरम (2011) की घटना का उल्लेख किया गया, जिसमें सुरक्षा बलों और एसपीओ पर लगभग 300 घरों को जलाने, तीन पुरुषों की हत्या करने और तीन महिलाओं के साथ दुष्कर्म करने जैसे गंभीर आरोप सामने आए थे। न्यायालय ने इन आरोपों की निष्पक्ष जांच सुनिश्चित करने की सिफ़ारिश भी की। निर्णय में पीड़ितों को मुआवजा देने का आदेश दिया गया और भविष्य में नक्सल-विरोधी अभियानों (counterinsurgency operations) के दौरान आम नागरिकों को हथियारबंद करने पर रोक लगा दी गई। न्यायालय ने स्पष्ट रूप से कहा कि संघर्ष क्षेत्रों में भी सुरक्षा उपायों को संविधान के मूल्यों और कानून के दायरे में रहकर ही लागू किया जाना चाहिए।

यह निर्णय भारत की नक्सल-विरोधी रणनीति पर गहरा प्रभाव डालने वाला सिद्ध हुआ। इसके बाद सुरक्षा नीतियों में सतर्कता-आधारित (vigilantism) उपायों की बजाय मानवाधिकारों के संरक्षण और न्यायिक निगरानी को अधिक महत्त्व देने की दिशा में बल दिया गया, जिससे भविष्य की रणनीतियों में कानूनी और संवैधानिक संतुलन बनाए रखने पर अधिक ध्यान केंद्रित किया गया।

विचार और प्रतिविचार (The Idea and the Counter-Idea)

तथाकथित "अर्बन नक्सल" को लेकर जो विवाद सामने आता है, वह केवल कुछ व्यक्तियों या अलग-अलग घटनाओं तक सीमित नहीं है। यह दरअसल एक गहरे वैचारिक टकराव की ओर संकेत करता है। एक ओर राष्ट्र-प्रथम (nation-first) का दृष्टिकोण है, जो राष्ट्रीय सुरक्षा और एकता को सर्वोपरि मानता है। दूसरी ओर एक ऐसी सोच बताई जाती है, जिसे प्रायः वोक नैतिकता (woke moralism) कहा जाता है, जहाँ सैद्धांतिक या अमूर्त समानता (abstract equality) को कभी-कभी राष्ट्रहित से भी ऊपर रखने की प्रवृत्ति दिखाई देती है।

मार्क्सवाद में राष्ट्र की अवधारणा को कई बार द्वितीयक माना गया है, और कुछ व्याख्याओं में इसे सीमित या अस्थायी व्यवस्था के रूप में देखा गया है।

इसी कारण, ऐसे आंदोलनों या क्रांतियों का रोमानीकरण, जो राज्य या राष्ट्र की संरचना को चुनौती देते हैं, अक्सर इस विचारधारा की एक स्वाभाविक प्रवृत्ति के रूप में देखा जाता है। आलोचकों का मानना है कि यह प्रवृत्ति समय के साथ गहरी जड़ें जमा लेती है और इसे बदलना आसान नहीं होता।

इन परस्पर विरोधी कथाओं के बीच एक ऐसा प्रश्न खड़ा होता है, जो आज भी पूरी तरह सुलझा नहीं है और जिसे स्पष्ट करना आवश्यक माना जाता है :

क्या किसी सशस्त्र विद्रोह के प्रति वैचारिक सहानुभूति चाहे वह वास्तविक हो या केवल मानी गई अभिव्यक्ति की स्वतंत्रता (free speech) का हिस्सा है, या फिर उसे स्वयं उस संघर्ष में भागीदारी के समान माना जाना चाहिए?

इस प्रश्न का उत्तर अलग-अलग समय में बदलता रहा है। कभी यह सरकारों की नीतियों पर निर्भर करता है, तो कभी न्यायालयों की व्याख्याओं और जनभावनाओं पर। संभव है कि आगे भी इसके अर्थ बदलते रहें, क्योंकि भारत अपने सबसे लंबे समय से चल रहे आंतरिक सुरक्षा संघर्षों, विशेषकर सीपीआई (माओइस्ट) से जुड़े आंदोलन को समाप्त करने का प्रयास कर रहा है। यह संघर्ष केवल जंगलों और दूरस्थ इलाकों तक सीमित नहीं है, बल्कि विचारों और विमर्श के गलियारों में भी उतना ही सक्रिय बना हुआ है।

अध्याय आठ

जब विश्वविद्यालय परिसर बने वैचारिक उग्रवाद की प्रयोगशालाएँ

“अत्यंत कट्टर विचारक विश्वविद्यालयों को ‘समाज के खिलाफ युद्ध में एक क़िले’ के रूप में देखते हैं... एक ऐसा ‘हथियारख़ाना’ जिसका मुख्य कार्य ‘क्रांतिकारी चेतना’ को बढ़ाना, सरकार को विफल करना, अधिकारों को बदनाम करना और समाज में एक कट्टर बदलाव को बढ़ावा देना है” —

विलियम जे. बेनेट (पूर्व अमेरिकी शिक्षा सचिव, 1986)

“अर्बन नक्सल” विमर्श का बौद्धिक आधार

पिछले पाँच दशकों में भारत के कुछ प्रमुख विश्वविद्यालय परिसर ज्ञान के निष्पक्ष केंद्रों की तुलना में वैचारिक प्रयोगशालाओं के रूप में अधिक उभरे हैं। इन परिसरों में मार्क्सवाद-लेनिनवाद-माओवादी विचारधाराओं को न केवल संरक्षित किया गया, बल्कि उन्हें नए नैतिक आवरण में पुनः प्रस्तुतकर राष्ट्रीय विमर्श में प्रवाहित किया गया।

इनकी संख्या प्राय: कम, परंतु इनका अंदाज काफी मुखर होता है। इनमें कुछ प्राध्यापक, शोधकर्ता और छात्र नेताओं का मिला-जुला समूह होता है। इन्हें अक्सर “शैक्षणिक स्वतंत्रता” और “असहमति के अधिकार” के नाम पर व्यापक वैचारिक संरक्षण मिलता रहा है। यहाँ मूल समस्या असहमति नहीं है क्योंकि लोकतंत्र में असहमति स्वाभाविक और आवश्यक है; बल्कि चिंता तब उत्पन्न होती है, जब यह असहमति एकपक्षीय स्वरूप लेने लगती है। ऐसी स्थिति में राज्य, सुरक्षा बल और संवैधानिक व्यवस्था को लगातार कठघरे में खड़ा किया जाता है, जबकि सशस्त्र विद्रोह के नैतिक पक्ष पर अपेक्षाकृत कम प्रश्न उठाए जाते हैं।

ज़्यादातर शैक्षणिक परिसरों में होने वाली चर्चाएँ ज्ञान बढ़ाने से ज्यादा विचारधारा को मजबूत करती हुई दिखाई देती हैं। ऐसे विमर्श में कभी-कभी भारतीय राज्य को “दमनकारी”, सुरक्षा बलों को “पुरानी उपनिवेशिक सोच का अवशेष” और लोकतांत्रिक सरकार को “फासीवादी परियोजना” के रूप में प्रस्तुत किया जाता है। ऐसे विमर्श तब आते हैं जब सरकार सीपीआई (माओइस्ट) जैसी हिंसक चुनौतियों का सख्ती से सामना कर रही होती है। हालाँकि, यह भी समझना

जरूरी है कि इस विषय पर सबके विचार एक जैसे नहीं होते। कुछ लोग ऐसी आलोचनाओं को लोकतंत्र का जरूरी हिस्सा मानते हैं, क्योंकि लोकतंत्र में सवाल उठाना और असहमति जताना स्वाभाविक है। वहीं, कुछ अन्य लोग इसे राष्ट्रीय सुरक्षा और सामाजिक स्थिरता के नजरिये से चिंताजनक मानते हैं। इस तरह, यह बहस केवल अलग-अलग विचारधाराओं का टकराव भर नहीं है, बल्कि एक निरंतर कोशिश भी है, जिसमें लोकतंत्र, सुरक्षा और व्यक्तिगत स्वतंत्रता के बीच सही संतुलन खोजने का प्रयास किया जाता है।

हारते जंगल, सक्रिय परिसर

2014 के बाद वामपंथी उग्रवाद के विरुद्ध भारत की रणनीति में एक निर्णायक परिवर्तन आया। सटीक सैन्य अभियानों, खुफिया-आधारित कार्रवाई और समानांतर विकास हस्तक्षेपों के परिणामस्वरूप लेफ्ट विंग एक्सट्रीमिस्म (एलडब्ल्यूइ)-प्रभावित जिलों की संख्या 2010 के 96 से घटकर नवंबर 2024 तक लगभग 10 रह गई। 2024 में ही 1,000 से अधिक माओवादियों ने आत्मसमर्पण किया और नागरिक हत्याएँ ऐतिहासिक न्यूनतम स्तर पर पहुँचीं।

विडंबना यह है कि जैसे-जैसे बस्तर, दंतेवाड़ा और गढ़चिरौली के जंगल शांत हुए, वैसे-वैसे कुछ विश्वविद्यालय परिसरों; विशेषकर जेएनयू और जेएमआई में "फासीवादी राज्य के प्रतिरोध" का शोर तेज़ होता गया। यह संयोग नहीं है। जब सशस्त्र आंदोलन ज़मीन पर हारता है, तब उसकी वैचारिक लड़ाई शहरी और बौद्धिक क्षेत्रों में स्थानांतरित हो जाती है।

करुणा का आवरण और हिंसा की अनदेखी

इस वैचारिक ढाँचे में एक प्रमुख रणनीति यह होती है कि "आदिवासी अधिकार" और "राज्य हिंसा" जैसे मुद्दों को चुनकर विशेष रूप से सामने रखे जाते हैं। वहीं दूसरी ओर, सीपीआई (माओइस्ट) से जुड़ी हिंसक घटनाएँ जैसे—कम उम्र के बच्चों की भर्ती, जबरन उगाही, और ग्रामीणों को "सूत्रधार" बताकर सार्वजनिक रूप से हत्या करना, अक्सर कम चर्चा में आती हैं या कभी-कभी उन्हें व्यापक सामाजिक अन्याय का परिणाम बताकर उचित ठहराने की कोशिश की जाती है।

जब किसी माओवादी हमले में दर्जनों सुरक्षाकर्मी मारे जाते हैं और उसके तुरंत बाद परिसर में "राज्य हिंसा के विरोध" में कार्यक्रम आयोजित होता है तो प्रश्न केवल समय का नहीं, संदेश का होता है। यह शोक नहीं, बल्कि संकेत होता है—जंगलों में छिपे कैडरों के लिए कि वैचारिक समर्थन अब भी जीवित है।

यह वही बिंदु है जहाँ करुणा, प्रतिरोध और नैतिकता का दावा एक रणनीतिक छल में बदल जाता है।

छात्र संगठनों की भूमिका और वैचारिक फ्रंट

डीएसयू, एआईएसए और एसएफ़आई जैसे छात्र संगठन—जो विभिन्न वामपंथी दलों के वैचारिक फ्रंट माने जाते हैं—इस प्रक्रिया में केंद्रीय भूमिका निभाते रहे हैं। "कॉर्पोरेट लूट" और "जन-विरोधी विकास" पर होने वाली चर्चाएँ अकसर सीपीआई (माओवादी) के साहित्यिक फ्रेमवर्क से अस्वाभाविक समानता रखती हैं।

सरकारी आँकड़ों के अनुसार, केवल 2023 में ही वामपंथी उग्रवाद (एलडब्ल्यूइ) से जुड़े नेटवर्क के 150 से अधिक शहरी समर्थकों को गैरकानूनी गतिविधि (निवारण) अधिनियम (यूएपीए) के तहत गिरफ्तार किया गया। इन लोगों पर सीधे हिंसा में शामिल होने का नहीं, बल्कि धन जुटाने, प्रचार करने और जरूरी संसाधन उपलब्ध कराने जैसे कामों में सहयोग देने के आरोप बताए गए।

इस प्रक्रिया का एक चिंताजनक पहलू है कि कुछ शहरी युवाओं पर इसका वैचारिक प्रभाव पड़ता है। वे कभी-कभी भारत को एक जीवंत लोकतंत्र के रूप में देखने के बजाय "अर्द्ध-सामंती, अर्द्ध-औपनिवेशिक" व्यवस्था के रूप में समझने लगते हैं। आलोचकों के अनुसार, यह दृष्टिकोण न केवल इतिहास की एक सीमित व्याख्या पर आधारित होता है, बल्कि सुधार, संवाद और संवैधानिक तरीकों से समाधान निकालने की संभावनाओं को भी कमज़ोर कर सकता है। यह वह स्थिति है जहाँ असहमति, आलोचना और विद्रोह के बीच की रेखा धुंधली होने लगती है। ऐसे माहौल में विश्वविद्यालय, जो मूलतः ज्ञान और विचार-विमर्श के केंद्र होने चाहिए, धीरे-धीरे कठोर वैचारिक सोच को बढ़ावा देने वाले स्थान बनते जाते हैं।

दंतेवाड़ा 2010 : जब 'शोक' के नाम पर जयकार गूँजी

कैंपस सहानुभूति और हिंसा का नैतिक उलटफेर

6 अप्रैल 2010 को छत्तीसगढ़ के दंतेवाड़ा जिले के मुकराम गाँव के पास भारतीय आंतरिक सुरक्षा इतिहास का सबसे भयावह अध्याय लिखा गया। केंद्रीय रिज़र्व पुलिस बल (सीआरपीएफ़) की 62वीं बटालियन की एक कंपनी, जो दूरस्थ आदिवासी बस्तियों को बाज़ार और स्कूलों से जोड़ने के लिए चल रहे सड़क निर्माण की नियमित सुरक्षा गश्त से लौट रही थी, को सीपीआई (माओवादी) द्वारा रचे गए एक सुव्यवस्थित एल आकार के घात-जाल में फँसा लिया गया।

प्रेशर-प्लेट आधारित आईईडी विस्फोटों ने अग्रिम खदान-सुरक्षित वाहनों को ध्वस्त कर दिया। विस्फोट के बाद बचे जवानों को जंगल में घेरकर नज़दीक से गोली मारी गई। शवों को पहचान से रोकने के लिए विकृत किया गया और कुछ पर द्वितीयक आईईडी लगाए गए, ताकि बचाव दल भी हताहत हों। इस हमले में 76 जवान मारे गए; केवल पाँच जीवित बचे, जिन्होंने उस अमानवीय दृश्य को देखा। सीपीआई (माओवादी) ने इसे "ऑपरेशन ग्रीन हंट" के विरुद्ध अपनी रणनीतिक सफलता बताते हुए सार्वजनिक रूप से श्रेय लिया।

यह स्वतंत्र भारत के इतिहास में सुरक्षा बलों पर किया गया सबसे घातक हमला था।

तीन दिन बाद : शोक से पहले राजनीति

जब राष्ट्र अपने वीर शहीदों का अंतिम संस्कार कर रहा था और तत्कालीन प्रधानमंत्री मनमोहन सिंह ने वामपंथी उग्रवाद को "भारत की सबसे बड़ी आंतरिक सुरक्षा चुनौती" बताया, ठीक तीन दिन बाद—9 अप्रैल 2010 की शाम—जवाहरलाल नेहरू विश्वविद्यालय (जेएनयू) परिसर में एक अलग दृश्य सामने आया।

डेमोक्रेटिक स्टूडेंट्स यूनियन (डीएसयू), ऑल इंडिया स्टूडेंट्स एसोसिएशन (एआईएसए) और फ़ोरम अगेंस्ट वार ऑन पीपल ने गोदावरी ढाबा क्षेत्र में एक सार्वजनिक सभा आयोजित की। प्रत्यक्षदर्शियों और उपलब्ध वीडियो

फ़ुटेज में लगभग 200 छात्रों को ऐसे नारे लगाते देखा गया, जो शोक नहीं बल्कि विजय-उत्सव का संकेत देते थे—

'माओवाद ज़िंदाबाद!', 'सीआरपीएफ़ के हर जवान की लाश से इंक़लाब उगता है!' और 'इंडिया गो बैक!'

यह आयोजन "शोक सभा" के रूप में प्रचारित किया गया था, परंतु उसका स्वर और भाषा उस दावे से मेल नहीं खाती थी।

विरोध पर हिंसा

जब एबीवीपी, एनएसयूआई और यूथ फॉर इक्वलिटी से जुड़े छात्रों ने "नरसंहार के महिमामंडन पर शर्म" जैसे प्लेकार्ड लेकर इस कार्यक्रम का विरोध किया तो स्थिति हिंसक हो गई। प्रत्यक्षदर्शियों के अनुसार विरोध कर रहे छात्रों पर पत्थर फेंके गए, लोहे की छड़ों से हमला हुआ और उन्हें परिसर में दौड़ाया गया। कई छात्र घायल हुए; एक महिला एबीवीपी कार्यकर्ता को सिर में गंभीर चोट आई, जिसके लिए टाँके लगाने पड़े।

जेएनयू के तत्कालीन कुलपति प्रोफेसर बी.बी. भट्टाचार्य ने इस घटना की औपचारिक निंदा करते हुए इसे "संवेदनहीन और शर्मनाक" बताया। उन्होंने विशेष रूप से इस बात पर ज़ोर दिया कि यह सब उस समय हुआ, जब "मारे गए जवानों के परिवार अभी अंतिम संस्कार की प्रक्रिया में थे।"

सुरक्षा बलों पर दूसरा आघात

छत्तीसगढ़ के तत्कालीन पुलिस महानिदेशक ए.के. सिंह ने द *हिंदू* से बातचीत में कहा कि यह सार्वजनिक 'जश्न' उनके बल के लिए शारीरिक चोट से भी अधिक गहरी मानसिक चोट थी। उनके शब्दों में यह संकेत देता है कि शहरी अभिजात वर्ग उन जवानों के बलिदान के प्रति पूर्णतः उदासीन है, जो सीमित संसाधनों और कम वेतन पर देश के सबसे कठिन इलाकों में तैनात रहते हैं।

इसके बावजूद आयोजनकर्ताओं ने न तो माफ़ी माँगी और न ही नारों से दूरी बनाई। उनका प्रेस वक्तव्य, जो चयनित पत्रकारों को ईमेल किया गया, इस बात पर अड़ा रहा कि यह सभा केवल "ऑपरेशन ग्रीन हंट को आदिवासियों पर राज्य-प्रायोजित नरसंहार के रूप में उजागर करने" के लिए थी।

यही वह नैतिक उलटफेर है, जो इस पूरे विमर्श की जड़ में है : पहले जंगल में नरसंहार, फिर महानगरीय परिसर में पीड़ित होने का अभिनय।

एक घटना नहीं, एक पैटर्न

दंतेवाड़ा के बाद यह कोई अपवाद नहीं रहा। इसी प्रकार के "सहानुभूति कार्यक्रम" बाद में यूनिवर्सिटी ऑफ हैदराबाद और जादवपुर यूनिवर्सिटी में भी आयोजित हुए, जहाँ पोस्टरों और वक्तव्यों में इस हमले को "दबे हुए लोगों की रणनीतिक विजय" के रूप में प्रस्तुत किया गया।

सुरक्षा एजेंसियों की आंतरिक रिपोर्टों में बाद में यह दर्ज किया गया कि इस प्रकार का वैचारिक प्रचार माओवादी भर्ती और शहरी लॉजिस्टिक समर्थन को बनाए रखने में सहायक सिद्ध हुआ। 2011 की एनआईए जाँचों में कम से कम 12 ऐसे जेएनयू से शिक्षित शहरी नेटवर्क सामने आए, जिनकी भूमिका दिल्ली से बस्तर तक विस्फोटक और सामग्री पहुँचाने में पाई गई।

9 फ़रवरी 2016 : जब देशद्रोह 'प्रदर्शन कला' बना और कांग्रेस ने उसे गले लगाया

यदि दंतेवाड़ा की घटना ने विश्वविद्यालय परिसरों में पनप रही वैचारिक सड़न को उजागर किया था तो 9 फ़रवरी 2016 की घटनाओं ने उस सड़न को मुख्यधारा की राजनीति के केंद्र में ला खड़ा किया। यही वह क्षण था जब यह विमर्श सिर्फ़ कैंपस तक सीमित नहीं रहा, बल्कि राष्ट्रीय राजनीति का निर्णायक मुद्दा बन गया और विपक्ष के लिए एक टर्निंग पॉइंट भी।

उस दिन जेएनयू परिसर में लगाए गए आधिकारिक पोस्टर में एक साधारण-सी "सांस्कृतिक संध्या" का प्रचार किया गया था, "ए कंट्री विदाउट अ पोस्ट ऑफिस" जो 2001 के संसद हमले में नौ लोगों की हत्या के दोषी अफ़ज़ल गुरु और कश्मीरी अलगाववादी मकबूल भट की तीसरी पुण्यतिथि के नाम समर्पित थी।

एबीवीपी की आपत्तियों के बाद जेएनयू प्रशासन ने कार्यक्रम की अनुमति तुरंत रद्द कर दी। इसके बावजूद आयोजकों ने डीएसयू के उमर ख़ालिद और अनिर्बान भट्टाचार्य के नेतृत्व में और तत्कालीन जेएनयूएसयू अध्यक्ष कन्हैया

कुमार (एआईएसए-सीपीआई) की भागीदारी के साथ कैंपस की परिधि में कार्यक्रम को आगे बढ़ाया।

बाद में सामने आए वीडियो फुटेज, जिन्हें पटियाला हाउस कोर्ट और दिल्ली उच्च न्यायालय में प्रमाण के रूप में पेश किया गया, में 15 से 20 नकाबपोश लोगों को खुले तौर पर ऐसे नारे लगाते देखा गया :

- 'भारत की बर्बादी तक जंग रहेगी!'
- 'कश्मीर माँगे आज़ादी... बस्तर माँगे आज़ादी... मणिपुर माँगे आज़ादी!'
- 'अफ़ज़ल गुरु अमर रहे... मकबूल भट्ट ज़िंदाबाद!'

ये नारे केवल वैचारिक असहमति नहीं थे। उन्होंने कश्मीर के अलगाववादी आंदोलन और बस्तर के माओवादी विद्रोह को एक साझा मोर्चे के रूप में प्रस्तुत किया—दोनों को "फासीवादी भारतीय राज्य" के विरुद्ध संघर्ष बताया गया।

2019 में दाख़िल दिल्ली पुलिस की चार्जशीट में 10 छात्रों और बाहरी व्यक्तियों के नाम शामिल किए गए। इसमें कहा गया कि कार्यक्रम को प्रतिबंधित सीपीआई (माओवादी) के मुखपत्र *पीपल्स मार्च* से वैचारिक समर्थन मिला था। जाँच में हवाला चैनलों के ज़रिए वित्तपोषण के संकेत भी सामने आए और कुछ प्रतिभागियों के नागपुर में माओवादी "प्रायसिस कैंप" में भाग लेने के प्रमाण मिले।

कन्हैया कुमार की देशद्रोह के आरोप में गिरफ़्तारी के बाद पूरा परिसर ठप हो गया। पाँच हज़ार से अधिक छात्रों ने विश्वविद्यालय के गेट बंद कर दिए और स्पष्ट अल्टीमेटम दिया, "रिहाई तक कोई कक्षा नहीं चलेगी।"

लेकिन इस पूरे घटनाक्रम में असली मोड़ 13 फ़रवरी को आया, जब तत्कालीन कांग्रेस उपाध्यक्ष राहुल गांधी जेएनयू कैंपस पहुँचे। उनके साथ वरिष्ठ कांग्रेस नेता आनंद शर्मा और अजय माकन भी मौजूद थे। छात्रों को संबोधित करते हुए राहुल गांधी ने कहा, "मोदी सरकार और एबीवीपी द्वारा जेएनयू जैसी संस्था को डराने की कोशिश निंदनीय है। भारत-विरोधी भावनाएँ

स्वीकार्य नहीं हैं, लेकिन असहमति और बहस का अधिकार लोकतंत्र की आत्मा है।"

उन्होंने कन्हैया कुमार के परिवार से मुलाक़ात की, विरोध-प्रदर्शन में शामिल छात्रों के साथ तस्वीरें खिंचवाईं और बाद में ट्वीट किया, "इन डरपोकों को आपको दबाने मत दो।"

एबीवीपी कार्यकर्ताओं ने काले झंडे दिखाए और विरोध किया, लेकिन राहुल गांधी ने पूरी कार्रवाई को "आपातकाल जैसी" बताकर कांग्रेस को एक नई राजनीतिक दिशा में ले जाने का संकेत दे दिया।

इस रुख़ का असर कांग्रेस के पारंपरिक और मध्यमार्गी मतदाता आधार पर पड़ा। पार्टी के भीतर असहजता बढ़ी और चुनावी नतीजों में भी इसका प्रतिबिंब दिखा।

बिहार विधानसभा चुनाव 2020 में राष्ट्रीय जनता दल (आरजेडी) और भारतीय राष्ट्रीय कांग्रेस के गठबंधन का प्रदर्शन अपेक्षा से कमजोर रहा और यह गठबंधन केवल 19 सीटों तक सीमित रह गया। इसी तरह, 2024 के लोकसभा चुनावों में भारतीय राष्ट्रीय कांग्रेस का राष्ट्रीय वोट शेयर लगभग 19.5% रहा, जो 2019 के मुकाबले करीब 2% कम रह गया। इसका एक कारण यह माना गया कि बड़ी संख्या में मध्यमार्गी (मॉडरेट) मतदाता भारतीय जनता पार्टी (बीजेपी) की ओर झुक गए।

राजनीतिक विश्लेषक मिलन वैष्णव के शब्दों में, "शहरी वामपंथ के साथ तालमेल बिठाते हुए कांग्रेस ने राष्ट्रवादी केंद्र को पूरी तरह बीजेपी के हवाले कर दिया। जो एक रणनीतिक भूल थी, वह धीरे-धीरे अस्तित्व के संकट में बदल गई।"

एंटी-सीएए आंदोलन (2019-2020) : सजग रूप से फैलाई गई झूठी खबर से पैदा किया गया तनाव

दिसंबर 2019 में पारित नागरिकता संशोधन अधिनियम का किसी भी भारतीय मुस्लिम की नागरिकता से कोई संबंध नहीं था। यह एक बुनियादी और निर्विवाद तथ्य था और यह तथ्य शुरुआत से ही आंदोलन से जुड़े कार्यकर्ताओं, आयोजकों, राजनीतिक दलों और विश्वविद्यालयों के विचारक समूहों को भली-भाँति ज्ञात था।

फिर भी इस सच्चाई को स्पष्ट और ईमानदारी से जनता के सामने रखने के बजाय, एक सुनियोजित और सावधानीपूर्वक गढ़ा गया दुष्प्रचार अभियान चलाया गया। यह अभियान विश्वविद्यालय परिसरों, धार्मिक संस्थानों, सोशल मीडिया नेटवर्कों और विपक्ष-समर्थित संगठनों के माध्यम से फैलाया गया। इसका उद्देश्य नीति पर बहस करना नहीं था; उद्देश्य था भय पैदा करना और सामाजिक अस्थिरता को भड़काना।

जामिया मिल्लिया इस्लामिया (जेएमआई), अलीगढ़ मुस्लिम यूनिवर्सिटी (एएमयू), जवाहरलाल नेहरू यूनिवर्सिटी (JNU) और अन्य शैक्षणिक संस्थानों में जो शुरुआती "चिंगारी" दिखाई दी, वह वस्तुतः झूठी सूचनाओं पर आधारित थी। सीएए को एक काल्पनिक कथा से जोड़ दिया गया—यह दावा किया गया कि भारतीय मुसलमानों को जल्द ही अवैध निवासी घोषित कर दिया जाएगा और उनकी नागरिकता छीन ली जाएगी।

आयोजकों को यह अच्छी तरह पता था कि अधिनियम में ऐसा कुछ भी नहीं कहा गया है। फिर भी इस भ्रम को जानबूझकर फैलाया गया, क्योंकि डर ही आंदोलन को गति देता है। तथ्य आंदोलन को धीमा करते हैं; आशंका और भय उसे उग्र बनाते हैं।

जब 15 दिसंबर 2019 को जामिया में और बाद में 5 जनवरी 2020 को जेएनयू में हिंसा भड़की तो इन घटनाओं को उसी गढ़ी गई कहानी के "प्रमाण" के रूप में पेश किया गया। टूटे हुए शीशों, आँसू गैस के गोले, घायल छात्रों और भागती भीड़ की तस्वीरें केवल आक्रोश जगाने के लिए नहीं थीं—वे इस संदेश को स्थापित करने के लिए थीं कि एक पूरा समुदाय "हमले के अधीन" है।

विपक्षी नेताओं और सहानुभूतिपूर्ण मीडिया हस्तियों ने इन दृश्यों को "उत्पीड़न", "संवैधानिक हत्या", "फासीवाद" और यहाँ तक कि "नरसंहार" जैसे शब्दों के साथ लगातार प्रचारित किया। लेकिन इस पूरे शोर में एक बात लगातार गायब रही—यह सरल सच कि किसी भी भारतीय मुस्लिम की नागरिकता न तो छीनी जा रही थी, न छीनी जा सकती थी।

गलत सूचना की रणनीति : डर को राजनीतिक हथियार बनाना

शुरुआत से ही सीएए को लेकर अपनाई गई संचार रणनीति साफ थी—कानूनी सच्चाई को पीछे धकेलकर भावनात्मक भय को आगे लाना। मस्जिदों में दिए गए भाषणों में लोगों से कहा गया कि "दस्तावेज़ माँगे जाएँगे" और "नागरिकता छीन ली जाएगी।" राजनीतिक दलों से जुड़े व्हाट्सएप नेटवर्कों ने यह अफ़वाह फैलाई कि मुसलमानों को डिटेंशन कैंपों में भेजा जाएगा। सोशल मीडिया पर प्रभावशाली चेहरों ने बड़े पैमाने पर बहिष्कार और दमन की आशंकाओं को बार-बार दोहराया।

यह कोई अनजानी भूल या ग़लतफ़हमी नहीं थी—यह एक सोची-समझी रणनीति थी। कांग्रेस और कई अन्य विपक्षी संगठन इस ग़लत सूचना तंत्र के केंद्रीय स्तंभ बनकर उभरे। कानून को स्पष्ट करने या तथ्यपरक बहस करने के बजाय, उन्होंने राजनीतिक और वैचारिक लाभ के लिए भय को ईंधन की तरह इस्तेमाल किया। रैलियों, प्रेस कॉन्फ्रेंसों और टीवी बहसों में एक ही संदेश लगातार दोहराया गया, "सीएए मुस्लिम विरोधी है।"

जब अधिनियम के वास्तविक प्रावधान सामने रखे गए तो उन्हें स्वीकार करने के बजाय कहानी को और अधिक काल्पनिक और गढ़े हुए अर्थों में मोड़ दिया गया। ऐसा इसलिए नहीं था कि कानून अस्पष्ट था, बल्कि इसलिए कि इस अभियान में झूठ, कानून से अधिक उपयोगी साबित हो रहा था।

जब तक तथ्य-जाँचकर्ता और कानूनी विशेषज्ञ सार्वजनिक रूप से सीएए की व्याख्या करने लगे, तब तक भय का यह तंत्र पहले ही जड़ जमा चुका था। रणनीति अपना लक्ष्य हासिल कर चुकी थी—विशेषकर आर्थिक और सामाजिक रूप से कमजोर मुसलमानों के बीच यह धारणा बैठा दी गई थी कि उनका अस्तित्व ही खतरे में है।

डर से आंदोलन तक : प्रदर्शनों की गढ़ी हुई संरचना

जब भय की भावना लोगों के मन में गहराई तक बैठ जाती है, तो उसका असर अक्सर सड़कों पर दिखने लगता है। शाहीन बाग जैसे लंबे समय तक चले धरने (सिट-इन) अचानक नहीं उभरे, बल्कि कई लोगों के अनुसार

वे पहले से तैयार और संगठित थे। वहाँ अपनाई गई प्रदर्शन शैली—जैसे नारे, मंच से दिए गए भाषण और अलग-अलग प्रतीक—अक्सर धार्मिक पहचान को पीड़ित होने की भावना के साथ जोड़ती हुई दिखाई दी। कुछ रिपोर्टों और चर्चाओं में यह भी कहा गया कि कई स्थानों पर बच्चों को, जिनकी समझ अभी पूरी तरह विकसित नहीं होती, नारे लगवाने में शामिल किया गया। साथ ही, कई प्लेकार्डों पर नाजी जर्मनी से तुलना की गई। ऐसे उदाहरणों को कुछ लोग इस रूप में देखते हैं कि आंदोलनों में भावनात्मक आक्रोश बढ़ाने के लिए कभी-कभी अतिशयोक्ति का सहारा लिया जाता है, क्योंकि तीखी तुलना लोगों का ध्यान जल्दी आकर्षित करती है।

इसी माहौल में चरमपंथी तत्त्वों ने भी अपनी जगह बनानी शुरू की; विशेषकर वे, जिनका वैचारिक जुड़ाव वामपंथी उग्रवाद से रहा है। विरोध स्थल धीरे-धीरे भर्ती के अड्डों में बदलने लगे, हालांकि उन्हें "नागरिक सक्रियता" का नाम दिया गया। नागरिकता जैसे कानूनी मुद्दे पर शुरू हुई चर्चा जल्द ही "क्रांति" के आह्वानों में बदल गई। यह भाषा का फिसलना कोई संयोग नहीं था; यह एक बड़े उद्देश्य की ओर संकेत करता था—राज्य की वैधता पर प्रश्नचिह्न लगाना और लोकतांत्रिक सरकार को दमनकारी शक्ति के रूप में चित्रित करना।

इस बदलाव के प्रतीक के रूप में शरजील इमाम और उमर ख़ालिद जैसे चेहरे उभरे। इमाम का "असम को काट दो" जैसा खुला आह्वान हो या खालिद के वे कैंपस भाषण, जिनमें माओवादी विचारधारा की प्रतिध्वनि सुनाई देती थी—इन्हें केवल व्यक्तिगत राय कहकर टाला नहीं जा सकता। ये प्रयास नीति-विरोधी आंदोलन को धीरे-धीरे विद्रोह की वैचारिक कथा में बदलने की कोशिश का हिस्सा थे।

राजनीतिक साँठ-गाँठ : सुविधाजनक गठबंधन

कांग्रेस और अन्य विपक्षी दलों की भूमिका केवल बयान देने या नैतिक समर्थन तक ही सीमित नहीं रही। उनके कई वरिष्ठ नेता न सिर्फ इन प्रदर्शनों में खुले तौर पर शामिल हुए बल्कि उग्र रूप से कैंपस में भी राजनीतिक आवाजें गूँजती दिखाई पड़ीं। कई मौकों पर अपुष्ट या अधूरी जानकारी को आम लोगों की शिकायत के रूप में प्रस्तुत किया गया, जिससे सार्वजनिक चर्चा का माहौल

और अधिक उलझा हुआ लगने लगा। इससे ऐसा महसूस हुआ कि तथ्य और भावनाएँ कई बार एक-दूसरे में घुलमिल गईं और आम नागरिक के लिए सही और गलत में फर्क करना कठिन हो गया।

सबसे गंभीर तथ्य यह है कि किसी भी स्तर पर प्रदर्शनकारियों, विशेषकर शाहीन बाग की बुज़ुर्ग महिलाओं और युवा छात्रों को यह स्पष्ट करने का प्रयास नहीं किया गया कि नागरिकता संशोधन अधिनियम (सीएए) उनके नागरिकता अधिकारों को न तो छीनता है और न ही छीन सकता है। यह मौन साधारण अज्ञानता नहीं था, बल्कि एक सचेत राजनीतिक चयन था, जिसे सहभगिता कहना अधिक उपयुक्त होगा।

इस रणनीति का उद्देश्य स्पष्ट था : राष्ट्रीय सहमति को खंडित करना, सरकार को राजनीतिक रूप से घेरना और भय को एक संगठित चुनावी हथियार में परिवर्तित करना। यदि इस प्रक्रिया में सामाजिक सौहार्द प्रभावित होता है तो उसे एक स्वीकार्य कोलेटरल डैमेज के रूप में देखा गया।

इस प्रकार जो आंदोलन नागरिक अधिकारों की रक्षा के नाम पर आरंभ हुआ, वह धीरे-धीरे राजनीतिक अवसरवाद और वैचारिक उग्रता के संगम में परिवर्तित हो गया, जहाँ लोकतांत्रिक संवाद के स्थान पर अस्थिरता को रणनीति के रूप में अपनाया गया।

एक झूठा आंदोलन, वास्तविक क्षति

वर्तमान में देखने पर एंटी-सीएए प्रदर्शन संगठित राजनीतिक दुष्प्रचार के सबसे विकृत स्वरूप को उजागर करते हैं। एक ऐसा कानूनी और मानवीय संशोधन, जिसका उद्देश्य पड़ोसी धार्मिक राष्ट्रों में उत्पीड़न का सामना कर रहे अल्पसंख्यकों को संरक्षण प्रदान करना था, उसे योजनाबद्ध ढंग से सांप्रदायिक टकराव के विमर्श में रूपांतरित कर दिया गया।

यह भ्रम आकस्मिक नहीं था और न ही जनाक्रोश स्वतःस्फूर्त। मुस्लिम समुदाय के भीतर जो भय, असुरक्षा और अस्तित्वगत संकट की भावना फैलाई गई, वह प्राकृतिक प्रतिक्रिया नहीं थी—वह सावधानीपूर्वक निर्मित नैरेटिव का परिणाम थी। तथ्य को छुपाया गया, आशंकाओं को बढ़ाया गया और राजनीतिक लाभ के लिए आशंका को हथियार बनाया गया।

इस आंदोलन की विरासत स्वस्थ लोकतांत्रिक विमर्श नहीं, बल्कि वैचारिक छल है। जिसे संवैधानिक प्रतिरोध के रूप में प्रस्तुत किया गया, वह वस्तुतः नागरिक अशांति को उकसाने, निर्वाचित सरकार की वैधता को कमजोर करने और यह परखने का प्रयास था कि लोकतांत्रिक समाज में झूठ कितनी तीव्रता से सत्य पर हावी हो सकता है।

इस परीक्षण में दुष्प्रचार की यह संरचना खतरनाक रूप से सफलता के निकट पहुँच गई, जो स्वयं लोकतंत्र के लिए एक गंभीर चेतावनी है।

हैदराबाद विश्वविद्यालय (यूओएच) और उस्मानिया विश्वविद्यालय (2015-2020) :

"निर्मित प्रतिरोध" मॉडल का प्रारूप

2019–20 के एंटी-सीएए प्रदर्शन के दौरान जो संगठित विरोध, भावनात्मक माहौल और वैचारिक ध्रुवीकरण देखने को मिला, वह अचानक पैदा नहीं हुआ था। कई लोगों का मानना है कि इस तरह की विरोध शैली की तैयारी पहले से ही कुछ विश्वविद्यालय परिसरों में हो चुकी थी। विशेष रूप से 2015–16 के दौरान हैदराबाद विश्वविद्यालय (यूओएच) और उस्मानिया विश्वविद्यालय जैसे परिसरों में ऐसे विरोध के तरीके विकसित हुए और उन्हें परखा गया। बाद के वर्षों में यही तरीके बड़े स्तर पर दिखाई देने लगे, जब राष्ट्रीय मुद्दों पर व्यापक प्रदर्शन हुए।

जनवरी 2016 में हैदराबाद विश्वविद्यालय के पीएचडी शोधार्थी रोहित वेमुला की आत्महत्या एक अत्यंत दुखद व्यक्तिगत त्रासदी थी। किंतु इस घटना को शीघ्र ही छात्र संगठनों, अतिवामपंथी समूहों और सत्ता-विरोधी वैचारिक नेटवर्कों ने राजनीतिक धुरी (न्यूक्लियस) में परिवर्तित कर दिया। तथ्यात्मक जाँच, संस्थागत प्रक्रियाओं और व्यक्तिगत-शैक्षणिक जटिलताओं की प्रतीक्षा किए बिना इसे तुरंत "भाजपा-नेतृत्व वाली सरकार द्वारा की गई संस्थागत हत्या" घोषित कर दिया गया।

कैंपस में लगे पोस्टरों और नारों में रोहित वेमुला को "जातिगत फासीवाद का शहीद" बताया गया और उनकी आत्महत्या को राज्य-प्रायोजित हिंसा के समकक्ष प्रस्तुत किया गया।

'#JusticeForRohith' जैसे नारे जाँच की वैध माँग भर नहीं रहे बल्कि धीरे-धीरे ये तरीके एक तरह के स्पष्ट कथात्मक हथियार बनते चले गए। शोध लेखों और निजी लिखावटों से कुछ खास पंक्तियाँ चुनकर उन्हें संदर्भ से अलग करके पेश किया गया। तथ्यों को भी चुनिंदा ढंग से इस्तेमाल किया गया, और भाषा को इस तरह तेज़ और भावनात्मक बनाया गया कि मुद्दों को बहुत सरल दो विरोधी पक्षों में बाँटकर दिखाया जा सके—मानो हर बात केवल सही और गलत के सीधे टकराव तक सीमित हो।

"ब्राह्मणवादी राष्ट्रवाद" बनाम "उत्पीड़ित दलित छात्र" "भाजपा-शासित साम्प्रदायिक राज्य" बनाम "प्रतिरोध की नैतिक राजनीति"

यहीं से बड़े भारतीय विश्वविद्यालयों में पहली बार दलित पहचान-राजनीति को खुलकर माओवादी क्रांतिकारी शब्दावली के साथ जोड़ा गया। एसएफ़आई, डीएसयू और संबद्ध वामपंथी संगठनों द्वारा आयोजित व्याख्यानों और कार्यक्रमों में नक्सलबाड़ी को "अपूर्ण क्रांति" के रूप में प्रस्तुत किया गया।

यूओएच परिसर में ऐसे पोस्टर दिखाई देने लगे, जिनमें चारू मजूमदार और किशनजी जैसे माओवादी प्रतीकों को रोहित वेमुला की छवि के साथ जोड़ा गया—यह एक सचेत वैचारिक संकेत था कि "व्यवस्था के विरुद्ध संघर्ष" अब शैक्षणिक असहमति तक सीमित नहीं रहने वाला है।

2016 के मध्य तक हैदराबाद विश्वविद्यालय एक प्रकार की कैंपस-आधारित उग्र मोबिलाइज़ेशन की प्रयोगशाला बन चुका था, जहाँ

- शिकायत की राजनीति,
- नियंत्रित आक्रोश,
- प्रतीकात्मक शहादत, और
- उग्र वैचारिक इंजेक्शन

को एक साथ मिलाकर "निर्मित प्रतिरोध" का ऐसा मॉडल तैयार किया गया, जो बाद में देशव्यापी आंदोलनों, विशेषकर एंटी-सीएए प्रदर्शनों में लगभग उसी संरचना और शब्दावली के साथ दोहराया गया।

राहुल गांधी का गैर-जिम्मेदाराना हस्तक्षेप

जब उग्र कथानक को राष्ट्रीय वैधता प्रदान की गई

इसी अस्थिर और कृत्रिम रूप से निर्मित वातावरण में राहुल गांधी ने हस्तक्षेप किया—एक बार नहीं, बल्कि दो बार—और राष्ट्रीय मीडिया की उपस्थिति में इस पूरे घटनाक्रम को लगभग नाटकीय राजनीतिक रूप दे दिया।

उनकी मौजूदगी निर्णायक सिद्ध हुई। जो आंदोलन अब तक एक सीमित कैंपस-आधारित वैचारिक उभार था, वह अचानक राष्ट्रीय स्तर का राजनीतिक अभियान बन गया। कांग्रेस नेतृत्व ने बिना तथ्यों की समुचित जाँच किए यह सार्वजनिक रूप से घोषित कर दिया कि रोहित वेमुला "मोदी सरकार और प्रणालीगत उत्पीड़न" के शिकार थे।

इस प्रक्रिया में कोई भी मूलभूत प्रश्न नहीं पूछा गया :

'क्या आत्महत्या पत्र में लगाए गए राजनीतिक आरोपों का समर्थन मिलता है?'

'क्या अनुशासनात्मक कार्रवाई विश्वविद्यालय प्रशासनिक ढाँचे के भीतर की प्रक्रिया थी, न कि केंद्र सरकार का हस्तक्षेप?

'क्या किसी भाजपा मंत्री या केंद्र सरकार ने छात्रवृत्ति रद्द करने या शैक्षणिक दंड देने का कोई प्रत्यक्ष आदेश दिया था?'

इन प्रश्नों के स्थान पर राहुल गांधी ने वही नारा सार्वजनिक रूप से दोहराया—लगभग शब्दशः—जो पहले से ही उग्र कैंपस गुटों द्वारा गढ़ा जा चुका था, "रोहित की हत्या हुई—सरकार ने उसकी हत्या की।"

यह कोई भावनात्मक असावधानी नहीं थी। यह एक स्पष्ट राजनीतिक अनुमोदन था—एक ऐसी कथा का समर्थन, जिसका उद्देश्य संस्थानों की वैधता को कमजोर करना और शोक को विद्रोह की भाषा में बदलना था।

जब यह कथन कांग्रेस संगठन के शीर्ष स्तर से आया, तो आंदोलन अब मात्र छात्र-प्रदर्शन नहीं रहा। वह एक सुव्यवस्थित राष्ट्रीय सरकार-विरोधी अभियान में परिवर्तित हो गया, जहाँ तथ्य द्वितीयक हो गए और दृश्यात्मक प्रभाव (ऑप्टिक्स) ही प्राथमिक राजनीतिक उपकरण बन गया।

रोहित वेमुला प्रकरण में राहुल गांधी का यह हस्तक्षेप उस खतरनाक पैटर्न का प्रारंभिक उदाहरण था, जो तीन वर्ष बाद एंटी-सीएए आंदोलन में लगभग उसी संरचना और रणनीति के साथ दोहराया गया : एक ट्रिगर की पहचान, तथ्यों से पहले गलत सूचना का प्रसार और राजनीतिक लाभ के लिए नियंत्रित आक्रोश की सवारी।

उस्मानिया विश्वविद्यालय : जब पूरा पारिस्थितिकी तंत्र आकार लेने लगा

यदि हैदराबाद विश्वविद्यालय (यूओएच) इस आंदोलन की वैचारिक प्रयोगशाला बना तो उस्मानिया विश्वविद्यालय उसका सांस्कृतिक मंच बनकर उभरा। 2017 तक आते-आते उस्मानिया के परिसर में तथाकथित "प्रतिरोध उत्सव" नियमित रूप से आयोजित होने लगे—कला प्रतिष्ठापन, कविता पाठ, नुक्कड़ नाटक और वृत्तचित्र प्रदर्शन। इन आयोजनों में नक्सलवाद को धीरे-धीरे एक वैध और नैतिक राजनीतिक अभिव्यक्ति के रूप में प्रस्तुत किया जाने लगा।

यह केवल असंतोष की अभिव्यक्ति नहीं थी, बल्कि एक सुविचारित सांस्कृतिक रूपांतरण था, जहाँ हिंसक विचारधारा को सौंदर्य, संवेदना और प्रतीकों के माध्यम से सामान्य बनाया जा रहा था।

जब 2019 में नागरिकता संशोधन अधिनियम (सीएए) पारित हुआ तो उस्मानिया उन पहले परिसरों में शामिल था जहाँ तीव्र प्रतिक्रिया देखने को मिली। फर्क बस इतना था कि इस बार आंदोलन को गढ़ने वाली पूरी मशीनरी पहले से तैयार थी। यहाँ संवाद या बहस के लिए कोई स्थान नहीं छोड़ा गया—केवल आरोप थे और वे भी पहले से तय।

किसी एक छात्र द्वारा अधिनियम का पाठ पढ़े जाने से पहले ही परिसर में नारे गूँजने लगे :

'सीएए = मुस्लिम नरसंहार'

'मोदी-शाह = फासीवाद'

'हिंदू राष्ट्र को खारिज करो'

प्रदर्शन स्थलों और सांस्कृतिक आयोजनों में माओवादी प्रतीकों का खुला और निर्बाध प्रयोग हुआ—लाल सितारे, उठी हुई मुट्ठियाँ और गुरिल्ला लड़ाकों

के भित्ति चित्र। एक कला प्रतिष्ठापन में हिड़मा को प्रतीकात्मक श्रद्धांजलि दी गई—वही माओवादी कमांडर, जिसे सुरक्षा बलों पर कई घातक हमलों का जिम्मेदार माना जाता है।

छात्र समूहों ने नक्सलबाड़ी आंदोलन से प्रेरित गुरिल्ला मार्चों का नाट्य रूपांतरण किया और नारे लगाए :

'यह जंग अब तक जारी है!'

'हिड़मा ज़िंदाबाद!'

यह महज़ असहमति नहीं थी। यह एक प्रकार की रिहर्सल थी—विद्रोह की, टकराव की, जिसे सांस्कृतिक विरोध और रचनात्मक अभिव्यक्ति के आवरण में प्रस्तुत किया गया।

एंटी-सीएए आंदोलन का पूर्वसूचक : एक तैयार "फाइनल प्लेबुक"

2015 से 2019 के बीच हैदराबाद विश्वविद्यालय (यूओएच) और उस्मानिया विश्वविद्यालय में जो कुछ घटित हुआ, वह महज़ अलग-अलग घटनाएँ नहीं थीं। इन दोनों परिसरों के अनुभवों ने मिलकर एक लगभग परिपूर्ण, चार-चरणीय राजनीतिक प्लेबुक तैयार कर दी, जिसका प्रयोग बाद में एंटी-सीएए आंदोलन में पूरी कुशलता के साथ किया गया।

पहला चरण : उत्पीड़न और पीड़ित होने की एक प्रभावी कहानी गढ़ना

इस चरण में तथ्य गौण हो जाते हैं। वास्तविक जाँच, जटिलताएँ और संदर्भ पीछे छूट जाते हैं। पूरी कथा भावनात्मक तानाबाने पर टिकी होती है, जहाँ आक्रोश, पीड़ा और अन्याय की अनुभूति ही "सत्य" का स्थान ले लेती है।

दूसरा चरण : छात्र सक्रियता को सामने का चेहरा बनाना

आंदोलन का दृश्य पक्ष छात्रों के हाथ में होता है—नारे, पोस्टर, प्रदर्शन। लेकिन इसके पीछे वैचारिक नेटवर्क, संगठित समूह और अनुभवी रणनीतिकार चुपचाप दिशा तय कर रहे होते हैं। मंच छात्रों का होता है, नियंत्रण किसी और के हाथ में।

तीसरा चरण : राष्ट्रीय राजनीतिक नेतृत्व को शामिल कर दावे को वैधता देना।

यहीं आंदोलन स्थानीय दायरे से निकलकर राष्ट्रीय राजनीति में प्रवेश करता है। राहुल गांधी की कैंपस यात्राओं ने इस मॉडल को निर्णायक वैधता प्रदान की। जब शीर्ष स्तर का राजनीतिक नेतृत्व किसी कथा को अपनाता है तो वह प्रश्न नहीं, बल्कि "स्थापित सत्य" की तरह प्रस्तुत होने लगता है।

चौथा चरण : पहचान की राजनीति और भय का प्रयोगकर विरोध को जन आंदोलन में बदलना

पहचान—जाति, धर्म, समुदाय—और भय को ईंधन बनाया जाता है। इससे असंतोष केवल कैंपस तक सीमित नहीं रहता, बल्कि समाज के बड़े हिस्से तक फैल जाता है और "नीति विरोध" धीरे-धीरे "अस्तित्व की लड़ाई" में बदल जाता है।

जब नागरिकता संशोधन अधिनियम (सीएए) लागू हुआ, तब तक यह पूरी मशीनरी पहले से तैयार थी। और जैसे ही अवसर मिला, यह बिल्कुल उसी तरह सक्रिय हुई, जैसे इसे वर्षों पहले डिज़ाइन की गई थी।

हैदराबाद से शाहीन बाग तक : जब एक मॉडल राष्ट्रीय मंच पर पहुँचा

जब एंटी-सीएए आंदोलन देशभर में उभरा तो उसमें कुछ भी नया या आकस्मिक नहीं था। उसके संदेश, मोबिलाइज़ेशन की शैली, नारे, प्रतीक और वैचारिक भाषा साफ तौर पर उन प्रयोगों की निरंतरता थे, जो पहले हैदराबाद विश्वविद्यालय और उस्मानिया विश्वविद्यालय के परिसरों में किए जा चुके थे। वही जाना-पहचाना इकोसिस्टम एक बार फिर सक्रिय हुआ—छात्र संगठन, कट्टर आयोजक, विपक्षी राजनीतिक संरक्षक, सहानुभूतिपूर्ण मीडिया और सुनियोजित गलत सूचना फैलाने वाले नेटवर्क।

और इस पूरे परिदृश्य में राहुल गांधी ने फिर वही भूमिका निभाई। उन्होंने एक ऐसे नैरेटिव का समर्थन करने में कोई देर नहीं की, जिसे कानून को

समझने या सुधारने के लिए नहीं, बल्कि शासन को कमजोर करने के उद्देश्य से गढ़ा गया था। एक बार फिर, उन्होंने भ्रम को दूर करने की कोशिश नहीं की, उन्होंने उसी कहानी को दोहराया, क्योंकि वह तत्काल राजनीतिक लाभ पहुँचा रही थी।

हैदराबाद विश्वविद्यालय और उस्मानिया विश्वविद्यालय केवल 'असहमति की शक्ति' के प्रतीक नहीं थे, जैसा कि उन्हें प्रस्तुत किया गया। वास्तविकता यह थी कि वे एक वैचारिक इनक्यूबेटर बन चुके थे, जहाँ माओवादी अराजकता की भाषा, प्रतीक और सोच को वैध अकादमिक और सांस्कृतिक आवरण दिया गया। वहीं बोए गए बीज आगे चलकर एंटी-सीएए विरोध, दिल्ली दंगों और भारतीय राज्य के विरुद्ध दुष्प्रचार को हथियार बनाने की कोशिशों में फले-फूले।

राहुल गांधी की प्रत्यक्ष भागीदारी ने इस आंदोलन को राजनीतिक वैधता प्रदान की। उनकी जल्दबाज़ी ने एक खतरनाक मिसाल कायम की कि यदि कोई निर्मित आक्रोश विपक्ष के हितों के अनुकूल है तो उसे समर्थन मिलेगा, भले ही वह जानबूझकर किए गए तोड़-मरोड़ और असत्य पर आधारित क्यों न हो।

यही वह उदाहरण था, जिसने आगे चलकर राष्ट्रीय स्तर पर अराजकता भड़काने के प्रयासों की जमीन तैयार की। अंतर केवल इतना रहा कि इस बार एक दृढ़ और निर्णायक केंद्रीय सरकार ने उन प्रयासों को समय रहते पहचान लिया और सफल होने से पहले ही रोक दिया।

भाग 4

अध्याय नौ

आदिवासी भारत और प्रधानमंत्री मोदी : विश्वास की खाई पाटने से लेकर मुख्यधारा से जुड़ाव तक

“आदिवासी समुदाय का विकास और कल्याण
मेरे लिए व्यक्तिगत संबंध और भावनाओं का विषय भी है”
—नरेन्द्र मोदी, प्रधानमंत्री, आदि महोत्सव, नई दिल्ली (फ़रवरी 2023)

दशकों तक भारत का आदिवासी भूभाग एक गहरे विरोधाभास का प्रतीक बना रहा। एक ओर यह क्षेत्र प्राकृतिक संपदा, सांस्कृतिक स्मृति और सभ्यतागत गहराई से भरपूर था; दूसरी ओर शासन की अनुपस्थिति, बुनियादी ढाँचे की कमी और मानवीय गरिमा की अनदेखी का शिकार। छत्तीसगढ़, झारखंड, ओडिशा, महाराष्ट्र के कुछ हिस्से, तेलंगाना, आंध्र प्रदेश और मध्य प्रदेश के घने जंगलों में बसे ये समुदाय आज़ादी के बाद भी राज्य की प्राथमिकताओं के हाशिए पर ही रहे।

इस उपेक्षा का परिणाम केवल विकास की कमी नहीं था। इससे भी अधिक खतरनाक था, भारतीय राज्य और आदिवासी समाज के बीच पैदा हुआ मानसिक और भावनात्मक अलगाव। राज्य उनके जीवन में दिखता नहीं था—न सड़कों के रूप में, न स्कूलों के रूप में, न अस्पतालों के रूप में और न ही अवसरों के रूप में।

इसी शून्य में नक्सलवाद ने जड़ें जमाईं।

यह समझना ज़रूरी है कि नक्सलवाद आदिवासियों की स्वाभाविक वैचारिक पसंद नहीं था। आदिवासी समाज माओवादी दर्शन की ओर इसलिए आकर्षित नहीं हुआ क्योंकि वह उसे मानता था, बल्कि इसलिए क्योंकि राज्य वहाँ मौजूद नहीं था जहाँ उसे होना चाहिए था। जब गाँव तक सड़क नहीं पहुँचती, स्कूल नाममात्र के होते हैं, बिजली और पानी विलासिता बन जाते हैं और बीमारी का मतलब अक्सर मौत होता है—तब बंदूक और नारे झूठे ही सही, लेकिन "सशक्तिकरण" का भ्रम पैदा करते हैं।

नक्सली संगठनों ने इसी निराशा, भय और असहायता का शोषण किया। उन्होंने आदिवासी युवाओं को यह विश्वास दिलाया कि हिंसा ही

प्रतिरोध है और राज्य उनका शत्रु है। वर्षों तक यह कथा इसलिए चलती रही क्योंकि उसे चुनौती देने वाला कोई वैकल्पिक अनुभव ज़मीन पर मौजूद नहीं था।

प्रधानमंत्री नरेन्द्र मोदी शायद पहले ऐसे भारतीय नेता थे, जिन्होंने इस सच्चाई को मूल रूप में समझा कि नक्सलवाद को केवल बंदूक से नहीं हराया जा सकता। इसके लिए राज्य और आदिवासी नागरिक के रिश्ते की पुनर्रचना आवश्यक है।

एक ओर गृह मंत्री अमित शाह के नेतृत्व में गृह मंत्रालय ने वाम उग्रवाद के खिलाफ जीरो-टॉलरेंस नीति अपनाकर नक्सली नेटवर्क की सैन्य और संगठनात्मक क्षमता को निर्णायक रूप से तोड़ा। लेकिन दूसरी ओर प्रधानमंत्री मोदी का दृष्टिकोण केवल सुरक्षा तक सीमित नहीं रहा। वह सांस्कृतिक, सभ्यतावादी और विकासात्मक था, जिसका लक्ष्य आदिवासियों को "मुख्यधारा में लाना" नहीं, बल्कि उन्हें सम्मान के साथ राष्ट्र की धारा में सहभागी बनाना था।

यही वह अंतर है जो इस दौर को पिछले सभी प्रयासों से अलग करता है—राज्य अब केवल नियंत्रणकर्ता नहीं रहा, वह सहभागी बना। इसी सहभागिता ने दशकों से चली आ रही दूरी को धीरे-धीरे पाटना शुरू किया।

आदिवासी अलगाव का मिथक : कैसे एक गढ़ी गई कथा को सच की तरह स्थापित किया गया

कई दशकों तक भारतीय बौद्धिक चर्चा में एक ऐसी धारणा चलती रही, जो सुनने में आसान थी लेकिन पूरी तरह सही नहीं थी कि भारत के आदिवासी समुदाय "स्वभाव से" ही राष्ट्र-राज्य से कटे हुए हैं। यह बात खासकर कुछ वामपंथी सोच वाले शिक्षाविदों और कार्यकर्ताओं द्वारा बार-बार कही जाती रही, और इसी आधार पर नक्सलवाद को आदिवासी समाज की किसी स्वाभाविक इच्छा या उनकी ऐतिहासिक नियति की तरह दिखाने की कोशिश हुई। लेकिन असल में यह पूरी तरह ठोस तथ्य नहीं, बल्कि एक सरल और सुविधाजनक कहानी थी, जो जटिल वास्तविकता को एक ही नजरिए से समझाने की कोशिश करती थी।

वास्तविकता इससे बिल्कुल उलट है। आदिवासी समाज ऐतिहासिक रूप से भूमि, समुदाय, परंपरा और धर्म के प्रति गहरी निष्ठा रखता आया है। उनके संघर्ष कभी भी भारतीय सभ्यता के विरुद्ध नहीं रहे। रघुनाथ महतो का 1765 का विद्रोह हो, 1855 का सांथाल हुल हो या 1899 में बिरसा मुंडा का उलगुलान, ये सभी आंदोलनों का निशाना ब्रिटिश औपनिवेशिक शोषण था, न कि भारतीय सामाजिक संरचना।

समस्या यह नहीं थी कि आदिवासी भारत से अलग थे। समस्या यह थी कि स्वतंत्र भारत ने उन्हें वह सम्मान, तात्कालिकता और सहभागिता नहीं दी, जिसके वे हकदार थे।

आजादी के बाद कांग्रेस-नेतृत्व वाली राजनीतिक व्यवस्था ने आदिवासी भारत को दो सीमित दृष्टियों से देखा या तो एक वोट बैंक के रूप में, जिसे चुनावों के समय याद किया जाए या एक सुरक्षा समस्या के रूप में, जिसे कभी-कभार नियंत्रित किया जाए। परिणामस्वरूप, आदिवासी क्षेत्रों में विकास धीमा, असंगठित और अधूरा रहा। जो संसाधन इन क्षेत्रों के लिए आवंटित हुए, वे अक्सर भ्रष्ट बिचौलियों की भेंट चढ़ गए।

इससे भी अधिक घातक थी शासन की निरंतर अनुपस्थिति। जहाँ राज्य को न्याय, सुरक्षा और अवसर प्रदान करने चाहिए थे, वहाँ उसने एक खालीपन छोड़ दिया। और इसी शून्य में नक्सली संगठनों ने खुद को "न्याय के प्रतिनिधि" के रूप में स्थापित किया—चाहे वह कंगारू अदालतों के ज़रिए हो, जबरन वसूली से या बंदूक की धमकी से।

संयुक्त प्रगतिशील गठबंधन (यूपीए) के शासन के वर्षों में यह दूरी और बढ़ती हुई दिखाई दी। ऐसा महसूस होने लगा कि राज्य केवल भौतिक रूप से ही नहीं, बल्कि नैतिक रूप से भी आदिवासी क्षेत्रों से पीछे हट रहा है। नीति-निर्माण में कई बार स्पष्टता की कमी रही, जिसके कारण नक्सलवाद को अधिकतर सामाजिक और आर्थिक समस्या के रूप में ही प्रस्तुत किया गया। आलोचकों का मानना है कि इससे उसके हिंसक और उग्रवादी पहलू को पर्याप्त गंभीरता से नहीं लिया गया। इसका परिणाम यह बताया जाता है कि हिंसा के प्रति सरकारी प्रतिक्रिया कई बार कमज़ोर या धीमी दिखाई दी, जिससे उग्रवादी गतिविधियों को फैलने और मजबूत होने का समय मिल गया।

इसी खाली जगह में नरेन्द्र मोदी का उदय हुआ, सिर्फ एक प्रशासक के रूप में नहीं, बल्कि एक ऐसे नेता के रूप में, जिन्होंने देश के उन हिस्सों की ओर ध्यान देने की बात की, जो लंबे समय से उपेक्षित या नजरअंदाज महसूस किए जा रहे थे। उन्हें एक ऐसे प्रयास से जोड़ा गया, जिसमें भारत के दूर-दराज़ और पिछड़े इलाकों को मुख्यधारा से जोड़ने, वहाँ विकास पहुँचाने और उन्हें राष्ट्रीय जीवन से फिर से जोड़ने की कोशिश की गई।

यह नक्सलवाद के खिलाफ सिर्फ़ एक सुरक्षा अभियान नहीं था। यह उस मिथक के विरुद्ध हस्तक्षेप था, जिसने दशकों तक आदिवासी भारत को अलग-थलग दिखाने की कोशिश की थी।

सुरक्षा : राज्य की पहली नैतिक जिम्मेदारी

आदिवासी सशक्तिकरण की चर्चा तब तक अधूरी रहती है, जब तक नक्सल नेतृत्व द्वारा थोपे गए आतंक की वास्तविकता को नहीं समझा जाता। दशकों तक इन गाँवों में लगातार खतरा मँडराता रहा—बच्चों की जबरन भर्ती, प्रशासन के साथ सहयोग करने वाले परिवारों पर दमन और विकास परियोजनाओं को रोककर अलगाव बनाए रखना।

मोदी सरकार ने इस पराजयवादी धारणा को खारिज कर दिया कि नक्सलवाद केवल "सामाजिक-आर्थिक अपरिहार्यता" है। गृह मंत्री अमित शाह के नेतृत्व में सुरक्षा बलों को सशक्त बनाया गया, खुफिया समन्वय मजबूत किया गया और तकनीक का उपयोगकर नक्सली ठिकानों को ध्वस्त किया गया। पहली बार राज्य की ओर से एक साफ और कठोर संदेश सामने आया कि भारत के नागरिकों के खिलाफ की जाने वाली हिंसा को किसी भी विचारधारा या तर्क के नाम पर स्वीकार नहीं किया जाएगा। यह संदेश इस बात का संकेत माना गया कि कानून और सुरक्षा के मामले में अब अधिक स्पष्टता और सख्ती अपनाने की कोशिश की जा रही है, ताकि नागरिकों की सुरक्षा को सर्वोच्च प्राथमिकता दी जा सके।

लेकिन यह अभियान केवल सुरक्षा तक सीमित नहीं रहा। हर पुनः प्राप्त क्षेत्र में राज्य ने सत्ता और प्रशासनिक ढाँचे को बहाल किया—सड़कों, स्कूलों, राशन की दुकानों, स्वास्थ्य केंद्रों और कल्याण वितरण के माध्यम

से। इस क्रमबद्ध दृष्टिकोण ने सुनिश्चित किया कि राज्य केवल एक सशस्त्र प्राधिकरण को दूसरे से बदल न दे, बल्कि सामान्य नागरिक जीवन को बहाल करे।

इस नीति ने आदिवासी क्षेत्रों की मानसिकता में भी मौलिक बदलाव उत्पन्न किया। जो ग्रामीण पहले प्रशासन के संपर्क में आने से डरते थे, उन्होंने अब शांति और विकास के ठोस लाभ देखे और भरोसा करना शुरू किया कि राज्य उनके हित में काम कर रहा है।

आदिवासी समाज की मजबूरी और नक्सलवाद की पैठ

नक्सलवाद के आदिवासी समाज में फैलने को समझने के लिए एक कठिन सच को स्वीकार करना पड़ता है कि इसके पीछे केवल विचारधारा नहीं, बल्कि असुरक्षा की भावना और स्थानीय लोगों की संवेदनशील परिस्थितियाँ भी बड़ी वजह थीं। कई इलाकों में जहाँ लंबे समय तक विकास, सुरक्षा और बुनियादी सुविधाओं की कमी रही, वहाँ लोगों के भीतर डर, असहायता और असुरक्षा की भावना बढ़ती गई। ऐसी परिस्थितियों ने बाहरी विचारधाराओं के लिए जगह बनाई और धीरे-धीरे वे स्थानीय समाज में प्रवेश कर पाईं।

अशिक्षा दरें बहुत अधिक थीं, रोजगार के अवसर सीमित थे और बाहरी दुनिया से संपर्क नगण्य था। कई गाँवों में बुनियादी पहचान के लिए दस्तावेज़ तक नहीं थे, इससे सरकारी कल्याण योजनाओं तक पहुँच असंभव हो जाती थी। इस अलगाव और असहाय स्थिति का लाभ उठाकर नक्सली भ्रांतियाँ फैला रहे थे, जैसे कि राज्य आदिवासी संस्कृति का दुश्मन है और विकास परियोजनाएँ केवल विस्थापन के साधन हैं।

प्रधानमंत्री मोदी की समझदारी यही रही कि इस भ्रांतिपूर्ण कथा को तोड़ा जाए और राज्य को दृश्य, सुलभ और उत्तरदायी बनाया जाए। आदिवासी नागरिकों को “बचाया” या “सभ्य बनाया” नहीं जाना था; उन्हें भारत की विकास यात्रा में समान भागीदार के रूप में सशक्त बनाना था।

यह बदलाव सामूहिक संरक्षण से साझेदारी की दिशा में मोदी सरकार की आदिवासी क्षेत्रों में चल रही हर प्रमुख पहल की नींव बन गया।

2014 से पहले की उपेक्षा : संस्थागत विफलताओं का ऐतिहासिक लेखा-जोखा

2014 से पहले आदिवासी भारत में उपेक्षा का स्तर अत्यधिक चिंताजनक था। आदिवासी जिलों के बड़े हिस्सों में साल भर चलने योग्य सड़कें तक नहीं थीं। बिजली की आपूर्ति सीमित और अस्थिर थी। स्वच्छता से जुड़ी सुविधाएँ लगभग अनुपस्थित थीं और पीने का पानी अक्सर मौसमी नालों और धाराओं पर निर्भर था। स्कूल केवल नाममात्र के लिए मौजूद थे, वास्तविक शिक्षा प्रदान नहीं करते थे और स्वास्थ्य सेवाओं के लिए ग्रामीणों को कभी-कभार एक दिन का सफर करना पड़ता था।

यह आकस्मिक उपेक्षा नहीं थी, बल्कि संरचनात्मक उदासीनता थी। नीतियाँ दिल्ली में बनाई जाती थीं, लेकिन अंतिम किलोमीटर तक वितरण पर ध्यान नहीं दिया जाता था। धन आवंटित होता था, लेकिन उसका उचित अनुगमन नहीं किया जाता था। आदिवासी कल्याण मंत्रालय मौजूद था, लेकिन इसके परिणामों का मूल्यांकन कभी नहीं किया गया।

परिणाम स्पष्ट और पूर्वानुमेय थे। विकास संकेतक राष्ट्रीय औसत से दशकों पीछे थे—शिशु और मातृ मृत्यु दर उच्च, कुपोषण और एनीमिया आम और टाली जा सकने वाली बीमारियाँ सामान्य। ऐसी परिस्थिति में नक्सलवाद का “न्याय का वादा” प्रभावी श्रोताओं तक पहुँच गया। यह इसलिए नहीं कि वह सच था, बल्कि इसलिए कि विकल्प केवल मौन और निष्क्रिय थे।

मोदी सरकार ने इस समीकरण को मूल रूप से उलट दिया, राज्य को दृश्य, उत्तरदायी और प्रभावी बनाकर आदिवासी क्षेत्रों में वास्तविक बदलाव शुरू किया।

मोदी सिद्धांत : विकास आधारित उग्रवाद-नियंत्रण की रणनीति

पिछली सरकारों के विपरीत, जो विकास और सुरक्षा को अलग-अलग रास्तों पर ले जाती थीं, प्रधानमंत्री मोदी ने दोनों को एक एकीकृत सिद्धांत में बदल दिया। विकास केवल विलासिता नहीं था—यह नक्सलवाद-विरोधी रणनीति का सबसे प्रभावी हथियार बन गया।

हर सड़क जो बनी, उसने गाँवों की अलगाव की दीवार तोड़ी। हर शौचालय ने गरिमा और समानता बहाल की। हर बिजली के कनेक्शन ने सूचना का प्रवाह बढ़ाया और हर नल के पानी ने गाँववासियों की रोज़मर्रा की कठिनाइयों को कम किया। ऐसे में शासन ही सबसे शक्तिशाली चरमपंथ-विरोधी उपाय बन गया।

यह दृष्टिकोण आदिवासी क्षेत्रों में अल्पकालिक योजनाओं के बजाय लगातार और परिणाम देने वाले जुड़ाव पर जोर देता है। नरेन्द्र मोदी का यह मानना रहा है कि राष्ट्रीय एकता केवल नारों या घोषणाओं से नहीं बनती, बल्कि इसके लिए लोगों तक बुनियादी सेवाओं की पहुँच, विकास कार्यों और जमीन पर दिखने वाले वास्तविक बदलाव की आवश्यकता होती है। इस सोच के अनुसार, जब तक अंतिम व्यक्ति तक विकास और सुविधा नहीं पहुँचती, तब तक एकीकरण की प्रक्रिया अधूरी रहती है।

मोदी का आदिवासी दृष्टिकोण : "सबका साथ, सबका विकास" का वास्तविक अर्थ

प्रधानमंत्री नरेन्द्र मोदी का "सबका साथ, सबका विकास" केवल एक नारा नहीं था। यह आदिवासी भारत के लिए दशकों से चली आ रही विफलता को सुधारने का व्यवहारिक संकल्प था।

पिछले समय में आदिवासी क्षेत्रों में विकास टुकड़ों में, संकोचपूर्ण और अक्सर भ्रष्ट माध्यमों से होता रहा। योजनाएँ फाइलों में मौजूद थीं, बजट आवंटित होता था, लेकिन जमीन पर परिणाम नगण्य थे। इस संरचनात्मक उदासीनता ने नक्सलवाद के फैलने के लिए सही माहौल तैयार किया, जो आदिवासियों के लिए जबरदस्ती का रूप बन गया, न कि कोई वैचारिक विकल्प।

मोदी सरकार ने इस विरासत को निर्णायक रूप से तोड़ा। आदिवासी जिले अब केवल प्रशासनिक बोझ या सुरक्षा चिंता नहीं माने गए, बल्कि प्राथमिकता वाले शासन क्षेत्र घोषित किए गए। कल्याण वितरण प्रतीकात्मक या अल्पकालिक नहीं रहा; यह व्यापक, सतत और निगरानी-समर्थित प्रक्रिया बन गई। हर सड़क, हर स्कूल, हर स्वास्थ्य केंद्र ने न केवल जीवन

को आसान बनाया, बल्कि विकास को सबसे प्रभावी नक्सल-विरोधी हथियार भी बनाया।

स्वच्छता : आदिवासी समुदाय में गरिमा की वापसी

2014 से पहले आदिवासी क्षेत्रों में खुले में शौच एक सामान्य प्रथा बन चुकी थी। बस्तर, दंतेवाड़ा, मलकांगिरी, गढ़चिरौली और लतेहार के गाँव सबसे बुनियादी स्वच्छता संबंधी सुविधाओं से वंचित थे। यह केवल स्वास्थ्य की विफलता नहीं थी; यह महिलाओं और किशोरियों की गरिमा का प्रतिदिन क्षरण था।

स्वच्छ भारत मिशन ने इस स्थिति को मौलिक रूप से बदल दिया। जहाँ शासन वर्षों तक अनुपस्थित था, वहाँ शौचालय बने। अब स्वच्छता केवल सरकारी उपहार नहीं रही; यह आत्मसम्मान और सामुदायिक गर्व का प्रतीक बन गई। खुले में शौच कम हुआ, गाँव ओडीएफ़ (ओपन डेफिकेशन फ्री) घोषित हुए और संदेश स्पष्ट था : भारतीय राज्य अब वहाँ मौजूद है, जहाँ इसे वर्षों तक नज़रअंदाज़ किया गया था।

जल जीवन मिशन : समय, स्वास्थ्य और स्वतंत्रता की वापसी

यदि स्वच्छता ने आदिवासी समाज में गरिमा लौटाई तो पीने के सुरक्षित पानी ने समय, स्वास्थ्य और स्वायत्तता लौटाई।

2014 में ग्रामीण भारत, विशेषकर आदिवासी क्षेत्र, पाइप वाला पानी लगभग अनुपस्थित था। महिलाएँ और बच्चे दिन में कई घंटे दूर, असुरक्षित जल स्रोतों तक पैदल जाते थे, जो गरीबी और निर्भरता को बढ़ाता था। कई स्थानों पर पानी तक पहुँच नक्सल समूहों द्वारा नियंत्रित की जाती थी।

जल जीवन मिशन ने यह समीकरण स्थायी रूप से बदल दिया। कार्यात्मक घरेलू नल कनेक्शन के माध्यम से पानी अब दैनिक संघर्ष नहीं, बल्कि सुनिश्चित सेवा बन गया। इसके परिणाम तुरंत दिखे, जैसे जलजनित रोगों में कमी हुई, स्कूलों में उपस्थिति में बढ़ोतरी हुई और महिलाओं को शिक्षा, आजीविका या आराम के लिए समय मिला। अब शासन आदिवासी घरों तक प्रत्यक्ष और अनुभवजन्य रूप से पहुँचा, केवल नीतियों और कागजों तक सीमित नहीं रहा।

प्रधानमंत्री उज्ज्वला योजना : स्वास्थ्य और स्वतंत्रता की वापसी

आदिवासी रसोइयों में भी महत्त्वपूर्ण परिवर्तन हुआ। पीढ़ियों तक खाना पकाना, लकड़ी के धुएँ में साँस लेने के साथ जुड़ा था, जिससे दीर्घकालिक श्वसन रोग सामान्य माने जाते थे। साथ ही लकड़ी इकट्ठा करना, महिलाओं को जंगलों में बाँधे रखता था, जो अक्सर नक्सल नियंत्रण वाले क्षेत्र थे।

प्रधानमंत्री उज्ज्वला योजना ने इस संरचना को चुपचाप तोड़ दिया। स्वच्छ एलपीजी कनेक्शन आदिवासी घरों तक पहुँचे, महिलाओं को दैनिक बोझ से मुक्ति मिली और स्वास्थ्य व स्वायत्तता लौट आई।

जंगलों पर ईंधन की निर्भरता कम होने से नक्सल समूहों का सामाजिक और आर्थिक नियंत्रण भी घटा। यह केवल स्वच्छ खाना पकाने की योजना नहीं थी, बल्कि रणनीतिक हस्तक्षेप था, जो आदिवासी समाज को सुरक्षा, स्वास्थ्य और स्वतंत्रता के साथ मुख्यधारा में शामिल करता है।

विद्युत : सूचना और संभावनाओं की रोशनी

2014 से पहले कई आदिवासी गाँवों में बिजली तक नहीं थी, जबकि भारत पहले ही डिजिटल युग में प्रवेश कर चुका था। अँधेरा केवल भौतिक नहीं था; यह सूचनाओं और अवसरों की कमी का अँधेरा भी था। बिना बिजली के लोग संवाद नहीं कर पाते, विकल्प सीमित रहते और आर्थिक गतिविधियाँ लगभग असंभव थीं। सकल ग्रामीण विद्युतीकरण ने यह अलगाव तोड़ दिया। बिजली की लाइनों ने जंगलों तक रास्ता बनाया, जहाँ पहले सरकारी पहुँच मुश्किल थी और सौर ऊर्जा के माध्यम से अब सबसे दूरस्थ गाँवों में भी रोशनी पहुँच गई। जैसे ही घर रोशन हुए, संभावनाएँ भी जाग उठीं—बच्चे सूरज डूबने के बाद पढ़ने लगे, स्वास्थ्य केंद्र सुरक्षित दवाइयाँ रख सके, मोबाइल नेटवर्क चालू हुए और गाँव बाहर की दुनिया से जुड़ सके, छोटे-छोटे व्यवसाय उभरने लगे। सबसे महत्त्वपूर्ण यह था कि बिजली ने नक्सल समूहों के फैलाए गए डर और गलत सूचना के एकाधिकार को तोड़ दिया; जब संपर्क और विकल्प बढ़े तो भय कमजोर हुआ और आदिवासी समुदाय ने स्वयं को सशक्त और जुड़ा हुआ महसूस करना शुरू किया।

आवास और नागरिक पहचान : शासन क्रांति के अंतिम स्तंभ

आवास और नागरिक पहचान आदिवासी क्षेत्रों में शासन क्रांति के अंतिम और निर्णायक स्तंभ बने। पीढ़ियों तक कई आदिवासी परिवार नाजुक झोपड़ियों में रहते थे, जो हर मौसमी आपदा और विपदा के सामने असुरक्षित थीं। प्रधानमंत्री आवास योजना ने केवल छत ही नहीं दी, बल्कि स्थिरता और आत्मविश्वास भी लौटाया, जिससे परिवारों ने अपने भविष्य की योजना बनाने का भरोसा पाया।

सिर्फ़ घर ही नहीं, बल्कि नागरिक दस्तावेज़—आधार, बैंक खाते, राशन कार्ड और डायरेक्ट बेनिफिट ट्रांसफर (डीबीटी) भी उनके पास आए। ये केवल कागज़ी औपचारिकताएँ नहीं थीं; यह उनके राज्य के साथ सीधे जुड़ने का साधन था। अब आदिवासी नागरिक बिचौलियों के बिना, सीधे सरकार से जुड़े, जिन्होंने अक्सर लाभ हड़प लिया होता था या नक्सली हितों के साथ मिलकर काम किया होता। कल्याण अब सुनिश्चित, पारदर्शी और गरिमापूर्ण तरीके से लाभार्थियों तक पहुँचने लगा और संदेह की जगह भरोसा ने ले ली।

इसका असर केवल भौतिक नहीं, बल्कि मानसिक और सामाजिक भी था। आदिवासी अब राज्य को दूरस्थ या शत्रु नहीं, बल्कि मौजूद और भरोसेमंद पाते थे। विकास अब केवल सपना या वादा नहीं रहा; यह रोज़मर्रा का अनुभव बन गया। और जब गरिमा और शासन का यह अनुभव उनके जीवन का हिस्सा बनता है तो नक्सली समूहों के लिए आदिवासी युवाओं को भर्ती करना मुश्किल हो जाता है। अत्यधिक हिंसा और उग्रवाद का आधार—निराशा और अभाव—धीरे-धीरे टूटने लगता है।

विकास विरोध का मिथक और वास्तविकता

कई वर्षों से प्रचारित यह मिथक कि आदिवासी स्वाभाविक रूप से विकास विरोधी हैं, पूरी तरह गलत साबित हुआ। आदिवासियों का विरोध कभी सड़क, पानी, बिजली या स्कूल जैसी बुनियादी सुविधाओं के खिलाफ नहीं था। उनका विरोध था बहिष्कार, उपेक्षा और शोषण के खिलाफ। जहाँ शासन ईमानदारी से पहुँचा और लोगों तक सेवाएँ सही तरीके से पहुँचीं, आदिवासी समुदाय ने उन्हें तुरंत और उत्साह के साथ अपनाया।

पूर्व नक्सली क्षेत्रों में कल्याण योजनाओं को बड़े पैमाने पर अपनाना यह साफ करता है कि आदिवासियों को चाहिए था, वास्तविक प्रशासन, न कि कोई वैचारिक क्रांति।

विकास : संप्रभुता और सुरक्षा का प्रतीक

सबसे प्रभावशाली हस्तक्षेप केवल किसी एक योजना तक सीमित नहीं था। यह दृष्टिकोण था कि विकास स्वयं राज्य की मौजूदगी और संप्रभुता का प्रतीक है। हर शौचालय, हर नल कनेक्शन, हर विद्युत लाइन ने भारतीय राज्य को उन दूर-दराज़ क्षेत्रों में लौटाया, जिन्हें दशकों तक नज़रअंदाज़ किया गया था। भय को बदलने में शासन ने भूमिका निभाई, सेवा ने भरोसा लौटाया और समावेशन ने अलगाव मिटाया। विकास अब संघर्ष के बाद की सुविधा नहीं रहा; यह स्वयं संघर्ष समाप्त करने की ताकत बन गया।

आकांक्षी जिलों की पहल : सबसे पिछड़े जिलों को सबसे देखे जाने योग्य बनाना

2018 में शुरू हुई आकांक्षी जिलों की पहल का लक्ष्य साफ था : वे जिले चुनना जो दशकों से पिछड़ेपन में जमे हुए थे। शुरुआत में 112 जिलों में से अधिकांश आदिवासी बहुल या बाएँ उग्रवाद से प्रभावित थे। दंतेवाड़ा, बीजापुर, सुकमा, मलकांगिरी, गुमला, खूँटी, लतेहार और नंदुरबार जैसे जिले लंबे समय तक हिंसा और उपेक्षा के कारण सुर्खियों में रहे, प्रगति के कारण नहीं।

इस कार्यक्रम की सबसे बड़ी ताकत उसका संरचनात्मक ढाँचा था। प्रशासनिक परिणाम केवल कागज पर नहीं, बल्कि स्वास्थ्य, पोषण, शिक्षा, कृषि, बुनियादी ढाँचा, वित्तीय समावेशन और कौशल विकास के 80 से अधिक संकेतकों के माध्यम से मापा गया। मासिक प्रगति सार्वजनिक रूप से प्रदर्शित की गई, जिससे प्रशासनिक मशीनरी में वास्तविक बदलाव आया।

आदिवासी जिलों में असर

आदिवासी जिलों में इस पहल के नतीजे खासकर उल्लेखनीय रहे :

- संस्थागत प्रसव : 2017 में लगभग 63% से बढ़कर चार साल में

अधिकांश जिलों में 80% से अधिक हो गया, कुछ जिलों में और भी तेज़ बढ़ोतरी हुई।

- टीकाकरण कवरेज : 2018 से पहले 55-60% तक सीमित कवरेज, 2020 तक अधिकांश जिलों में 75% पार कर गया।
- स्कूल उपस्थिति और नामांकन : लगातार सुधार देखा गया क्योंकि बुनियादी ढाँचा और मध्याह्न भोजन योजना अब स्थिर और भरोसेमंद हो गई थी।

इस पहल ने एक साफ संदेश दिया कि अब पिछड़े और उपेक्षित जिलों को नजरअंदाज नहीं किया जाएगा। नरेन्द्र मोदी के नेतृत्व में यह बात जोर देकर कही गई कि विकास अब केवल कागज़ों या योजनाओं तक सीमित नहीं रहेगा, बल्कि वह जमीन पर दिखने वाला और मापने योग्य बदलाव बनना चाहिए। इस दृष्टिकोण का उद्देश्य यह था कि लोगों के जीवन में वास्तविक सुधार दिखाई दे और विकास का लाभ सीधे अंतिम व्यक्ति तक पहुँचे।

प्रशासनिक मानसिकता में बदलाव

सबसे महत्त्वपूर्ण यह था कि प्रशासन की सोच बदल गई। आदिवासी जिलों के जिलाधिकारियों ने अब केवल पतन का प्रबंधन करना बंद किया; वे सुधार में प्रतिस्पर्धा करने लगे। यह बदलाव उन क्षेत्रों में खास तौर पर महत्त्वपूर्ण था, जिन्हें लंबे समय तक उपेक्षित या राज्य से दूर माना जाता था। जैसे-जैसे शासन मापनीय और पारदर्शी हुआ, नक्सलियों का दावा कि केवल हिंसा से ही राज्य का ध्यान आकर्षित किया जा सकता है, कमजोर होने लगा।

स्वच्छता : राज्य की उपस्थिति का पहला दृश्यमान संकेत

विकास की बात तभी प्रभावी होती है, जब उसे भौतिक रूप में महसूस किया जा सके। आदिवासी भारत में स्वच्छता, यही पहला और सबसे स्पष्ट संकेत बन गई कि राज्य सक्रिय है और काम कर रहा है।

2014 में ग्रामीण स्वच्छता कवरेज राष्ट्रीय स्तर पर लगभग 39% था, लेकिन आदिवासी जिलों में यह अक्सर 25% से भी कम था। छत्तीसगढ़,

झारखंड और ओडिशा के वन क्षेत्र खुले में शौच के लिए जाने जाते थे। यह सिर्फ़ स्वास्थ्य संकट नहीं था; यह महिलाओं के लिए रोज़ाना अपमान और जोखिम भी था।

स्वच्छ भारत मिशन ने इस वास्तविकता को बदल दिया। 2014 से 2019 के बीच पूरे देश में 1.1 करोड़ (110 मिलियन) से अधिक शौचालय बनाए गए और आदिवासी जिले इस अभियान में प्रमुख रूप से शामिल रहे। अक्टूबर 2019 तक सभी प्रमुख आदिवासी आबादी वाले जिले तीसरे पक्ष द्वारा सत्यापन के बाद ओपन डेफिकेशन फ्री (ओडीएफ़) घोषित किए गए। इसके बाद के राष्ट्रीय ग्रामीण स्वच्छता सर्वेक्षणों में उपयोग दर 90% से अधिक दर्ज की गई—यहाँ तक कि दूर-दराज़ के आदिवासी क्षेत्रों में। यह बेहद महत्त्वपूर्ण था, क्योंकि पहले के प्रयास अक्सर अप्रयुक्त शौचालयों के कारण असफल रहते थे।

परिणाम धीरे-धीरे स्पष्ट होने लगे। दस्त जैसी बीमारियों में कमी आई, बच्चों की स्कूल में उपस्थिति बढ़ी और महिलाओं ने सुरक्षा व सम्मान में सुधार महसूस किया। जिन क्षेत्रों में पहले नक्सलवाद का प्रभाव माना जाता था, वहाँ अब बुनियादी सुविधाओं और स्वच्छता से जुड़े कार्यों को बदलाव के संकेत के रूप में देखा जाने लगा। इस प्रकार, छोटे लेकिन वास्तविक सुधार यह दर्शाने लगे कि राज्य की सेवाएँ अब अधिक नियमित और प्रभावी ढंग से लोगों तक पहुँच रही हैं।

घर में पानी : जल जीवन मिशन और संरचनात्मक श्रम का अंत

जहाँ स्वच्छता राज्य की सक्रियता का पहला संकेत देती है, वहीं पेयजल की उपलब्धता इसकी स्थायित्व और असर को प्रमाणित करती है।

2019 में जल जीवन मिशन शुरू होने तक ग्रामीण घरों में केवल 16-17% को ही नल का पानी मिल पाता था। आदिवासी जिलों में यह आँकड़ा अक्सर एकल अंकों में ही था। महिलाओं और बच्चों को रोज़ाना कई घंटे दूर-दराज़ या असुरक्षित स्रोतों से पानी लाने में बिताने पड़ते थे—एक ऐसा काम जो उनके शिक्षा, स्वास्थ्य और स्वतंत्र समय को लगातार सीमित करता था।

2024 तक राष्ट्रीय ग्रामीण नल कनेक्शन कवरेज 75% से अधिक हो गया और आदिवासी-प्रधान राज्यों में नाटकीय सुधार देखा गया। छत्तीसगढ़,

झारखंड और ओडिशा के आदिवासी ब्लॉकों में घरेलू नल कनेक्शन में बहुगुणित वृद्धि हुई। दंतेवाड़ा और सुकमा जैसे जिले, जो कभी नक्सली नियंत्रण और अलगाव के प्रतीक रहे, अब चार वर्षों में अधिकांश घरों में सीधा पानी पहुँचाने में सफल रहे।

परिणाम लंबे समय तक असर दिखाने वाले और संरचनात्मक रहे। जलजनित बीमारियों में कमी आई, क्योंकि स्वच्छ पानी और बेहतर स्वच्छता की सुविधाएँ उपलब्ध होने लगीं। इससे बच्चों के पोषण और स्वास्थ्य में भी सुधार देखा गया। इसके साथ ही, स्कूलों में बच्चों की उपस्थिति, खासकर लड़कियों की, बढ़ी, क्योंकि अब उन्हें पानी लाने जैसे रोज़मर्रा के कामों में कम समय लगाना पड़ता था। इस तरह, इन पहलों ने आदिवासी परिवारों के जीवन में राज्य की उपस्थिति को केवल योजनाओं या घोषणाओं तक सीमित नहीं रखा, बल्कि उसे उनके रोज़मर्रा के अनुभव का हिस्सा बना दिया। शासन अब केवल नाम या व्यवस्था नहीं रहा, बल्कि लोगों के जीवन में दिखने वाला एक वास्तविक और निरंतर बदलाव बन गया।

उज्ज्वला और आदिवासी रसोइयों में मौन स्वास्थ्य क्रांति

आदिवासी क्षेत्रों में घरेलू ऊर्जा की कमी का स्वास्थ्य पर असर दशकों तक नज़रअंदाज़ किया गया। 2014 से पहले अधिकांश आदिवासी परिवारों की रसोई केवल लकड़ी के धुएँ पर निर्भर थी। इसका परिणाम था श्वसन रोग, नेत्र संबंधी समस्याएँ और समयपूर्व मृत्यु, खासकर महिलाओं और बच्चों में।

प्रधानमंत्री उज्ज्वला योजना ने इस स्थिति को मौलिक रूप से बदल दिया। 2023 तक 95 मिलियन से अधिक एलपीजी कनेक्शन दिए गए, जिनमें आदिवासी और जंगलवासी परिवार प्रमुख लाभार्थी रहे। स्वतंत्र एजेंसियों के सर्वेक्षणों ने सतत उपयोग, सब्सिडी सहायता और रिफिल सुविधा में सुधार दिखाया।

लकड़ी से एलपीजी में बदलाव के परिणाम सीधे स्वास्थ्य में दिखे—साँस संबंधी रोग घटे, आँखों की समस्याएँ कम हुईं और महिलाओं का रोज़ाना ईंधन एकत्र करने का बोझ घटा। वन संसाधनों पर दबाव भी कम हुआ।

सबसे महत्त्वपूर्ण, यह परिवर्तन केवल स्वच्छ रसोई तक सीमित नहीं रहा।

जंगल पर निर्भरता में कमी ने नक्सल समूहों द्वारा वर्षों से इस्तेमाल किए जाने वाले अनौपचारिक नियंत्रण तंत्र को भी कमजोर किया। एक ऐसी सरल लेकिन रणनीतिक पहल ने स्थानीय शक्ति संतुलन को चुपचाप बदल दिया और आदिवासी जीवन में स्वास्थ्य, सुरक्षा और स्वतंत्रता की नई उम्मीद जगा दी।

टीकाकरण और कुपोषण : पीढ़ियों के नुकसान को पलटना

आदिवासी उपेक्षा के सबसे स्थायी संकेतों में से एक था कुपोषण और अपर्याप्त टीकाकरण। 2014 से पहले आदिवासी बच्चों में लंबाई और वजन के अनुपात में कमी (स्टंटिंग) राष्ट्रीय औसत से काफी अधिक थी और टीकाकरण कवरेज भी बहुत कम था।

प्रधानमंत्री मिशन इंद्रधनुष ने सीधे इस अंतर को लक्षित किया। अनुपस्थित या आंशिक रूप से टीकाकृत बच्चों तक पहुँचने के लिए अभियान चलाया गया और 2014 में लगभग 65 प्रतिशत कवरेज को बढ़ाकर 2020 तक राष्ट्रीय स्तर पर 90 प्रतिशत से अधिक कर दिया गया। आदिवासी जिलों में जहाँ कवरेज सबसे कमजोर था, वहाँ सबसे अधिक सुधार देखा गया।

साथ ही POSHAN अभियान ने पोषण पहल को मजबूत किया। आंगनवाड़ी सेवाओं को सुदृढ़ किया गया, बच्चों की वृद्धि की नियमित निगरानी शुरू हुई और जीवन के पहले हजार दिनों पर विशेष ध्यान दिया गया। राष्ट्रीय स्वास्थ्य सर्वेक्षणों ने धीरे-धीरे लेकिन स्पष्ट रूप से आदिवासी बच्चों में स्टंटिंग और वेस्टिंग में कमी दिखानी शुरू की—यह सुधार न केवल स्वास्थ्य, बल्कि शिक्षा, उत्पादकता और सामाजिक स्थिरता के लिए दीर्घकालिक रूप से महत्त्वपूर्ण था।

जैसे-जैसे बच्चों के जीवन रक्षा स्तर में सुधार हुआ और रोकने योग्य बीमारियाँ कम हुईं, आदिवासी समुदायों में निराशा का सबसे गहरा स्रोत भी कम होने लगा। यह जैविक स्थिरीकरण नक्सली भर्ती के लिए एक निर्णायक बाधा साबित हुआ—एक ऐसा कदम, जिसे कभी कम आँका गया, लेकिन जिसका प्रभाव गहरा और स्थायी रहा।

स्वास्थ्य, भरोसा और उग्रवाद के लिए घटती जगह

आदिवासी भारत में स्वास्थ्य सेवाएँ दशकों तक असंगठित और अविश्वसनीय रही हैं। मोदी सरकार ने इस तस्वीर को पूरी तरह बदल दिया। संस्थागत प्रसव, टीकाकरण और प्राथमिक स्वास्थ्य सेवाओं पर जोर देकर आदिवासी जिलों में मातृ और शिशु स्वास्थ्य में तेज़ी से सुधार हुआ। बुनियादी इलाज तक पहुँच अब अनुमानित और भरोसेमंद बन गई, जिससे ग्रामीणों के लिए राज्य केवल "सख्ती और सुरक्षा" का प्रतीक नहीं रहा, बल्कि एक देखभाल करने वाला प्राधिकारी बन गया।

यह भरोसा महज़ आँकड़ों का नहीं था; यह भावनात्मक बदलाव था। चरमपंथ वहीं पनपता है जहाँ राज्य केवल डर और ज़बरदस्ती के रूप में देखा जाता है। स्वास्थ्य सेवाओं ने शासन को मानवीय रूप दिया और आदिवासी लोगों के जीवन में रोज़मर्रा के अनुभव का हिस्सा बना।

2020 के मध्य तक आकांक्षी जिलों में स्वच्छता कवरेज, जल आपूर्ति, स्वच्छ ईंधन और स्वास्थ्य सेवाओं के संयुक्त प्रयासों ने आदिवासी भारत में मापनीय बदलाव लाया। जो जिले कभी हिंसा और अलगाव के लिए जाने जाते थे, अब उन्हें सुधार और विकास के संकेतकों से पहचाना जाने लगा। विकास अब केवल अमूर्त शब्द नहीं रहा; यह देखा, महसूस और मापा जा सकने वाला अनुभव बन गया।

इस डेटा-संचालित और रोज़मर्रा की उपलब्धियों से नक्सली विचारधारा धीरे-धीरे खोखली हो गई। जब राज्य परिणाम देता है तो शिकायतों की राजनीति और कट्टरपंथ का आकर्षण स्वतः कम हो जाता है।

मोदी सरकार की आदिवासी भारत में सबसे बड़ी उपलब्धि केवल स्वास्थ्य या आँकड़ों में सुधार नहीं थी; यह स्थानीय जीवन की दिशा और अनुभव को बदलना थी।

कल्याण से परे : सांस्कृतिक पुनर्जागरण की आवश्यकता

विकास और सुरक्षा, चाहे जितने व्यापक क्यों न हो, तब तक पूरी तरह परिवर्तनकारी नहीं बन सकते, जब तक उन्हें गरिमा और सांस्कृतिक स्वीकृति

से न जोड़ा जाए। प्रधानमंत्री नरेन्द्र मोदी ने यह समझा कि भारत की आदिवासी आबादी केवल आर्थिक रूप से उपेक्षित नहीं थी, बल्कि सभ्यतागत रूप से भी हाशिए पर धकेल दी गई थी। सड़कें, बिजली, पानी, स्वास्थ्य और शिक्षा भौतिक अभावों को तो दूर कर सकती थीं, लेकिन आदिवासी समाज की सबसे गहरी चोट इतिहास, स्मृति और गौरव के निरंतर इनकार में निहित थी। दशकों तक आदिवासी भारत को एक सामाजिक समस्या के रूप में देखा गया, न कि भारत की संस्कृति, प्रतिरोध और आध्यात्मिक चेतना के सक्रिय निर्माता के रूप में। उन्हें आधुनिकता का निष्क्रिय लाभार्थी बताया गया, जिससे एक पहचान का शून्य पैदा हुआ और इसी शून्य को कट्टरपंथी विचारधाराओं ने भरा, आदिवासी युवाओं को शिकायत-आधारित झूठी पहचान देकर। इसलिए मोदी सरकार की आदिवासी नीति केवल कल्याण योजनाओं और आँकड़ों तक सीमित नहीं रही; वह स्मृति और स्वाभिमान के क्षेत्र में प्रवेश करती है और यह मूल प्रश्न उठाती है कि जिस राष्ट्र ने उनके नायकों को भुला दिया हो, उस राष्ट्र से लोग अपनापन कैसे महसूस करेंगे?

भारत के स्वतंत्रता संग्राम की समयरेखा का पुनर्लेखन

मोदी युग का एक सबसे महत्त्वपूर्ण कथात्मक हस्तक्षेप भारत के स्वतंत्रता संग्राम के दस्तावेज़ीकरण में चली आ रही जानबूझकर की गई चयनात्मकता को सुधारना रहा है, जहाँ दशकों तक इतिहास की पाठ्यपुस्तकों ने यह धारणा बनाई कि ब्रिटिश शासन के विरुद्ध संघर्ष 1885 में कांग्रेस की स्थापना से शुरू हुआ, जबकि उससे पहले के प्रतिरोधों को खंडित और गौण स्थानीय विद्रोह बताकर हाशिए पर डाल दिया गया; विशेष रूप से 1857 की चर्चा में 1855 के संथाल हुल को अनदेखा किया गया, जिसे सिद्धू--कान्हू मुर्मू ने नेतृत्व दिया था। वास्तव में भारत का औपनिवेशिक शोषण के खिलाफ प्रतिरोध किसी सभा-कक्ष से नहीं, बल्कि जंगलों, पहाड़ों और गाँवों से उपजा—1765 में पुरुलिया क्षेत्र में रघुनाथ महतो का विद्रोह, 1855 का संगठित और जनआधारित संथाल हुल और बीसवीं सदी के आरंभ में बिरसा मुंडा का उलगुलान—ये सभी क्षणिक उभार नहीं, बल्कि आत्मशासन, गरिमा और न्याय के गहरे वैचारिक दावे थे। इन नायकों और

आंदोलनों को राष्ट्रीय स्मृति में उचित स्थान देकर पीएम मोदी ने स्वतंत्रता संग्राम के अब तक असंतुलित आख्यान में न्याय और समावेशिता बहाल की और यह स्पष्ट किया कि भारत की आज़ादी किसी एक पार्टी, वर्ग या युग की नहीं, बल्कि और कई मायनों में अधिक गहराई से—आदिवासी समुदायों की भी साझा विरासत थी।

बिरसा मुंडा : फुटनोट से राष्ट्रीय प्रतीक तक

सभी आदिवासी नायकों में बिरसा मुंडा की विरासत विशिष्ट है—केवल उनके प्रतिरोध की तीव्रता के कारण नहीं, बल्कि उनके दृष्टिकोण की नैतिक स्पष्टता और सभ्यतागत गहराई के कारण, लेकिन स्वतंत्रता के बाद के दशकों में वे पाठ्यपुस्तकों के सीमित संदर्भों तक सिमटकर रह गए, स्थानीय स्मृति में जीवित रहे और राष्ट्रीय चेतना में लगभग अनुपस्थित रहे; पीएम मोदी ने इस ऐतिहासिक अन्याय को निर्णायक रूप से बदला। राष्ट्रीय मंचों से निरंतर बिरसा मुंडा का स्मरण, उनके जन्मदिवस को 'जनजातीय गौरव दिवस' के रूप में स्थापित करना और उनकी विरासत को भारत की राष्ट्रीय कथा के केंद्र में लाना केवल प्रतीकात्मक राजनीति नहीं, बल्कि एक गहरा सभ्यतागत सुधार था, जिसने यह सुनिश्चित किया कि आदिवासी क्रांतिकारियों का योगदान भविष्य में फिर कभी हाशिए पर न डाला जाए। रांची में बिरसा मुंडा संग्रहालय की स्थापना इस बदलाव का सशक्त प्रतीक बनी। यह मात्र एक स्मारक नहीं, बल्कि यह उद्घोषणा थी कि आदिवासी प्रतिरोध भारतीय राष्ट्रवाद की नींव का अभिन्न हिस्सा है। इस मान्यता ने आदिवासी युवाओं की आत्म-छवि को मूलतः बदल दिया; उनके पूर्वज अब इतिहास के अदृश्य पात्र नहीं, बल्कि ऐसे स्वतंत्रता सेनानी हैं जिनके साहस और बलिदान ने राष्ट्र को आकार दिया और यही आत्मीय राष्ट्रीय बोध कट्टरवाद के विरुद्ध सबसे प्रभावी प्रतिरोध बनकर उभरा।

पीड़ित से नायक तक : आदिवासी आत्म-संवेदन की पुनः प्राप्ति

पूर्ववर्ती विमर्श की सबसे हानिकारक विरासत यह रही कि आदिवासी समाज को लगातार पीड़ित के रूप में चित्रित किया गया—गरीबी का, विकास की

कथित विफलताओं का और इतिहास के उपेक्षित अध्यायों का, जिससे उनकी सक्रिय भूमिका, आत्म-शक्ति और नेतृत्व-क्षमता ओझल हो गई; इस दृष्टि को वामपंथी झुकाव वाले विचारों ने और पुष्ट किया, जहाँ आदिवासियों के लिए बोला गया, उन्हें स्वयं बोलने और नेतृत्व करने का अवसर नहीं दिया गया। पीएम मोदी का दृष्टिकोण इस एकांगी कथा को मूलतः पलट देता है—आदिवासी नायकों, पर्वों, कला-रूपों और परंपराओं के उत्सव के माध्यम से उन्हें भारत की सभ्यतागत विविधता के गर्वित संरक्षक के रूप में पुनः स्थापित किया गया, जहाँ आदिवासी संस्कृति को अलग-थलग "संरक्षित" वस्तु नहीं, बल्कि राष्ट्रीय पहचान के जीवंत और अभिन्न अंग के रूप में मान्यता मिली। इस परिवर्तन का मनोवैज्ञानिक प्रभाव निर्णायक रहा : जब पहचान शिकवे में नहीं, बल्कि गौरव में निहित होती है तो कट्टरपंथी विचारधाराओं का आकर्षण स्वतः क्षीण हो जाता है; नक्सलवाद जिस कथा के सहारे युवाओं को यह समझाता रहा कि उनका इतिहास केवल धोखे और शोषण का है, उसे चुनौती देकर मोदी ने उन्हें उनके वास्तविक इतिहास—साहस, प्रतिरोध और नेतृत्व—से पुनः जोड़ा।

साहित्य : सभ्यतागत उत्प्रेरक

यह राष्ट्रीय जागरण केवल नीतियों और प्रशासनिक सुधारों तक सीमित नहीं रहा, बल्कि साहित्य और सांस्कृतिक अभिव्यक्ति के क्षेत्र में भी उसकी गूँज सुनाई दी। प्रधानमंत्री मोदी द्वारा आदिवासी इतिहास और स्मृति पर दिए गए जोर ने मुझे भी इन उपेक्षित कथाओं को पुनः खोजने और उन्हें व्यापक समाज के सामने रखने की प्रेरणा दी। इसी प्रेरणा से मेरी साहित्यिक यात्रा शुरू हुई, जिसके परिणामस्वरूप '*द लेजेंड ऑफ बिरसा मुंडा*', '*द ग्रेट ट्राइबल वारियर्स ऑफ भारत*' और '*सिद्धू कान्हू*' जैसी पुस्तकें सामने आईं। ये रचनाएँ केवल अतीत का वर्णन नहीं थीं, बल्कि उस ऐतिहासिक अन्याय की भरपाई का एक विनम्र प्रयास थीं, जिसमें आदिवासी नायकों को हाशिए पर डाल दिया गया था। इन पुस्तकों का मूल उद्देश्य सरल लेकिन गहरा था—आदिवासी स्वतंत्रता सेनानियों को भारत की राष्ट्रीय चेतना के केंद्र में वापस लाना। यह सुनिश्चित करना कि झारखंड, छत्तीसगढ़ या किसी दूरस्थ वन क्षेत्र में रहने

वाला आदिवासी बच्चा यह जाने कि उसके पूर्वज इतिहास के मौन पात्र नहीं थे, बल्कि संघर्ष, नेतृत्व और साहस के सक्रिय निर्माता थे। इस अर्थ में साहित्य भी शासन का एक मानवीय माध्यम बन गया—जो पहचान को मजबूत करता है, स्मृति को जीवित रखता है और राष्ट्र से जुड़ाव की भावना को गहराता है।

सभ्यतागत समावेश : नक्सलवाद की अंतिम हार

नक्सलवाद की वास्तविक पराजय केवल हथियारबंद दस्तों को खत्म करने या उनके नेतृत्व को निष्क्रिय करने में नहीं निहित है। उसकी असली हार तब होती है, जब उसकी विचारधारा अपना अर्थ और आकर्षण खो देती है। प्रधानमंत्री मोदी की आदिवासी नीति ने यही किया—उग्रवाद की जड़ों पर प्रहार करके : भौतिक अभाव, प्रशासनिक उपेक्षा और ऐतिहासिक विस्मृति।

जब सड़कें गाँवों तक पहुँचती हैं तो बंदूकें अपनी ताकत खो देती हैं। जब घरों में पानी आता है तो भय कम होने लगता है। जब बच्चे स्वस्थ होते हैं तो कुपोषण किसी आंदोलन का हथियार नहीं रह जाता। और जब इतिहास को उसका स्थान वापस मिलता है तो शिकायतों का एकाधिकार टूट जाता है।

आदिवासी भारत को आर्थिक, प्रशासनिक और सभ्यतागत मुख्यधारा में सम्मिलित करते हुए, बिना उनकी सांस्कृतिक पहचान से समझौता कराए—पीएम मोदी ने यह सुनिश्चित किया कि आदिवासी समाज अब केवल परिधि पर खड़ा दर्शक नहीं है, बल्कि भारत के भविष्य का आत्मविश्वासी और समान साझीदार है।

अध्याय दस

नवजागरण : नक्सलवाद से मुक्ति और 'विकसित भारत' की तीव्र होती यात्रा

"जहाँ कभी गोलियों की आवाज़ गूंजती थी, आज वहाँ मशीनों की आवाज़ सुनाई देती है। जो गाँव कभी सुनसान थे, आज वहाँ स्कूलों की घंटियाँ बज रही हैं। सड़कें, जो कभी सपना हुआ करती थीं, आज राजमार्ग बन रही हैं। जहाँ बच्चे स्कूल जाने से डरते थे, आज वह कंप्यूटर के माध्यम से पूरी दुनिया से जुड़ रहे हैं" —**अमित शाह**, केंद्रीय गृह मंत्री

दिसंबर 2025 में बस्तर के खचाखच भरे स्टेडियम में गूँजती गर्जना उस क्षेत्र के इतिहास में एक नया अध्याय लिख रही थी। ढोल-नगाड़ों की थाप, जनजातीय नृत्य की जीवंत प्रस्तुतियाँ और हज़ारों युवा खिलाड़ियों का उत्साह—बस्तर ओलंपिक्स केवल एक खेल आयोजन नहीं था; वह एक मनोवैज्ञानिक मुक्ति का उत्सव था। वह धरती, जो कभी बंदूकों और भय की छाया से पहचानी जाती थी, अब ऊर्जा, आकांक्षा और आत्मविश्वास से भर उठी थी। सबसे मार्मिक दृश्य वे थे, जहाँ कुछ प्रतिभागी ऐसे भी थे जिन्होंने कभी माओवादी प्रभाव के बीच जीवन बिताया था। आत्मसमर्पण और पुनर्वास के बाद वे अब तिरंगे के नीचे दौड़ते, तीरंदाजी करते और फुटबॉल खेलते दिखाई दे रहे थे, मानो इतिहास ने स्वयं को नया अर्थ दे दिया हो।

समापन दिवस पर केंद्रीय गृह मंत्री अमित शाह ने इस परिवर्तन की भावना को स्पष्ट शब्दों में अभिव्यक्त किया। उन्होंने कहा कि नक्सलवाद के विरुद्ध लड़ाई केवल बंदूकधारियों को परास्त करने की प्रक्रिया नहीं है; यह उस व्यापक प्रयास का हिस्सा है, जिसका उद्देश्य जनजातीय भारत में गरिमा, अवसर और भविष्य की आशा को पुनर्स्थापित करना है। बस्तर, जो कभी भय का पर्याय बन गया था, अब 2047 की ओर अग्रसर विकसित भारत की यात्रा में एक सशक्त सहभागी बनने की क्षमता रखता है।

यह घोषणा केवल राजनीतिक वक्तव्य नहीं थी; यह उस यथार्थ का संकेत थी, जहाँ कभी स्थायी संघर्ष-क्षेत्र माने जाने वाले इलाके अब विकास, निवेश, शिक्षा और खेल जैसे सकारात्मक आयामों से पहचाने जा रहे हैं। नक्सल-मुक्ति केवल सुरक्षा की उपलब्धि नहीं है—यह सामाजिक ऊर्जा की पुनर्खोज है। जब भय घटता है तो उद्यम बढ़ता है; जब हिंसा रुकती है तो निवेश आता

है; और जब युवा बंदूक के बजाय खेल का मैदान चुनते हैं तो राष्ट्र की विकास यात्रा स्वतः गति पकड़ लेती है। बस्तर की वह गूँज केवल एक स्टेडियम तक सीमित नहीं थी, वह इस बात का प्रतीक थी कि भारत के जिन हिस्सों को कभी विकास की परिधि पर रखा गया था, वे अब उसकी धुरी बनने की क्षमता रखते हैं। यही है पुनर्जागरण, पुनरुत्थान जहाँ सुरक्षा, विकास और सम्मान मिलकर एक नए भारत की आधारशिला रखते हैं।

रणनीतिक बदलाव : क्यों भारत की विकास कहानी अब पूर्व संघर्ष-क्षेत्रों से होकर गुजरती है?

जैसे-जैसे भारत 2047 की ओर बढ़ रहा है, यह स्पष्ट होता जा रहा है कि अगली आर्थिक छलाँग पारंपरिक महानगरों से नहीं आएगी। लंबे समय तक देश की वृद्धि की कहानी दिल्ली, मुंबई, बेंगलुरु और हैदराबाद जैसे शहरों के इर्द-गिर्द घूमती रही। लेकिन अब टियर-1 और कई टियर-2 शहर बुनियादी ढाँचे के दबाव, बढ़ती जनसंख्या और सीमित विस्तार क्षमता के कारण संतृप्ति की स्थिति में पहुँच रहे हैं। ऐसे में यदि भारत को उच्च विकास दर बनाए रखनी है, विनिर्माण का विस्तार करना है, ऊर्जा सुरक्षा सुनिश्चित करनी है और विशाल युवा आबादी के लिए रोजगार सृजित करना है तो उसे अपनी विकास दृष्टि को भूगोल के स्तर पर पुनर्परिभाषित करना ही होगा।

यहीं से पूर्व संघर्ष-प्रभावित और ऐतिहासिक रूप से उपेक्षित क्षेत्रों का महत्त्व बढ़ता है। ये क्षेत्र भले ही लंबे समय तक असुरक्षा और अविकास से जुड़े रहे हों, लेकिन वे प्राकृतिक संसाधनों, युवा श्रमशक्ति और स्थानीय उद्यमिता की अपार संभावनाओं से समृद्ध हैं। आज टियर-2 और टियर-3 शहर मिलकर देश के कुल उत्पादन का लगभग 40% और लघु एवं मध्यम उद्यमों का लगभग 50% योगदान दे रहे हैं। यह संकेत है कि भारत की वास्तविक आर्थिक ऊर्जा अब छोटे शहरों और ग्रामीण क्लस्टरों में भी आकार ले रही है।

2018 में शुरू किया गया अभिलक्षित जिलों कार्यक्रम (एस्पिरेशनल डिस्ट्रिक्ट्स प्रोग्राम) इसी रणनीतिक सोच का परिणाम था। 112 पिछड़े जिलों, जिनमें कई संघर्ष-प्रभावित क्षेत्र भी शामिल हैं, को चिह्नितकर स्वास्थ्य,

पोषण, शिक्षा, कृषि, जल संसाधन, वित्तीय समावेशन और कौशल विकास जैसे क्षेत्रों में केंद्रित हस्तक्षेप किए गए। यह केवल योजनाओं का विस्तार नहीं था, बल्कि परिणाम-आधारित शासन का प्रयोग था, जिसमें जिलों के बीच प्रतिस्पर्धा, डेटा-आधारित निगरानी और स्थानीय प्रशासन की सक्रिय भागीदारी को प्रोत्साहित किया गया।

इस दृष्टिकोण का असर बहुस्तरीय रहा। इन क्षेत्रों में एमएसएमई को बढ़ावा मिला, डिजिटल भुगतान और ई-गवर्नेंस की पहुँच बढ़ी, स्थानीय उत्पादों को बाजार से जोड़ने के नए रास्ते खुले और युवाओं के लिए कौशल-आधारित रोजगार के अवसर पैदा हुए। क्लस्टर-आधारित विकास मॉडल ने ग्रामीण और अर्ध-शहरी क्षेत्रों में विशेषीकृत औद्योगिक हब विकसित करने की दिशा में कदम बढ़ाए, जिससे न केवल उत्पादकता बढ़ी, बल्कि मजदूरी स्तर और स्थानीय आय में भी सुधार हुआ।

रणनीतिक रूप से यह बदलाव केवल आर्थिक अनिवार्यता नहीं है; यह राष्ट्रीय एकीकरण की प्रक्रिया का भी हिस्सा है। जब पूर्व संघर्ष-क्षेत्र विकास के केंद्र बनते हैं तो सुरक्षा और समृद्धि एक-दूसरे को सुदृढ़ करते हैं। सड़क, इंटरनेट और उद्योग वहाँ पहुँचते हैं, जहाँ कभी केवल असुरक्षा थी। यही वह बिंदु है जहाँ भारत की विकास कहानी नई दिशा लेती है—महानगरों की सीमाओं से निकलकर उन भूभागों की ओर, जिन्हें लंबे समय तक परिधि पर रखा गया था, लेकिन जो अब विकसित भारत की यात्रा के निर्णायक साझीदार बन सकते हैं।

कुछ क्षेत्र इस छिपी हुई संभावनाओं के सबसे जीवंत उदाहरण बनकर उभरे हैं—छत्तीसगढ़ का बस्तर और महाराष्ट्र का गढ़चिरौली। ये दोनों जिले केवल भौगोलिक रूप से दूरस्थ नहीं हैं, बल्कि प्राकृतिक संसाधनों की दृष्टि से अत्यंत समृद्ध भी हैं। बस्तर भारत के उच्च-गुणवत्ता वाले लौह अयस्क भंडार का लगभग 20% अपने भीतर समेटे हुए है, साथ ही यहाँ बॉक्साइट और कोयले के महत्त्वपूर्ण भंडार भी मौजूद हैं। गढ़चिरौली में भी खनिज संपदा प्रचुर मात्रा में है। इन दोनों जिलों का 70% से अधिक क्षेत्र घने जंगलों से आच्छादित है, जो लकड़ी, बांस और अन्य गैर-लकड़ी वन उत्पादों की दृष्टि से अत्यंत मूल्यवान हैं। इसके अतिरिक्त यहाँ की आबादी का 60% से अधिक

हिस्सा 35 वर्ष से कम आयु का है—एक ऐसा जनसांख्यिकीय लाभ, जो यदि सही दिशा में प्रयुक्त हो तो कौशल-आधारित उद्योगों और स्थानीय उद्यमिता के लिए मजबूत आधार बन सकता है।

लेकिन दशकों तक यह संपूर्ण क्षमता माओवादी हिंसा की एक अदृश्य मजबूत आवरण के पीछे कैद रही। विकास केवल धीमा नहीं पड़ा, बल्कि कई बार उसे सुनियोजित रूप से रोका गया। नक्सली गतिविधियों ने सड़कों, पुलों और अन्य अवसंरचनात्मक परियोजनाओं को बाधित किया, जिससे राज्यों को हर वर्ष अरबों रुपए का आर्थिक नुकसान उठाना पड़ा। बस्तर में अबूझमाड़ जैसे क्षेत्र, जो लगभग 800 वर्ग किलोमीटर में फैले थे, माओवादी प्रभाव के मजबूत गढ़ बने रहे। गढ़चिरौली के सघन जंगल भी लंबे समय तक विद्रोही गतिविधियों के लिए सुरक्षित आश्रयस्थल बने रहे, जिसके कारण खनन, कृषि, वन-आधारित उद्योग और पर्यटन जैसी संभावनाएँ साकार नहीं हो सकीं—जबकि ये हजारों स्थानीय युवाओं को रोजगार दे सकती थीं।

2014 के बाद और विशेषकर 2019 के पश्चात, नीति-स्तर पर एक महत्त्वपूर्ण परिवर्तन दिखाई दिया—यह समझ कि सुरक्षा और विकास अलग-अलग नहीं, बल्कि परस्पर पूरक हैं। सशस्त्र विरोध-विद्रोह अभियानों को खुफिया सुदृढ़ीकरण, आगे के सुरक्षा ठिकानों की स्थापना और सामुदायिक पुलिसिंग के साथ जोड़ा गया। इस चार-आयामी रणनीति ने धीरे-धीरे राज्य की उपस्थिति और अधिकार को उन क्षेत्रों तक पुनर्स्थापित किया, जहाँ शासन लंबे समय तक सीमित या प्रतीकात्मक रहा था।

इसके साथ ही विकास का पहिया भी गति पकड़ने लगा। 2014 के बाद से 12,000 किलोमीटर से अधिक सड़कों का निर्माण हुआ, जिससे अंदरूनी गाँव बाजारों और सेवाओं से जुड़ सके। छत्तीसगढ़ में 2017 में शुरू की गई "अमचो बस्तर, अमचो पुलिस" पहल ने प्रशासन और जनता के बीच विश्वास की खाई को पाटने का प्रयास किया। यह केवल कानून-व्यवस्था का कार्यक्रम नहीं था, बल्कि सामाजिक संवाद का माध्यम बना। आगे चलकर "नियद नेल्लानर" जैसी योजनाओं के तहत मॉडल गाँव विकसित किए गए, जिनमें बस्तर के 90 गाँवों को सड़क, पेयजल और बिजली जैसी बुनियादी सुविधाओं से सुसज्जित किया गया।

यह परिवर्तन सतही नहीं था; यह संरचनात्मक था। सुरक्षा अभियानों और विकास योजनाओं के समन्वित क्रियान्वयन ने न केवल माओवादी नेटवर्क को कमजोर किया, बल्कि स्थानीय समाज में यह विश्वास भी जगाया कि राज्य केवल नियंत्रण के लिए नहीं, बल्कि साझेदारी और समृद्धि के लिए उपस्थित है। इसी संतुलित दृष्टिकोण ने नक्सलवाद की जड़ों को कमजोर करने की दिशा में वास्तविक आधार तैयार किया।

बुनियादी सुविधाओं की बहाली : स्कूल, अस्पताल और राज्य की वापसी

बस्तर और गढ़चिरौली में परिवर्तन का सबसे स्पष्ट और ठोस संकेत आवश्यक सार्वजनिक संस्थानों की पुनर्स्थापना के रूप में सामने आया है। जिन गाँवों में वर्षों तक न तो शिक्षक पहुँच पाते थे और न ही डॉक्टर, वहाँ अब कार्यशील विद्यालय, प्राथमिक स्वास्थ्य केंद्र और मोबाइल मेडिकल यूनिट सक्रिय रूप से सेवाएँ दे रहे हैं। बस्तर में माओवादी धमकियों के कारण बंद पड़े दर्जनों स्कूलों को न केवल पुनः खोला गया, बल्कि उन्हें आवश्यक स्टाफ़ और आधारभूत संसाधनों से सुसज्जित भी किया गया। आवासीय छात्रावासों की स्थापना ने आदिवासी बच्चों की शिक्षा में निरंतरता सुनिश्चित की है। अब अभिभावकों को अपने बच्चों को विद्यालय भेजने में किसी प्रकार के प्रतिशोध का भय नहीं सताता। हाल के वर्षों में सरकारी स्कूलों में नामांकन में 20% से अधिक की वृद्धि दर्ज की गई है, जो आकांक्षी जिला कार्यक्रम (एडीपी) के शिक्षा-केंद्रित दृष्टिकोण का प्रत्यक्ष परिणाम है। गढ़चिरौली में भी सामुदायिक पुलिसिंग और प्रशासनिक विश्वास-निर्माण के प्रयासों ने शैक्षिक संस्थानों को पुनः सक्रिय करने में महत्त्वपूर्ण भूमिका निभाई। नवंबर 2024 में ग्राम चुनावों में 74% मतदान दर्ज होना, जो वर्षों की माओवादी धमकियों के बाद ऐतिहासिक उच्चतम स्तर था—इस सामाजिक पुनर्जागरण का प्रतीक है।

स्वास्थ्य सेवाओं के क्षेत्र में भी उल्लेखनीय सुधार परिलक्षित हुए हैं। जिला अस्पतालों का आधुनिकीकरण किया गया, विशेषज्ञ चिकित्सकों की तैनाती सुरक्षा आश्वासन के साथ की गई और दूरस्थ गाँवों को शहरी चिकित्सा विशेषज्ञता से जोड़ने के लिए टेलीमेडिसिन सेवाएँ प्रारंभ की गईं। गढ़चिरौली

में, जहाँ 2014 से पहले मातृ मृत्यु दर महाराष्ट्र में सर्वाधिक में से एक थी (1,00,000 जीवित जन्मों पर 200 से अधिक), वहाँ संस्थागत प्रसव और टीकाकरण कवरेज में वृद्धि के परिणामस्वरूप उल्लेखनीय सुधार दर्ज हुआ है। पाँच वर्ष से कम आयु के बच्चों की मृत्यु दर घटकर लगभग 39 प्रति 1,000 जीवित जन्मों तक आ गई है, जो राष्ट्रीय औसत के अनुरूप है। बस्तर में जगदलपुर मेडिकल कॉलेज जैसी नई स्वास्थ्य सुविधाओं ने हजारों मरीजों का उपचार किया है और आयुष के साथ आधुनिक चिकित्सा के समन्वय से संचालित कार्यक्रमों के माध्यम से लाखों स्कूली बच्चों की निःशुल्क स्वास्थ्य जाँच सुनिश्चित की है। ये सभी प्रयास एडीपी के व्यापक ढाँचे के अंतर्गत, पोषण और स्वास्थ्य संकेतकों में सुधार लाने में सहायक सिद्ध हुए हैं, लक्षित क्षेत्रों में 90% से अधिक टीकाकरण कवरेज और एनीमिया में उल्लेखनीय कमी इसका प्रमाण है।

इस प्रकार स्कूलों और अस्पतालों की वापसी केवल सेवाओं की बहाली नहीं, बल्कि राज्य की संवेदनशील और उत्तरदायी उपस्थिति की पुनर्स्थापना का प्रतीक है—एक ऐसी वापसी, जिसने भय की जगह विश्वास और उपेक्षा की जगह सहभागिता को स्थापित किया है।

संभवतः सबसे मार्मिक परिवर्तन का प्रतीक समर्पित माओवादी कार्यकर्ताओं का पुनर्वास है, जिसने संघर्ष की भूमि को पुनर्निर्माण की दिशा में मोड़ दिया है। राज्य-समर्थित समर्पण नीतियों के अंतर्गत व्यावसायिक प्रशिक्षण, वित्तीय सहायता, आवासीय समर्थन और मनोवैज्ञानिक परामर्श जैसी समग्र व्यवस्थाएँ की गईं। महाराष्ट्र में 2014 में संशोधित नीति के तहत समर्पित कैडरों को तीन वर्षों तक 4,000 रुपए मासिक भत्ता प्रदान किया जाता है, जिसके परिणामस्वरूप पिछले दशक में 502 माओवादी मुख्यधारा में लौटे। जनवरी 2025 तक गढ़चिरौली में 48 पूर्व माओवादी लॉयड्स मेटल्स इंडस्ट्री में कार्यरत हैं। छत्तीसगढ़ में केवल 2025 के दौरान 1,513 माओवादी समर्पित हुए, जिनमें 89 लाख रुपए तक के इनामी उग्रवादी भी शामिल थे, जो रोजगार और सामाजिक एकीकरण की आश्वस्त योजनाओं से प्रभावित हुए। आज अनेक पूर्व विद्रोही एम्बुलेंस चालक, छोटे उद्यमी—जैसे बस्तर के पंडुम कैफे के संचालक—अवसंरचना परियोजनाओं में ठेकेदार

या श्रमिक तथा स्थानीय युवाओं के खेल प्रशिक्षक के रूप में नई पहचान गढ़ रहे हैं। दिसंबर 2025 में बीजापुर में 34 माओवादियों का समर्पण और पिछले 24 महीनों में जिले में 800 से अधिक समर्पण इस व्यापक बदलाव के संकेतक हैं। यह रूपांतरण केवल आर्थिक पुनर्स्थापन नहीं, बल्कि सांस्कृतिक और नागरिक पुनर्जागरण है, जहाँ हिंसा का स्थान सहभागिता ने लिया है, परायापन की जगह अपनत्व ने और स्थायी शांति व समृद्धि की नींव सुदृढ़ हो रही है।

विकास की बुनियाद : सड़कें, बिजली और डिजिटल पहुँच

नक्सल प्रभावित इलाकों में विकास वर्षों तक एक दुष्चक्र में फँसा रहा—हिंसा के कारण सड़कें नहीं बनती थीं और सड़कें न होने से हिंसा को बढ़ावा मिलता था। इस चक्र को तोड़ना एक निर्णायक प्राथमिकता बना। सुरक्षा अभियानों को अवसंरचना निर्माण के साथ जोड़ा गया, ताकि जहाँ राज्य की उपस्थिति बढ़े, वहाँ विकास भी साथ-साथ पहुँचे।

प्रधानमंत्री ग्राम सड़क योजना (पीएमजीएसवाई) और लेफ्ट विंग एक्सट्रीमिज़्म (एलडब्ल्यूई) रोड कनेक्टिविटी प्रोजेक्ट के तहत बस्तर और गढ़चिरौली में हजारों किलोमीटर ऑल-वेदर सड़कें बनाई गईं। इन सड़कों ने दूरस्थ गाँवों को ब्लॉक मुख्यालयों और बाजारों से जोड़ा। बस्तर में धमतरी से जगदलपुर तक 387 किलोमीटर की उच्च-गति सड़क परियोजना ने यात्रा समय घटाया और संपर्क बेहतर किया। 2014 के बाद छत्तीसगढ़ के नक्सल प्रभावित क्षेत्रों में 12,000 किलोमीटर से अधिक सड़कें जोड़ी गईं, जिनमें भोपालपटनम-जगदलपुर दो-लेन मार्ग और एनएच-130 व एनएच-130सीडी का विस्तार शामिल है, जिन्होंने औद्योगिक और शहरी केंद्रों से सीधा संपर्क स्थापित किया।

गढ़चिरौली में महाराष्ट्र स्टेट रोड डेवलपमेंट कॉर्पोरेशन ने 221 करोड़ रुपए से अधिक का निवेशकर ग्रामीण सड़कों को मजबूत किया। इससे स्थानीय वन उत्पादों और कृषि उपज को बाजार तक पहुँचने में आसानी हुई और आपातकालीन सेवाएँ भी तेज़ हुईं। इन सड़कों ने न केवल व्यापार को गति दी बल्कि सुरक्षा बलों को रणनीतिक ठिकाने स्थापित करने में मदद की,

जिससे विद्रोही गतिविधियों पर नियंत्रण संभव हुआ। रेल कनेक्टिविटी ने भी बड़ा बदलाव लाया—डल्ली राजहरा-जगदलपुर 140 किलोमीटर नई रेल लाइन (3,513 करोड़ रुपए) ने बस्तर को राष्ट्रीय लॉजिस्टिक्स नेटवर्क से जोड़ा और दशकों के अलगाव को समाप्त किया।

सड़क के साथ बिजली पहुँची। दीनदयाल उपाध्याय ग्राम ज्योति योजना (डीडीयूजीजेवाई) और सौभाग्य योजना के तहत गढ़चिरौली ने 2018 तक लगभग सार्वभौमिक घरेलू बिजली कवरेज हासिल कर लिया। यह उपलब्धि एक घने वन क्षेत्र के लिए विशेष रूप से महत्त्वपूर्ण थी। बिजली ने केवल घर रोशन नहीं किए, बल्कि सूक्ष्म-उद्योग, कृषि उत्पादों के कोल्ड स्टोरेज और डिजिटल सेवाओं की संभावनाएँ भी खोलीं। बस्तर में 95% से अधिक ग्रामीण बिजली कवरेज हासिल हुआ, जिसमें सोलर मिनी-ग्रिड जैसी पहलें दूरस्थ, ऑफ-ग्रिड गाँवों तक पहुँचीं।

डिजिटल पहुँच ने इस परिवर्तन को और गहरा किया। 2000 से 2014 के बीच मोबाइल टावर माओवादी हमलों के प्रमुख लक्ष्य थे, लेकिन अब स्थिति उलट चुकी है। 2025 तक छत्तीसगढ़ के एलडब्ल्यूई प्रभावित क्षेत्रों में 728 नए मोबाइल टावर लगाए गए, जिनमें से कई सीधे हिंसा-प्रभावित इलाकों में स्थापित हुए। बीएसएनएल द्वारा 4,000 अतिरिक्त टावर लगाने की योजना इन क्षेत्रों को पूरी तरह डिजिटल मुख्यधारा से जोड़ने की दिशा में कदम है। इससे न केवल संचार बेहतर हुआ, बल्कि शासन, बैंकिंग, ऑनलाइन सेवाएँ और पारदर्शिता भी पहुँची और उन बिचौलियों की भूमिका कम हुई, जो पहले सूचना के अभाव का लाभ उठाते थे।

सड़क, बिजली और डिजिटल नेटवर्क—इन तीन स्तंभों ने मिलकर केवल अवसंरचना नहीं बनाई; उन्होंने अलगाव को तोड़ा, अवसर पैदा किए और राज्य की स्थायी उपस्थिति स्थापित की। यही वह बुनियादी परिवर्तन है, जिसने संघर्ष-क्षेत्रों को संभावनाओं के क्षेत्रों में बदलना शुरू किया।

गढ़चिरौली में यूनिवर्सल सर्विस ऑब्लिगेशन फंड (यूएसओएफ़) के तहत दूरसंचार विस्तार ने उन गाँवों तक 4G सेवाएँ पहुँचाईं, जो कभी संचार मानचित्र से लगभग बाहर थे। भारतनेट परियोजना के माध्यम से बिछाए गए फाइबर ऑप्टिक नेटवर्क ने ब्रॉडबैंड कनेक्टिविटी सुनिश्चित की, जिससे ऑनलाइन

शिक्षा, यूपीआई के ज़रिए डिजिटल भुगतान, टेलीमेडिसिन परामर्श—जहाँ गाँव सीधे शहरी अस्पतालों से जुड़ते हैं—और पीएम-किसान व मनरेगा जैसी योजनाओं के तहत डायरेक्ट बेनिफिट ट्रांसफर संभव हुए। इससे न केवल सेवाओं की पहुँच बढ़ी, बल्कि पारदर्शिता आई और भ्रष्टाचार में कमी आई। बस्तर में 2024 की शुरुआत से 230 से अधिक नए मोबाइल टावर स्थापित किए गए, जिनकी बदौलत अब अबूझमाड़ जैसे लंबे समय से अलग-थलग क्षेत्र भी इंटरनेट से जुड़ चुके हैं। गढ़चिरौली के कोंडापल्ली जैसे गाँवों में पहली बार डिजिटल कनेक्टिविटी पहुँची, जिसे स्थानीय लोगों ने उत्सव की तरह मनाया।

इस कनेक्टिविटी का असर केवल तकनीकी नहीं, बल्कि गहरा मनोवैज्ञानिक भी है। जब बस्तर का कोई आदिवासी कारीगर अपने हस्तशिल्प को अमेज़ॉन या फ़्लिपकार्ट जैसे ऑनलाइन प्लेटफॉर्म पर बेच सकता है, या गढ़चिरौली का कोई छात्र "दीक्षा" (डिजिटल इंफ्रास्ट्रक्चर फॉर नॉलेज शेयरिंग) प्लेटफॉर्म के माध्यम से वर्चुअल कक्षा में पढ़ाई कर सकता है तो "मुख्यधारा" और "हाशिए" के बीच की दूरी वास्तविक रूप से कम हो जाती है। डिजिटल साक्षरता कार्यक्रमों में नामांकन बढ़ा है और हजारों युवाओं को ई-कॉमर्स व ऑनलाइन बैंकिंग का प्रशिक्षण मिला है। इससे उनमें आत्मविश्वास और सहभागिता की भावना मजबूत हुई है। साथ ही, रीयल-टाइम संचार ने आपातकालीन स्थितियों, जैसे प्राकृतिक आपदाओं में प्रतिक्रिया क्षमता बढ़ाई है और परिवारों को प्रवासी सदस्यों से जुड़े रहने में मदद की है। दशकों के सामाजिक अलगाव के बाद यह डिजिटल जुड़ाव इन समुदायों को राष्ट्रीय जीवनधारा से जोड़ने वाला सशक्त माध्यम बन रहा है।

आर्थिक संभावनाओं का उद्घाटन : खनन, निर्माण और वन-आधारित समृद्धि

सुरक्षा की स्थिति स्थिर होने के साथ ही वे परियोजनाएँ, जो वर्षों तक ठप पड़ी रहीं, अब गति पकड़ने लगी हैं। बस्तर, जो बैलाडीला जैसे समृद्ध लौह अयस्क भंडारों के लिए जाना जाता है और जहाँ देश के उच्च गुणवत्ता वाले अयस्क का लगभग 20% मौजूद है, खनन और खनिज-आधारित उद्योगों के नए चरण

में प्रवेश कर चुका है। एनएमडीसी द्वारा संचालित प्रमुख खदानों में उत्पादन क्षमता बढ़ाई गई है—कुछ स्थलों पर यह 5.5 मिलियन टन से बढ़कर 8.5 मिलियन टन प्रतिवर्ष तक पहुँच गई है। नगरनार में लगभग 2,700 करोड़ रुपए की लागत से स्थापित 3 मिलियन टन वार्षिक क्षमता वाला स्टील प्लांट न केवल औद्योगिक विस्तार का प्रतीक है, बल्कि हजारों प्रत्यक्ष और अप्रत्यक्ष रोजगार के अवसर भी सृजित कर रहा है। पर्यावरणीय मानकों, जैसे जीरो-लिक्विड डिस्चार्ज सिस्टम और सीएसआर के माध्यम से स्थानीय समुदायों की भागीदारी पर भी विशेष ध्यान दिया गया है।

खनिज क्षेत्र में पारदर्शिता लाने के लिए दर्जनों खनिज ब्लॉकों की ई-नीलामी की गई है और नई खोज परियोजनाएँ पूरी की गई हैं। गढ़चिरौली भी तेजी से औद्योगिक निवेश का केंद्र बन रहा है। लॉयड्स मेटल्स एंड एनर्जी जैसी कंपनियाँ बड़े पैमाने पर निवेश कर रही हैं—एकीकृत स्टील प्लांट और लौह अयस्क प्रसंस्करण संयंत्र जैसी परियोजनाएँ हजारों नौकरियों का वादा करती हैं। जेएसडब्ल्यू स्टील और अन्य कंपनियों की प्रस्तावित परियोजनाएँ इस क्षेत्र को देश के उभरते इस्पात केंद्रों में बदल सकती हैं। इन विकास योजनाओं के साथ लॉजिस्टिक अवसंरचना, जैसे प्रस्तावित हवाई अड्डा भी जोड़ी जा रही है, जबकि वन एवं पर्यावरणीय स्वीकृतियों के माध्यम से पारिस्थितिकी संतुलन बनाए रखने का प्रयास किया जा रहा है।

साथ ही, वन-आधारित आजीविका पर दिया गया, जोर भी उतना ही महत्त्वपूर्ण है, क्योंकि इन जिलों की बड़ी आबादी प्रत्यक्ष या परोक्ष रूप से वनों पर निर्भर है। तेंदूपत्ता, महुआ, लैक, इमली और बास जैसे लघु वनोपज (एनटीएफ़पी) के लिए स्थानीय स्तर पर प्रसंस्करण इकाइयाँ स्थापित की गई हैं। “ट्राइफेड” (भारतीय जनजातीय सहकारी विपणन विकास संघ) की वन धन योजना और “ट्राइफूड” (जनजातीय खाद्य प्रसंस्करण पहल) जैसे प्रसंस्करण पार्कों के माध्यम से हजारों आदिवासियों को रोजगार मिला है। इमली, काजू और आँवला जैसी उपज को संसाधितकर बाजार तक पहुँचाया जा रहा है, जिससे आय में स्थायी वृद्धि हो रही है। गढ़चिरौली में आदिवासी सहकारी समितियाँ हर वर्ष करोड़ों रुपए मूल्य की वनोपज एकत्र और प्रसंस्कृत करती हैं। स्व-सहायता समूहों को न्यूनतम समर्थन

मूल्य, पैकेजिंग, ब्रांडिंग और औपचारिक आपूर्ति श्रृंखलाओं से जोड़कर उन्हें स्थानीय संग्रहकर्ता से उद्यमी बनने की दिशा में आगे बढ़ाया गया है।

इस प्रकार, जहाँ कभी संसाधन केवल संघर्ष का कारण बनते थे, वहीं आज वही संसाधन स्थायी समृद्धि और सम्मानजनक आजीविका के आधार बन रहे हैं।

बस्तर के केशकाल वन मंडल में भी इसी तरह के प्रयासों ने उल्लेखनीय परिवर्तन लाया है। यहाँ महिला-नेतृत्व वाले स्व-सहायता समूहों को महुआ जैसे पारंपरिक उत्पादों के प्रसंस्करण और विपणन के लिए प्रशिक्षित किया गया। आज ये समूह संसाधित महुआ उत्पादों का निर्यात तक कर रहे हैं। इससे न केवल पारंपरिक पारिस्थितिक ज्ञान का संरक्षण हुआ है, बल्कि कई परिवारों की घरेलू आय में 30-50% तक वृद्धि दर्ज की गई है। उपजीविका-आधारित कृषि पर निर्भरता कम हुई है और मौसमी पलायन में भी गिरावट आई है। विभिन्न अध्ययनों से यह स्पष्ट हुआ है कि इन जिलों में लघु वनोपज (एमएफ़पी) ग्रामीण आय का लगभग 40% तक योगदान देती है, जो वन-आधारित अर्थव्यवस्था की वास्तविक शक्ति को दर्शाता है।

महत्त्वपूर्ण बात यह है कि यहाँ विकास का मॉडल एकतरफा नहीं है। एक ओर बड़े पैमाने पर औद्योगिक निवेश हो रहा है तो दूसरी ओर समुदाय-केंद्रित आर्थिक ढाँचे को समान महत्त्व दिया जा रहा है। यही संतुलन सामाजिक स्थिरता सुनिश्चित करता है। एनएमडीसी और लॉयड्स जैसी कंपनियों ने स्थानीय युवाओं के लिए कौशल प्रशिक्षण कार्यक्रमों का संकल्प लिया है, जिससे केवल गढ़चिरौली में ही 5,000 से अधिक रोजगार सृजित हुए हैं। समानांतर रूप से वन-उत्पाद आधारित पहलों ने 2025 तक इन क्षेत्रों के जीडीपी योगदान में लगभग 15% की वृद्धि दर्ज की है।

यह मॉडल विकास को थोपता नहीं, बल्कि स्थानीय भागीदारी को गहरा करता है। इसका असर जमीनी स्तर पर दिखाई देता है—नक्सल घटनाओं में निरंतर कमी और निवेश में बढ़ोतरी के रूप में। उदाहरणस्वरूप, 2025 में जगदलपुर औद्योगिक सम्मेलन के दौरान बस्तर में 967 करोड़ रुपए के निवेश प्रस्ताव सामने आए। यह केवल आर्थिक आँकड़ा नहीं, बल्कि उस विश्वास का संकेत है जो इन क्षेत्रों में लौट रहा है—एक ऐसे भविष्य की

ओर, जहाँ सुरक्षा, समृद्धि और सामाजिक सहभागिता साथ-साथ आगे बढ़ रहे हैं।

गढ़चिरौली– नक्सल अड्डा से इस्पात हब तक

गढ़चिरौली, जो कभी नक्सल गतिविधियों के कारण विकास से वंचित रहा, आज औद्योगिक परिवर्तन की दहलीज़ पर खड़ा है। महाराष्ट्र सरकार ने लॉयड्स लिमिटेड की सहायक कंपनी सूरजागढ़ इस्पात प्राइवेट लिमिटेड के साथ मिलकर जिले में 10,000 करोड़ रुपए की लागत से एक एकीकृत स्टील प्लांट स्थापित करने की महत्त्वाकांक्षी योजना शुरू की है। 22 जुलाई 2025 को कोंसरी में, जो सुरजागढ़ लौह अयस्क खदान से लगभग 80 किलोमीटर दूर स्थित है, इस परियोजना का शिलान्यास मुख्यमंत्री देवेंद्र फडणवीस द्वारा किया गया—यह क्षण गढ़चिरौली के इतिहास में एक निर्णायक मोड़ का प्रतीक बना।

यह परियोजना केवल औद्योगिक विस्तार नहीं, बल्कि "ग्रीन स्टील" की अवधारणा पर आधारित एक सतत विकास मॉडल है, जिसका उद्देश्य स्थानीय संसाधनों का उपयोग करते हुए पर्यावरण-अनुकूल और उच्च गुणवत्ता वाला इस्पात उत्पादन करना है। इससे गढ़चिरौली को एक आधुनिक, टिकाऊ विनिर्माण केंद्र के रूप में स्थापित करने की दिशा में ठोस आधार मिलेगा।

रोजगार सृजन की दृष्टि से यह परियोजना अत्यंत महत्त्वपूर्ण है। प्रारंभिक चरण में 7,000 से अधिक प्रत्यक्ष और अप्रत्यक्ष रोजगार के अवसर सृजित होने की संभावना है, जबकि पूर्ण संचालन के बाद यह संख्या 20,000 तक पहुँच सकती है। खनन, उत्पादन, लॉजिस्टिक्स और सहायक सेवाओं में स्थानीय आदिवासी समुदायों को प्राथमिकता देने की नीति समावेशी विकास के संकल्प को दर्शाती है।

आर्थिक प्रभाव भी व्यापक होगा। क्षेत्र की प्रति व्यक्ति आय में वृद्धि, सहायक उद्योगों का विकास तथा सड़क और विद्युत आपूर्ति जैसी आधारभूत संरचनाओं में सुधार इस परियोजना के दीर्घकालिक लाभ होंगे। संघर्ष और अलगाव की छवि से बाहर निकलकर गढ़चिरौली अब उद्यमिता, कौशल विकास और संभावित औद्योगिक पर्यटन के नए अवसरों की ओर अग्रसर है।

मुख्यमंत्री देवेंद्र फडणवीस के शब्दों में, "गढ़चिरौली, जो कभी नक्सलवाद के लिए जाना जाता था, अब सामुदायिक समर्थन और बड़े निवेशों के साथ भारत का नया स्टील सिटी बनने जा रहा है।"

यह परिवर्तन केवल आर्थिक पुनरुत्थान नहीं, बल्कि विश्वास, सुरक्षा और विकास के समन्वित मॉडल की सफलता का प्रमाण है, जहाँ कभी भय था, वहाँ अब भविष्य की संभावनाएँ आकार ले रही हैं।

कृषि और नवीकरणीय ऊर्जा क्षेत्र : सतत विकास के इंजन

खनन के अतिरिक्त, बस्तर और गढ़चिरौली जैसे जिलों की कृषि और वन-आधारित अर्थव्यवस्था में अपार संभावनाएँ निहित हैं। उर्वर भूमि, घने वन और प्रचुर बांस संसाधन लंबे समय तक नक्सली हिंसा के कारण पूर्ण रूप से उपयोग नहीं हो सके। लैंडमाइन, जबरन वसूली और बड़े पैमाने पर ग्रामीण पलायन ने कृषि उत्पादन को गंभीर रूप से प्रभावित किया, जिससे खेत परती पड़े रहे और आय के स्रोत सिकुड़ गए।

किन्तु शांति और सुरक्षा की पुनर्स्थापना के बाद ये क्षेत्र लक्षित निवेश, मूल्य संवर्धन, तकनीकी नवाचार और सतत कृषि पद्धतियों के माध्यम से पुनर्जीवन का अनुभव कर रहे हैं। अब पारंपरिक खेती को आधुनिक कृषि-उद्योग, खाद्य प्रसंस्करण और नवीकरणीय ऊर्जा से जोड़ा जा रहा है, जिससे बहुआयामी विकास का मॉडल उभर रहा है।

बस्तर में 967 करोड़ रुपए का निवेश खाद्य प्रसंस्करण और डेयरी इकाइयों में किया जा रहा है, जिससे धान और महुआ जैसे स्थानीय उत्पादों की आपूर्ति श्रृंखला सुदृढ़ हुई है। इन पहलों से 2,100 से अधिक प्रत्यक्ष रोजगार सृजित हुए हैं और किसानों की आय में लगभग 30% तक वृद्धि की संभावना बनी है। सटीक सिंचाई, उन्नत मिट्टी प्रबंधन और जलवायु-सहनशील बीजों के उपयोग से 2025 में फसल उत्पादकता में लगभग 18% वृद्धि दर्ज की गई है। सैटेलाइट आधारित निगरानी प्रणाली और कृषि-परामर्श सेवाएँ किसानों को समयबद्ध निर्णय लेने में सहायता दे रही हैं।

बोधघाट जलविद्युत परियोजना, जो दशकों की प्रतीक्षा के बाद स्वीकृत हुई, इस परिवर्तन का एक महत्त्वपूर्ण स्तंभ है। 300 मेगावाट स्वच्छ ऊर्जा

उत्पादन और व्यापक सिंचाई क्षमता के साथ यह परियोजना कृषि उत्पादकता को बढ़ाने के साथ-साथ क्षेत्रीय ऊर्जा सुरक्षा को भी सुदृढ़ करेगी।

नवीकरणीय ऊर्जा क्षेत्र में भी महत्त्वपूर्ण प्रगति हुई है। जगदलपुर में 200 करोड़ रुपए की लागत से स्थापित 120 किलोलीटर प्रतिदिन क्षमता वाली एथनॉल प्लांट अतिरिक्त धान को बायोफ्यूल में परिवर्तित कर रही है। यह पहल न केवल किसानों को अतिरिक्त आय का स्रोत प्रदान करती है, बल्कि भारत के 2025-26 तक पेट्रोल में 20% एथनॉल मिश्रण के राष्ट्रीय लक्ष्य में भी योगदान देती है।

इस प्रकार कृषि और हरित ऊर्जा का यह समन्वय बस्तर और गढ़चिरौली को केवल आत्मनिर्भर ही नहीं, बल्कि सतत और भविष्य-केंद्रित विकास के मॉडल के रूप में स्थापित कर रहा है, जहाँ खेत, वन और ऊर्जा स्रोत मिलकर समृद्धि के नए अध्याय लिख रहे हैं।

इसी परिप्रेक्ष्य में महुआ-आधारित डिस्टिलरी मॉडल, जैसे बस्तर बोटानिक्स क्षेत्रीय अर्थव्यवस्था के रूपांतरण का सशक्त उदाहरण प्रस्तुत करते हैं। बस्तर क्षेत्र में उपलब्ध 1 करोड़ से अधिक महुआ वृक्षों का संरचित दोहन करते हुए ये इकाइयाँ एथनॉल और अन्य मूल्य संवर्धित उत्पादों का उत्पादन कर रही हैं। सहकारी ढाँचे पर आधारित यह मॉडल आदिवासी समुदायों को प्रत्यक्ष भागीदारी देता है, जिससे ग्रामीण आय में संभावित रूप से 500 करोड़ रुपए वार्षिक वृद्धि का मार्ग प्रशस्त हो रहा है। यह पहल छत्तीसगढ़ की औद्योगिक नीति 2024-30 के अनुरूप है, जो हरित ऊर्जा, बायो-प्रोसेसिंग और कौशल विकास पर विशेष बल देती है।

गढ़चिरौली, जहाँ 15 लाख हेक्टेयर से अधिक क्षेत्र बास वनों से आच्छादित है, बायोमास और बांस-एथनॉल नवाचार का अग्रणी केंद्र बनता जा रहा है। यहाँ स्थापित पायनियर रिफाइनरियाँ प्रतिदिन लगभग 30,000 लीटर एथनॉल का उत्पादन कर रही हैं, जो एविएशन बायोफ्यूल जैसे उभरते क्षेत्रों में योगदान दे रही हैं। 4,000 करोड़ रुपए की एक प्रमुख बांस परियोजना, जिसका लक्ष्य प्रतिवर्ष 49,000 टन बायोएथनॉल, 11,000 टन एसीटिक एसिड और 19,000 टन फ़रफ़्यूरल का उत्पादन है, 2025 से उत्पादन विस्तार के साथ औद्योगिक गति को और तेज़ करेगी। महाराष्ट्र सरकार की

नई नीति के अनुसार 2025 से 2030 के बीच थर्मल पावर प्लांट्स में 5-7% बांस बायोमास मिश्रण अनिवार्य किया गया है, जिसके लिए 1,534 करोड़ रुपए का प्रारंभिक और कुल 11,797 करोड़ रुपए का प्रोत्साहन पैकेज निर्धारित है। इससे बांस मूल्य श्रृंखला में लगभग 50,000 हरित रोजगार सृजित होने की संभावना है।

ऊर्जा क्षेत्र में वितारा एनर्जी का कंप्रेस्ड बायोगैस संयंत्र और एए एनर्जी की 7.5 मेगावाट बायोमास इकाई सर्कुलर इकॉनमी के मॉडल को सुदृढ़ कर रहे हैं। अनुमान है कि ये परियोजनाएँ जिले की जीडीपी में लगभग 10% तक योगदान देंगी और प्रतिवर्ष 50,000 टन कार्बन उत्सर्जन में कमी लाएँगी। इसी क्रम में चंद्रपुर-गढ़चिरौली क्षेत्र में प्रस्तावित 2 बिलियन डॉलर का बायो-मेथनॉल प्लांट, जो विश्व के सबसे बड़े संयंत्रों में से एक होगा, बांस को मेथनॉल में परिवर्तितकर महाराष्ट्र की हरित अर्थव्यवस्था को वैश्विक स्तर पर प्रतिस्पर्धी बनाएगा तथा बायोफ्यूल निर्यात के नए द्वार खोलेगा।

इन पहलों से न केवल परंपरागत कृषि-आधारित अर्थव्यवस्था का विविधीकरण हो रहा है, बल्कि ईएसजी-आधारित निवेशकों के लिए भी आकर्षण बढ़ रहा है। एग्रोफॉरेस्ट्री, कार्बन क्रेडिट और सतत संसाधन प्रबंधन जैसी अवधारणाएँ स्थानीय विकास को वैश्विक जलवायु लक्ष्यों से जोड़ रही हैं। "हरी सोना" के रूप में उभरता बांस 2030 तक गढ़चिरौली की प्रति व्यक्ति आय को 1 लाख रुपए से अधिक तक दोगुना करने की क्षमता रखता है, जिससे एक लाख से अधिक आदिवासी परिवारों को स्थायी आजीविका मिल सकती है।

राष्ट्रीय परिप्रेक्ष्य में देखें तो कृषि का जीडीपी में लगभग 15% योगदान है। यदि रेड कॉरिडोर के ये क्षेत्र उच्च-मूल्य फसलों, बायोफ्यूल उत्पादन और निर्यातोन्मुखी उद्योगों के माध्यम से पुनर्जीवित होते हैं तो वे राष्ट्रीय विकास दर में 0.5-1% अतिरिक्त योगदान दे सकते हैं, जो इस दशक के अंत तक 2-4 लाख करोड़ रुपए वार्षिक के बराबर हो सकता है। साथ ही, यह प्रक्रिया 2047 तक भारत के नेट-जीरो लक्ष्य की दिशा में एक ठोस और संरचनात्मक कदम सिद्ध हो सकती है।

मानव-पूँजी और सामाजिक-आर्थिक एकीकरण की प्रक्रिया नक्सलवाद के उन्मूलन का सबसे स्थायी आयाम है, क्योंकि यह केवल हिंसा की समाप्ति

तक सीमित न रहकर शिक्षा, स्वास्थ्य और कौशल विकास में दीर्घकालिक निवेश को प्राथमिकता देती है। दशकों तक असुरक्षा और अवसंरचनात्मक अभाव के कारण इन दूरस्थ जिलों में साक्षरता दर 50-60% के बीच सीमित रही और शिशु व मातृ मृत्यु दर अपेक्षाकृत अधिक बनी रही। विद्यालयों का नष्ट होना, शिक्षकों और स्वास्थ्यकर्मियों का पलायन तथा बुनियादी सेवाओं की अनुपलब्धता ने गरीबी और उग्रवाद के चक्र को पोषित किया। किंतु 2013 में 126 नक्सल प्रभावित जिलों की तुलना में 2025 तक केवल 11 जिलों का "अत्यधिक प्रभावित" रह जाना इस परिवर्तन की दिशा को दर्शाता है।

बस्तर में 550 करोड़ रुपए की लागत से स्थापित हो रहा निजी अस्पताल और मेडिकल कॉलेज न केवल 20 लाख से अधिक लोगों को उन्नत स्वास्थ्य सेवाएँ उपलब्ध कराएगा, बल्कि चिकित्सकों, नर्सों और तकनीशियनों सहित हजारों कुशल रोजगार भी सृजित करेगा। यह पहल 52,000 करोड़ रुपए के व्यापक निवेश पैकेज का हिस्सा है, जिसमें 100 नए विद्यालयों की स्थापना और डिजिटल कक्षाओं के माध्यम से मौजूदा विद्यालयों का उन्नयन शामिल है, जिससे पाँच वर्षों में नामांकन दर 20% तक बढ़ाने का लक्ष्य रखा गया है। अभिलाषी जिलों के कार्यक्रम तथा सामुदायिक पुलिसिंग जैसे समेकित प्रयासों ने स्थानीय पलायन में 40% तक कमी लाते हुए पर्यटन, हस्तशिल्प और कृषि-प्रसंस्करण में एक लाख से अधिक रोजगार अवसर उत्पन्न किए हैं।

छत्तीसगढ़ और महाराष्ट्र के नक्सल प्रभावित क्षेत्रों में सर्व-मौसमी सड़कों, मोबाइल स्वास्थ्य इकाइयों और कौशल प्रशिक्षण केंद्रों ने विकास की नई आधारभूमि तैयार की है। प्रतिवर्ष लगभग 50,000 युवाओं को खनन, नवीकरणीय ऊर्जा और संबंधित उद्योगों से जुड़े कौशलों में प्रशिक्षित किया जा रहा है। गढ़चिरौली सहित अन्य जिलों में समर्पण/पुनर्वास नीति-2025 के अंतर्गत पूर्व माओवादियों को 5-10 लाख रुपए की आर्थिक सहायता, भूमि आवंटन और रोजगार के अवसर प्रदानकर मुख्यधारा से जोड़ा जा रहा है। शिक्षा क्षेत्र में 200 से अधिक एकलव्य मॉडल आवासीय विद्यालय "एसटीइएम" (साइंस (विज्ञान), टैक्नोलॉजी (तकनीकी), इंजीनियरिंग (अभियांत्रिकी) और मैथमेटिक्स (गणित)) शिक्षा और सांस्कृतिक संरक्षण पर बल देते हुए आदिवासी विद्यार्थियों के लिए गुणवत्तापूर्ण अवसर सुनिश्चित

कर रहे हैं। टेलीमेडिसिन नेटवर्क ने दूरस्थ गाँवों को शहरी विशेषज्ञों से जोड़कर मातृ मृत्यु दर में संभावित 30% कमी का मार्ग प्रशस्त किया है।

इन पहलों के माध्यम से रेड कॉरिडोर के लगभग 5 करोड़ नागरिक औपचारिक अर्थव्यवस्था से जुड़ रहे हैं, जिससे उपभोग, उद्यमिता और नवाचार का विस्तार हो रहा है। जिन जिलों की प्रति व्यक्ति आय 50,000-60,000 रुपए के बीच थी, वे 8-12% वार्षिक वृद्धि की क्षमता विकसित कर रहे हैं, जिससे राज्य जीडीपी में 2-3% अतिरिक्त योगदान संभव है। इस प्रकार मानव-पूँजी में निवेश एक सकारात्मक चक्र को जन्म देता है, जहाँ सुरक्षा विकास को सक्षम बनाती है और विकास स्थायी शांति को। यही संतुलित एकीकरण भारत को 2047 तक विकसित राष्ट्र बनने की दिशा में ठोस आधार प्रदान करता है।

अतीत अपूर्ण, भविष्य उज्ज्वल : पूर्व नक्सलियों की प्रेरक कहानियाँ

कहा जाता है कि जीवन हमेशा नए अवसरों और नई शुरुआतों का नाम है। लंबे समय तक भारत में वामपंथी उग्रवाद से संघर्ष को मुख्यतः सुरक्षा और हिंसा की भाषा में ही समझा गया—कार्रवाई के जवाब में कार्रवाई, और आँकड़ों में हानि और सफलता की गिनती। लेकिन इस पूरी तस्वीर के पीछे एक और अधिक मानवीय और जटिल सच्चाई भी मौजूद थी। नक्सलवाद में शामिल होने वाले सभी लोग शुरू से ही कठोर विचारधारा वाले नहीं थे। इनमें से कई युवा आदिवासी, विस्थापित किसान या समाज के हाशिए पर जीवन जीने वाले लोग थे, जो कभी डर, कभी दबाव और कभी न्याय की उम्मीद में इस रास्ते से जुड़ गए।

पिछले कुछ वर्षों में, जब राज्य ने अपनी नीतियों और रणनीतियों में बदलाव किया, तब एक शांत लेकिन महत्त्वपूर्ण परिवर्तन भी दिखाई देने लगा—कुछ लोगों ने हिंसा का रास्ता छोड़कर सामान्य जीवन की ओर लौटने का निर्णय लिया। इन पूर्व नक्सलियों की कहानियाँ इस बात की ओर संकेत करती हैं कि कठिन परिस्थितियों में भी बदलाव और नई शुरुआत की संभावना हमेशा बनी रहती है।

ऐसी ही एक कहानी छत्तीसगढ़ के बस्तर की आदिवासी महिला कमला सोड़ी की है। कमला को कम उम्र में नक्सलवाद से जुड़े ढाँचे में शामिल कर

लिया गया था। उनका शुरुआती जीवन जंगलों के शिविरों, लगातार जगह बदलने और असहमति जताने पर सज़ा मिलने के डर के बीच बीता। उनका विचार बदलना किसी एक घटना से नहीं हुआ, बल्कि धीरे-धीरे हुआ—लगातार कठिन अनुभवों, आंतरिक दबाव और स्वतंत्रता की कमी के कारण। समय के साथ उन्हें यह एहसास हुआ कि जिस आंदोलन को वे आदिवासी अधिकारों की रक्षा करने वाला मानती थीं, वही कई बार उनकी व्यक्तिगत आज़ादी और सामान्य जीवन को सीमित कर रहा था। जब कमला ने राज्य की पुनर्वास नीति के तहत आत्मसमर्पण किया, तो यह उनके जीवन का एक महत्त्वपूर्ण मोड़ था। उन्हें आर्थिक सहायता, परामर्श और विभिन्न सरकारी योजनाओं का लाभ मिला, जिससे उन्हें दोबारा सामान्य जीवन शुरू करने में मदद मिली। आज कमला एक आंगनवाड़ी कार्यकर्ता के रूप में काम करती हैं। वे बच्चों के पोषण और देखभाल में योगदान देती हैं और उन महिलाओं की मदद करती हैं, जिनके गाँव कभी भय और हिंसा के साये में रहते थे। उनका जीवन इस बात का उदाहरण माना जाता है कि कठिन परिस्थितियों से निकलकर भी एक शांत, सुरक्षित और सम्मानजनक जीवन की ओर वापसी संभव है।

छत्तीसगढ़ के बस्तर से जुड़ी एक और प्रेरक कहानी शंकर मड़का की है। वे कभी नक्सलवाद से जुड़े एक सशस्त्र कार्यकर्ता थे। उनका जीवन लंबे समय तक जंगलों तक ही सीमित रहा, जहाँ आदेश अक्सर बंदूक की ताकत पर मिलते थे और हर समय गिरफ्तारी या मुखबिरी का डर बना रहता था। लेकिन समय के साथ उन्होंने आत्मसमर्पण का निर्णय लिया, जिसे कई लोग कमजोरी नहीं बल्कि साहस का कदम मानते हैं। आत्मसमर्पण के बाद राज्य की ओर से उनकी सुरक्षा जाँच और परामर्श प्रक्रिया पूरी की गई और फिर उन्हें पुलिस विभाग में एक गैर-लड़ाकू सहायक भूमिका में शामिल किया गया। इससे उन्हें स्थायी आय के साथ-साथ समाज में दोबारा सम्मानपूर्वक जीवन जीने का अवसर मिला। यह बदलाव केवल व्यक्तिगत नहीं था, बल्कि व्यापक नीति का हिस्सा भी माना जाता है। बस्तर में "पोना मारघम (नई राह)" जैसी पहलों के माध्यम से हिंसा छोड़ने वालों के लिए व्यवस्थित पुनर्वास का रास्ता बनाया गया। इस प्रक्रिया के तहत कई पूर्व कैडर अब सामान्य जीवन जी रहे हैं—

कोई साइकिल मरम्मत का काम कर रहा है, कोई बिजली मिस्त्री, राजमिस्त्री, दर्जी या किसान बन चुका है। इन प्रयासों में नकद सहायता, आवास, कौशल प्रशिक्षण और प्रशासनिक सहयोग भी शामिल है, ताकि आत्मसमर्पण के बाद लोग गरीबी या असुरक्षा में न फँसें। ऐसे पुनर्वास प्रयास यह संदेश देते हैं कि हिंसा से बाहर निकलने का रास्ता संभव है, और वैकल्पिक जीवन भी स्थिर और सम्मानजनक हो सकता है।

ओडिशा के कोरापुट की रीना नाचिका की कहानी इस पूरे बदलाव में एक महत्त्वपूर्ण पहलू जोड़ती है। वे कभी नक्सलवाद से जुड़े समर्थन तंत्र का हिस्सा थीं, लेकिन बाद में उन्होंने हिंसा का रास्ता छोड़कर शिक्षा को जीवन का आधार बनाया और उसे बढ़ावा देने में सक्रिय भूमिका निभाई। समुदायों और संस्थानों के साथ काम करते हुए वे अब माता-पिता को, खासकर बेटियों को, स्कूल भेजने के लिए प्रेरित करती हैं। उनकी यात्रा इस बात को दिखाती है कि सोच में बड़ा बदलाव कैसे आता है—पहले यह विश्वास कि परिवर्तन केवल हिंसा से संभव है, बदलकर यह समझ बन जाता है कि शिक्षा और अवसर ही सबसे मजबूत बदलाव ला सकते हैं।

ओडिशा और झारखंड में कई पूर्व महिला कैडर अब केवल आत्मसमर्पण तक सीमित नहीं हैं, बल्कि दूसरों को सही दिशा दिखाने वाली परामर्शदाता भी बन गई हैं। उनकी अपनी जीवन-यात्रा उन्हें इतना विश्वसनीय बनाती है कि उनकी बात सरकारी संदेशों से अधिक असर डालती है। जब कोई पूर्व कैडर युवाओं को यह समझाती है कि आत्मसमर्पण के बाद सुरक्षा, सम्मान और बेहतर भविष्य मिल सकता है, तो संगठन के भीतर का विश्वास धीरे-धीरे कमजोर पड़ने लगता है।

इन कहानियों से यह स्पष्ट होता है कि बदलाव केवल नीति या सुरक्षा कार्रवाई से नहीं आता, बल्कि उस समय भी आता है जब लोगों को विकल्प और अवसर मिलते हैं। भारत की पुनर्वास नीतियाँ इसी सोच पर आधारित हैं कि उग्रवाद केवल विचारधारा से नहीं, बल्कि अवसरों की कमी से भी जुड़ा होता है। रोज़गार, शिक्षा, स्वास्थ्य, आवास और सामाजिक स्वीकार्यता जैसे अवसर जब उपलब्ध कराए जाते हैं, तो वे उस खाली जगह को भर देते हैं जहाँ कभी भय और हिंसा का प्रभाव था। इस दृष्टि से, “अतीत अपूर्ण, भविष्य उज्ज्वल” केवल एक वाक्य

मात्र नहीं है, बल्कि एक ऐसी सामान्य समझ है कि सच्ची और स्थायी शांति तभी संभव होती है, जब हिंसा का रास्ता छोड़ चुके लोगों को समाज में दोबारा सम्मान के साथ जीने का अवसर मिले। इस प्रकार, हर आत्मसमर्पण और पुनर्निर्माण की कहानी केवल व्यक्तिगत बदलाव नहीं, बल्कि व्यापक रूप से राज्य की क्षमता और सामाजिक पुनर्निर्माण को इंगित करती है।

आंकड़ों पर आधारित अनुमान और उसका देशव्यापी असर

हाल के अध्ययनों और सरकारी आकलनों के आधार पर यह संकेत मिलता है कि यदि नक्सल प्रभावित क्षेत्रों में पूरी तरह से शांति और सुरक्षा स्थापित हो जाए, तो इन जिलों की आर्थिक स्थिति में तेज सुधार संभव है। अनुमान है कि शुरुआती दौर में इन क्षेत्रों की स्थानीय आर्थिक वृद्धि दर 10-15% तक पहुँच सकती है। इस संभावित वृद्धि का कारण वे पुरानी बाधाएँ हैं जो लंबे समय से विकास को रोक रही थीं—जैसे जबरन वसूली, परियोजनाओं में रुकावट, निवेश का डर और असुरक्षा का माहौल। इन कारणों से कई वर्षों तक विकास कार्य धीमे रहे और आर्थिक गतिविधियाँ सीमित हो गईं। जिन क्षेत्रों में बस्तर और गढ़चिरौली जैसे इलाके शामिल हैं, वहाँ सुरक्षा स्थिति में सुधार के साथ सड़क, उद्योग और कनेक्टिविटी जैसे क्षेत्रों में शुरुआती विकास के संकेत दिखाई देने लगे हैं। इससे भविष्य में प्रति व्यक्ति आय बढ़ने की संभावना जताई जा रही है।

कुछ आकलनों के अनुसार, यदि इन स्थानीय सुधारों को राष्ट्रीय अर्थव्यवस्था से बेहतर तरीके से जोड़ा जाए, तो आने वाले वर्षों में भारत की जीडीपी में अतिरिक्त वृद्धि भी संभव हो सकती है। साथ ही, सुरक्षा पर होने वाला खर्च कम होने से उस धन को शिक्षा, स्वास्थ्य, कौशल विकास और बुनियादी ढांचे जैसे क्षेत्रों में लगाया जा सकता है। पिछले आँकड़े यह भी दिखाते हैं कि लंबे समय तक नक्सल प्रभावित जिलों की विकास दर राष्ट्रीय औसत से कम रही, जिसका एक कारण अस्थिरता और निवेश की कमी रहा। लेकिन हाल के वर्षों में जब प्रभावित जिलों की संख्या में कमी आई है, तो इन क्षेत्रों में "कैच-अप ग्रोथ" की संभावना बढ़ गई है—यानी वे क्षेत्र अब तेजी से बाकी देश के विकास स्तर के करीब पहुँच सकते हैं। यदि आने वाले वर्षों में पूरी तरह शांति और स्थिरता बनी रहती है, तो ये क्षेत्र न केवल स्थानीय विकास

के केंद्र बन सकते हैं, बल्कि देश की समग्र आर्थिक प्रगति में भी महत्त्वपूर्ण योगदान दे सकते हैं।

क्षेत्रवार विश्लेषण इस बदलाव के कई स्तरों पर असर को दिखाता है। खनिज संसाधनों के संदर्भ में, पहले से नक्सल प्रभावित माने जाने वाले क्षेत्रों में लौह अयस्क, बॉक्साइट, कोयला जैसे बड़े भंडार मौजूद हैं। इसके अलावा कुछ इलाकों में लिथियम और दुर्लभ पृथ्वी तत्वों जैसे रणनीतिक खनिजों की भी संभावना बताई जाती है। यदि इन संसाधनों का सुरक्षित और योजनाबद्ध तरीके से उपयोग किया जाए, तो आने वाले वर्षों में यह क्षेत्र बड़े आर्थिक अवसर पैदा कर सकता है। इससे स्टील और एल्युमिनियम जैसे उद्योगों को मजबूती मिल सकती है, जिससे निर्यात बढ़ने की संभावना भी बनती है। उदाहरण के लिए बस्तर में स्थित नागर्नार स्टील प्लांट और गढ़चिरौली में प्रस्तावित औद्योगिक परियोजनाएँ इस औद्योगिक विकास की दिशा में महत्त्वपूर्ण कदम मानी जाती हैं। इस दृष्टिकोण से देखा जाए तो यदि इन क्षेत्रों में स्थायी शांति और सुरक्षा बनी रहती है, तो यह केवल आंतरिक सुरक्षा की सफलता नहीं होगी, बल्कि देश के औद्योगिक विकास, संसाधन उपयोग और आर्थिक संतुलन को भी मजबूत कर सकती है।

नवीकरणीय ऊर्जा क्षेत्र भी इस परिवर्तन का एक सशक्त स्तंभ बनकर उभर रहा है। अनुमान है कि 2030 तक यह क्षेत्र अतिरिक्त 10-15 बिलियन अमेरिकी डॉलर का आर्थिक योगदान दे सकता है, जिसमें वन-आधारित बायोमास, सौर ऊर्जा पार्क, एथनॉल उत्पादन तथा कृषि-अवशेष आधारित ऊर्जा परियोजनाएँ शामिल हैं। बांस-आधारित बायोफ्यूल, संकुचित बायोगैस (सीबीजी) संयंत्र और विकेन्द्रीकृत सौर माइक्रोग्रिड जैसे उपक्रम न केवल ऊर्जा आत्मनिर्भरता को बढ़ावा देंगे, बल्कि लगभग 1 लाख हरित रोजगार भी सृजित कर सकते हैं। यह प्रगति भारत के नेट-जीरो लक्ष्यों के अनुरूप होगी और पूर्व नक्सल-प्रभावित क्षेत्रों को हरित विकास मॉडल के रूप में स्थापित कर सकती है।

कार्यबल का पहलू भी इस पूरे बदलाव में बहुत महत्त्वपूर्ण माना जाता है। यदि नक्सलवाद का प्रभाव पूरी तरह समाप्त होता है, तो आने वाले वर्षों में बड़ी संख्या में लोगों को कौशल प्रशिक्षण देने का अवसर बन सकता है। अनुमान के अनुसार, 2030 तक लगभग 57 लाख लोगों को खनन, स्वच्छ ऊर्जा, धातु

प्रसंस्करण और विनिर्माण जैसे क्षेत्रों में प्रशिक्षित किया जा सकता है। वर्तमान में इन क्षेत्रों में लगभग 12 लाख कुशल कर्मियों की कमी बताई जाती है, जिससे विकास की गति प्रभावित होती है। यदि यह कमी पूरी हो जाती है, तो श्रम उत्पादकता में लगभग 20-30% तक वृद्धि संभव मानी जाती है। इससे अर्थव्यवस्था को अतिरिक्त मजबूती मिल सकती है और अरबों डॉलर का नया आर्थिक योगदान भी उत्पन्न हो सकता है। इसके साथ ही, यदि प्रति व्यक्ति आय वर्तमान स्तर से बढ़कर लगभग 1 लाख रुपये या उससे अधिक हो जाती है, तो लोगों की खरीद क्षमता बढ़ेगी। इससे घरेलू मांग, छोटे व्यवसाय और स्थानीय बाजारों का विस्तार होगा, जो मिलकर एक स्वयं को मजबूत करने वाले विकास चक्र (self-sustaining growth cycle) को जन्म दे सकता है।

राष्ट्रीय स्तर पर प्रभाव और रणनीतिक महत्त्व

राष्ट्रीय परिप्रेक्ष्य में देखें तो पूर्व नक्सल-प्रभावित जिलों का पुनरुत्थान भारत की दीर्घकालिक आर्थिक महत्त्वाकांक्षाओं के साथ गहराई से जुड़ा हुआ है। जब भारत 2027-28 तक 5 ट्रिलियन डॉलर की अर्थव्यवस्था और 2030 तक 7-10 ट्रिलियन डॉलर की संभावना की ओर अग्रसर है, तब इन जिलों से उत्पन्न अतिरिक्त आर्थिक गतिविधि वार्षिक जीडीपी वृद्धि दर में 1-2 प्रतिशत अंक तक का संरचनात्मक प्रोत्साहन दे सकती है। यह केवल परिमाणात्मक वृद्धि नहीं, बल्कि आर्थिक संरचना में गुणात्मक परिवर्तन का संकेत है।

विशेष रूप से, महत्त्वपूर्ण खनिजों, जैसे लिथियम, कोबाल्ट, दुर्लभ पृथ्वी तत्त्व में आत्मनिर्भरता आयात निर्भरता को कम कर सकती है, जिस पर वर्तमान में 50-100 बिलियन डॉलर प्रतिवर्ष व्यय होता है। घरेलू उत्पादन बढ़ने से न केवल विदेशी मुद्रा की बचत होगी, बल्कि वैल्यू-चेन के उच्चतर स्तरों—बैटरी निर्माण, रक्षा उपकरण, इलेक्ट्रॉनिक्स—में भी भारत की प्रतिस्पर्धात्मक स्थिति सुदृढ़ होगी। साथ ही, खनन, प्रसंस्करण और विनिर्माण से जुड़े कर एवं रॉयल्टी राजस्व में उल्लेखनीय वृद्धि होगी, जैसा कि छत्तीसगढ़ जैसे राज्यों में पिछले वर्षों में राजस्व में बहुगुणित वृद्धि से संकेत मिलता है।

इसके अतिरिक्त, 126 से अधिक जिलों का औपचारिक अर्थव्यवस्था में पूर्ण एकीकरण कर आधार का विस्तार करेगा। अनुमानतः 2030 तक

5-10 लाख करोड़ रुपए अतिरिक्त राजस्व उत्पन्न हो सकता है। यह संसाधन सामाजिक क्षेत्र, अवसंरचना और मानव-पूँजी में पुनर्निवेश को संभव बनाएगा। साथ ही, अवैध वसूली, तस्करी और अनौपचारिक अर्थतंत्र के क्षरण से राज्य की वैध आर्थिक पकड़ मजबूत होगी।

हालाँकि, इस संभावित उछाल के साथ कुछ अनिवार्य चुनौतियाँ भी जुड़ी हैं—पर्यावरणीय संतुलन, आदिवासी समुदायों के अधिकार, भूमि अधिग्रहण की पारदर्शिता और लाभों का न्यायसंगत वितरण। यदि विकास केवल निष्कर्षण-आधारित हुआ और स्थानीय सहभागिता सुनिश्चित नहीं की गई तो सामाजिक असंतोष पुनः जन्म ले सकता है। इसलिए ईएसजी-मानकों के अनुरूप खनन, सामुदायिक भागीदारी मॉडल, वनाधिकार कानूनों का सम्मान तथा स्थानीय कौशल विकास को प्राथमिकता देना अनिवार्य है।

सरकार की पहलें, जैसे नेशनल क्रिटिकल मिनरल मिशन, पीएम गति शक्ति और आकांक्षी जिलों का कार्यक्रम, इसी संतुलित दृष्टिकोण की ओर संकेत करती हैं, जहाँ सुरक्षा, विकास और समावेशन एकीकृत रणनीति के रूप में कार्य करते हैं।

अंततः इन क्षेत्रों का आर्थिक पुनर्जागरण केवल जीडीपी वृद्धि का प्रश्न नहीं है; यह भारत की सामरिक स्वायत्तता, ऊर्जा सुरक्षा, आपूर्ति श्रृंखला स्थायित्व और आंतरिक सामाजिक समरसता से जुड़ा हुआ है। जो क्षेत्र कभी राष्ट्रीय सुरक्षा की चुनौती माने जाते थे, वे अब रणनीतिक संपत्ति में परिवर्तित हो सकते हैं और यही परिवर्तन भारत को एक सशक्त, आत्मनिर्भर और वैश्विक नेतृत्वकारी शक्ति बनने की दिशा में निर्णायक बढ़त प्रदान कर सकता है।

एक नई सुबह, आत्मविश्वास के साथ मुहरबंद

2025 का बस्तर ओलंपिक मात्र एक खेल आयोजन नहीं था; वह इतिहास की दिशा बदलने की उद्घोषणा थी। जिस धरती को कभी भय, बंदूक और बंद रास्तों से पहचाना जाता था, उसी ने अब अपने भीतर से विश्वास, प्रतिभा और संभावना को जन्म दिया। जो पीढ़ी कभी भूख और हिंसा के द्वंद्व में फँसी हुई प्रतीत होती थी, उसने अब स्वप्न देखने और उन्हें साकार करने का साहस जुटाया। और वह राष्ट्र, जिसे वर्षों तक यह भ्रम दिया गया कि सुरक्षा और

विकास एक-दूसरे के विकल्प हैं, उसने निर्णायक रूप से सिद्ध कर दिया कि दोनों एक-दूसरे के पूरक हैं।

नक्सली गढ़ों से उभरकर आर्थिक और सामाजिक ऊर्जा के केंद्रों में परिवर्तित होते बस्तर और गढ़चिरौली, भारत की सभ्यतागत दृढ़ता के जीवंत प्रतीक बन गए हैं। यह यात्रा केवल प्रशासनिक सफलता नहीं, बल्कि उस राष्ट्रीय संकल्प की अभिव्यक्ति है जो हिंसा के साथ समझौता नहीं करता, बल्कि सुशासन, सहभागिता और अवसर के माध्यम से आंतरिक घावों को भरता है। यहाँ पुनर्निर्माण केवल सड़कों, कारखानों या स्टेडियमों का नहीं हुआ; यहाँ विश्वास का पुनर्निर्माण हुआ है—राज्य और समाज के बीच, युवा और भविष्य के बीच। जैसे-जैसे भारत 2047 की ओर, अपनी स्वतंत्रता के शताब्दी वर्ष की ओर, आत्मविश्वास के साथ अग्रसर है, ये पुनः प्राप्त जिले केवल पुनरुत्थान की कहानी नहीं कहेंगे। वे इस व्यापक राष्ट्रीय कथा को ऊर्जा देंगे कि भारत अपनी चुनौतियों को पराजित कर सकता है, अपने विभाजनों को पाट सकता है और अपनी परिधियों को शक्ति-केंद्रों में बदल सकता है। यह केवल एक क्षेत्र की विजय नहीं; यह भारत की आत्मा की विजय है—एक नई सुबह, जो आत्मविश्वास की मुहर के साथ इतिहास में दर्ज हो चुकी है।

संदर्भ सूची / ग्रंथ सूची

अध्याय एक

1 Government of India, Annual Report, Ministry of Home Affairs, sections on Left-Wing Extremism, various years, https://www.mha.gov.in

2 United States Department of Justice, "Mumbai Terror Attacks: Criminal Complaints and Convictions," official case records, https://www.justice.gov

3 Manmohan Singh, Address at the Conference of Chief Ministers on Internal Security, New Delhi, April 2010; Press Information Bureau, Government of India.

4 Christine Fair, Fighting to the End: Pakistan's Way of War (New York: Oxford University Press, 2014).

5 United Nations Security Council, Sanctions Committee Reports on Lashkar-e-Taiba and Jaish-e-Mohammed, https://www.un.org/securitycouncil/sanctions

6 Ministry of External Affairs, Government of India, "Dossiers on Pakistan-Sponsored Terrorism," official submissions, https://mea.gov.in

7 Bruce Riedel, Deadly Embrace: Pakistan, America, and the Future of Global Jihad (Washington, DC: Brookings Institution Press, 2011).

8 Supreme Court of India, State of Gujarat v. Mohd. Afzal & Ors. (Akshardham Terror Attack case), https://main.sci.gov.in

9 Government of Gujarat, Home Department, Police Modernisation and Counter-Terror Infrastructure Reports, https://home.gujarat.gov.in

10 United Nations Office of Counter-Terrorism, "Challenges in Defining Terrorism," background papers, https://www.un.org/counterterrorism

[11] Narendra Modi, Address to the United Nations General Assembly, September 2014, United Nations Records.

[12] Prime Minister's Office, Speech at the BRICS Summit, Goa, October 2016; Ministry of External Affairs archives.

[13] G20 Leaders' Declaration, Hamburg Summit, July 2017, https://www.g20.org

[14] Financial Action Task Force (FATF), "Jurisdictions under Increased Monitoring – Pakistan," February 2018, https://www.fatf-gafi.org

[15] International Monetary Fund, Pakistan: Country Reports and Financial Stability Assessments, https://www.imf.org

[16] European Council on Foreign Relations, "Pakistan and Terror Financing," policy briefings, https://ecfr.eu

[17] Ministry of External Affairs, Government of India, Counter-Terror Diplomacy Briefs, https://mea.gov.in

[18] Shanghai Cooperation Organisation, Bishkek Summit Declarations, June 2019, https://eng.sectsco.org

[19] Prime Minister's Office, Remarks at the G20 Hamburg Summit on Counter-Terror Financing, 2017.

[20] United Nations Sixth Committee, "Comprehensive Convention on International Terrorism (CCIT)," official UN documentation, https://legal.un.org

[21] Narendra Modi, Address to the United Nations General Assembly, September 2019, United Nations Records.

[22] Financial Action Task Force, Mutual Evaluation Reports of Pakistan, various editions.

[23] Asia-Pacific Group on Money Laundering, Country Assessment Reports on Pakistan, https://www.apgml.org

[24] Parliamentary Questions and Answers on MEA–FIU–RAW coordination regarding FATF, Lok Sabha Secretariat, https://loksabha.nic.in

[25] Financial Action Task Force, Plenary Outcomes, Paris, February 2018.

[26] Reuters, "China Softens Opposition as FATF Moves Against Pakistan," international reportage, https://www.reuters.com

[27] Financial Action Task Force, "Action Plan for Pakistan: Strategic Deficiencies in AML/CFT."

[28] Ministry of Finance, Government of Pakistan, Statements on FATF Compliance Measures, https://www.finance.gov.pk

[29] European External Action Service, diplomatic briefings cited in policy analyses, https://eeas.europa.eu

[30] National Investigation Agency, Charge Sheets in the Pathankot Air Force Station Attack Case, https://www.nia.gov.in

[31] Ministry of External Affairs, Official Statements on the Pathankot Terror Attack, January 2016.

[32] Parliamentary Answers on NIA–NSCS coordination, Rajya Sabha Secretariat, https://rajyasabha.nic.in

[33] Indian Army, Directorate of Public Information, Official Briefing on the Uri Terror Attack, September 2016, https://indianarmy.nic.in

[34] Ministry of Defence, Government of India, Internal Reviews Following the Uri Attack, https://mod.gov.in

[35] Director General of Military Operations, Press Briefing on Surgical Strikes Across the Line of Control, September 2016; Press Information Bureau.

[36] Statements by the U.S. State Department, UK Foreign Office, and French Ministry of Foreign Affairs following India's surgical strikes, September 2016.

[37] Ministry of Home Affairs and Central Reserve Police Force, Official Data on the Pulwama Terror Attack, February 2019.

[38] Observer Research Foundation, "Pulwama and the Evolution of Suicide Terrorism in Kashmir," https://www.orfonline.org

[39] National Investigation Agency, Pulwama Terror Attack Investigation Findings, https://www.nia.gov.in

[40] Ministry of Home Affairs, Briefings on Explosive Smuggling Routes and ISI-linked Networks, https://www.mha.gov.in

[41] Narendra Modi, Public Address Following the Pulwama Attack, February 2019; Prime Minister's Office records.

[42] Cabinet Committee on Security deliberations as reported in official government briefings, Press Information Bureau.

[43] Indian Air Force, Operational Readiness Statements, February 2019, https://indianairforce.nic.in

[44] Ministry of Defence, Government of India, Official Briefing on the Balakot Air Strikes, February 2019.

[45] Intelligence assessments reported by Reuters and corroborated by satellite imagery analyses, https://www.reuters.com

[46] Stockholm International Peace Research Institute, Pakistan's Nuclear Doctrine and Deterrence Dynamics, https://www.sipri.org

[47] White House and U.S. National Security Advisor Statements on India's Right to Self- Defence, February 2019, https://www.whitehouse.gov

[48] Indian Air Force, Official Account of the Aerial Engagement and Capture of Wing Commander Abhinandan Varthaman, February 2019.

[49] Ministry of External Affairs, Diplomatic Communications on the Return of the Indian Air Force Pilot, February–March 2019.

[50] Institute for Defence Studies and Analyses and Observer Research Foundation, Strategic Assessments on Balakot.

[51] Ministry of Home Affairs, Government of India, Database of Major Terror Attacks (2000–2014).

[52] Government of India, Report of the Pradhan Committee on the 26/11 Mumbai Attacks, Ministry of Home Affairs.

[53] Prime Minister's Office, Government of India, National Security Policy Speeches and Statements, https://www.pmindia.gov.in

[54] Government of India, Unlawful Activities (Prevention) Amendment Act, 2019, Gazette of India, https://egazette.nic.in

[55] Parliamentary Debates, Lok Sabha, Speech by Home Minister Amit Shah on the UAPA Amendment Bill, July 2019.

[56] Government of India, Amendments to the National Investigation Agency Act, Gazette Notifications.

United Nations Office on Drugs and Crime, Terrorism–Narcotics Nexus, global assessments, https://www.unodc.org

[58] Narcotics Control Bureau, Annual Reports, Government of India, https://ncb.gov.in

[59] Directorate of Revenue Intelligence, Major Narcotics Seizure Reports, https://dri.nic.in

[60] Ministry of Finance and Ministry of Home Affairs, Government of India, Data on Record Drug Seizures (2014–2022), https://www.finmin.nic.in

अध्याय दो

[1] Government of India, Ministry of Home Affairs, Left Wing Extremism Division: Background and Historical Overview, https://www.mha.gov.in

[2] Sumanta Banerjee, India's Simmering Revolution: The Naxalite Uprising (London: Zed Books, 1984).

[3] Charu Majumdar, Selected Writings (Calcutta: National Book Agency, various editions).

[4] Kanu Sanyal, interviews and writings compiled in Naxalbari and After (Kolkata: Subarnarekha, 1980).

[5] Jangal Santhal, cited in Government of West Bengal records on the 1967 Naxalbari uprising.

[6] Ramachandra Guha, India After Gandhi (New Delhi: HarperCollins, 2007), chapters on Left-wing extremism.

[7] Government of India, Ministry of Home Affairs, Status Paper on Naxalism, 2006.

[8] Ministry of Home Affairs, Annual Report, various years, sections on CPI (Maoist) formation and spread.

[9] South Asia Terrorism Portal (SATP), "Communist Party of India (Maoist) Profile," https://www.satp.org

[10] Census of India 2011, Houses, Household Amenities and Assets, Office of the Registrar General & Census Commissioner.

[11] Ministry of Jal Shakti, National Rural Drinking Water Programme Status Reports, pre-2014.

[12] Census of India 2011, Sanitation and Open Defecation Data.

[13] Ministry of Rural Development, Pradhan Mantri Gram Sadak Yojana (PMGSY) Physical Progress Reports, March 2014.

[14] Comptroller and Auditor General of India, Performance Audit on PMGSY, various reports.

[15] Ministry of Human Resource Development, Teacher Absenteeism and School Infrastructure Reports, pre-2014.

[16] Ministry of Health and Family Welfare, Rural Health Statistics, pre-2014.

[17] Government of India, Planning Commission, Backward Regions Grant Fund Reports.

[18] Ministry of Home Affairs, LWE: Causes and Impact Assessment, internal briefing notes.

[19] Bibhu Prasad Routray, The Complexity of India's Maoist Insurgency (New Delhi: Pentagon Press, 2012).

[20] Ministry of Home Affairs, Chronology of Major Naxal Attacks, https://www.mha.gov.in

[21] Central Reserve Police Force, Dantewada Attack After-Action Report, April 2010.

[22] Election Commission of India & MHA, Reports on the Jhiram Ghati Political Assassination, 2013.

[23] Ministry of Home Affairs, Burkapal Attack Briefing, April 2017.

[24] Institute for Defence Studies and Analyses (IDSA), Maoist Financing and Extortion Networks, New Delhi.

[25] Enforcement Directorate & State Police Reports on Illegal Mining and Maoist Funding, various years.

[26] Ministry of Home Affairs, Urban Networks and Over-Ground Workers of CPI (Maoist) , internal assessments.

[27] Supreme Court of India, observations on Maoist violence and civil liberties in Nandini Sundar v. State of Chhattisgarh (2011).

[28] Ministry of Mines, Government of India, Mineral Resources and Conflict Zones, policy papers.

[29] World Bank, India — Development Challenges in Conflict-Affected Areas, background notes.

[30] Ministry of Home Affairs, Impact of LWE on Infrastructure and Investment, briefing documents.

[31] National Human Rights Commission, Reports on civilian impact of Maoist violence.

[32] Ministry of Tribal Affairs, Tribal Development Indicators in LWE Areas, pre-2014.

[33] Ministry of Home Affairs, Recruitment Patterns in CPI (Maoist) , intelligence summaries.

[34] UNICEF India, Children and Armed Conflict: Central Indian Tribal Belt, thematic reports.

[35] National Commission for Protection of Child Rights (NCPCR), Findings on Child Recruitment by Maoists.

[36] Ministry of Home Affairs, Women Cadre in CPI (Maoist) , security assessments.

[37] South Asia Terrorism Portal, "Fatalities in Maoist Violence (1968–Present)."

[38] Central Reserve Police Force, Casualty Data in LWE Operations, https://crpf.gov.in

[39] Government of Chhattisgarh, Official Records on Jan Adalats and Parallel Courts.

[40] Supreme Court of India, Observations on "People's Courts" run by Maoists.

[41] Ministry of Home Affairs, Maoist Parallel Governance Structures, policy note.

[42] Directorate of Revenue Intelligence, Reports on Maoist Extortion from Contractors.

[43] Ministry of Rural Development, PMGSY Attacks and Project Disruptions, internal documentation.

[44] Ministry of Home Affairs, IED Attacks on Infrastructure in LWE Areas, statistical briefs.

[45] National Security Advisory Board, Internal Security Threat Assessments, classified summaries cited in parliamentary debates.

[46] Ministry of Home Affairs, District-wise Spread of LWE (Peak Years), https://www.mha.gov.in

[47] Bibek Debroy et al., Red Corridor: Development and Security Challenges (New Delhi: NITI Aayog reference papers).

[48] Intelligence Bureau assessments cited in Standing Committee on Home Affairs reports.

[49] Ministry of Home Affairs, Inter-State Mobility of Maoist Cadres, operational reports.

[50] Standing Committee on Home Affairs, Internal Security — LWE Review, Parliament of India.

[51] Ministry of Home Affairs, Fatalities Due to Maoist Violence (1970–2014).

[52] Central Reserve Police Force, Dantewada Lessons Learned Report.

[53] Ministry of Home Affairs, Jhiram Ghati Attack Analysis, internal briefing.

[54] Ministry of Home Affairs, Burkapal Attack and Development Security Linkages.

[55] National Security Council Secretariat, Strategic Assessment of Left-Wing Extremism.

[56] Former Prime Minister Manmohan Singh, Statements identifying Naxalism as "the gravest internal security threat," 2006–2012.

[57] Ministry of Home Affairs, Why LWE is India's Biggest Internal Security Challenge, policy note.

[58] Institute for Defence Studies and Analyses, Comparative Analysis of Internal Insurgencies in India.

[59] Planning Commission / NITI Aayog, Governance Deficit and Internal Security, background papers.

[60] Ministry of Home Affairs, Internal Security Situation on the Eve of 2014, transition brief.

अध्याय तीन

[1] Ministry of Home Affairs, Government of India, Status Paper on Left Wing Extremism, 2006.

[2] South Asia Terrorism Portal (SATP), "Communist Party of India (Maoist): Organisational Structure and Armed Wing," https://www.satp.org

[3] Government of India, Ministry of Home Affairs, Annual Reports (2004–2014), sections on CPI (Maoist) .

[4] Bibhu Prasad Routray, The Complexity of India's Maoist Insurgency (New Delhi: Pentagon Press, 2012).

[5] Former Prime Minister Manmohan Singh, Statements identifying Naxalism as the "gravest internal security threat," 2006–2012; Press Information Bureau archives.

[6] Ministry of Home Affairs, Parliamentary Replies on LWE, Lok Sabha and Rajya Sabha Debates (2004–2014).

[7] Institute for Defence Studies and Analyses (IDSA), Political Approaches to Counterinsurgency in India, New Delhi.

[8] Central Reserve Police Force (CRPF), Internal Assessments on Operational Constraints during UPA period.

[9] Ministry of Home Affairs, Chronology of Major Maoist Attacks, https://www.mha.gov.in

[10] Government of India, Cabinet Notes and Policy Briefs on "Development as the Primary Response to LWE," UPA-I period.

[11] Standing Committee on Home Affairs, Internal Security Review, Parliament of India.

[12] Harsh Mander, Aruna Roy, Jean Drèze, and Nandini Sundar, public writings and interventions on tribal rights and state violence, various years.

[13] National Advisory Council (NAC), Meeting Notes and Recommendations on Internal Security (reported in media).

[14] The Indian Express, Report on NAC criticism of anti-Maoist operations, 2010.

[15] Ministry of Home Affairs, Internal Security Briefs following Dantewada massacre, April 2010.

[16] Jawaharlal Nehru University student group reports and media coverage following Dantewada, 2010.

[17] Supreme Court of India, Nandini Sundar & Ors. v. State of Chhattisgarh (2011) 7 SCC 547.

[18] Justice B. Sudershan Reddy, Majority Opinion in Nandini Sundar judgment.

[19] Government of Chhattisgarh, Reports on Salwa Judum and tribal displacement.

[20] Ministry of Home Affairs, Impact Assessment of Disbanding Salwa Judum, internal briefings.

[21] South Asia Terrorism Portal, "Post-2011 Maoist Activity in Bastar."

[22] Election Commission of India, Notification on Vice-Presidential Candidates, 2025.

[23] Ministry of Home Affairs, Intelligence Inputs on Maoist Exploitation of Judicial and Political Ambiguity.

[24] CRPF Officers' Testimonies recorded in Parliamentary Committees on Internal Security.

[25] Ministry of Home Affairs, Urban Over-Ground Worker Networks, UPA-era intelligence summaries.

[26] Ministry of Home Affairs, District-wise Spread of LWE (2004–2014).

[27] Standing Committee on Home Affairs, Internal Security and LWE Expansion, Parliament of India.

[28] Government of Chhattisgarh, Rani Bodili Camp Attack Records, 2007.

[29] Odisha Police and Ministry of Home Affairs, Nayagarh Armoury Raid Report, February 2008.

[30] Odisha State Government, Balimela Reservoir Ambush Report, June 2008.

[31] Ministry of Railways & Ministry of Home Affairs, Gyaneshwari Express Derailment Investigation, 2009.

[32] Central Reserve Police Force, Dantewada (Chintalnar) After-Action Report, April 2010.

[33] Ministry of Home Affairs, Statements and Briefings Post-Dantewada.

[34] National Advisory Council members' public statements following Dantewada, 2010.

[35] Government of Chhattisgarh, Jhiram Ghati Attack Report, May 2013.

[36] Election Commission of India, Records on assassination of elected representatives in Chhattisgarh.

[37] Ministry of Home Affairs, Maoist Propaganda and Psychological Warfare, internal notes.

[38] Ministry of Home Affairs, IED Attacks on Roads, Bridges and Mobile Towers, UPA-II period.

[39] National Investigation Agency and State Police Reports on child recruitment by Maoists.

[40] National Commission for Protection of Child Rights (NCPCR), Findings on LWE-affected districts.

[41] Jharkhand Police, Reports on mass beheadings and jan adalats, 2009.

[42] Maharashtra Police and MHA, Gadchiroli IED Attacks, 2010–2014.

[43] Bihar Police & CRPF, Latehar IED and corpse-trap incident, 2013.

[44] Chhattisgarh Police, Bijapur Bus Ambush Report, 2014.

[45] Ministry of Home Affairs, Civilian Casualties Due to Maoist Violence (2004–2014).

[46] South Asia Terrorism Portal, "Fatalities in Maoist Violence: Trend Analysis."

[47] Intelligence Bureau Assessments cited in Parliamentary Standing Committee Reports.

[48] Ministry of Home Affairs, Development Project Disruptions due to LWE, briefing papers.

[49] Planning Commission / NITI Aayog, Economic Cost of LWE, background studies.

[50] National Security Advisory Board, Internal Threat Perception Notes, cited in parliamentary debates.

[51] Ministry of Home Affairs, Internal Security Situation on the Eve of 2014, transition brief.

[52] CRPF Leadership Statements on morale and political backing, pre-2014.

[53] Institute for Defence Studies and Analyses, Political Will and Counterinsurgency Outcomes.

[54] Ministry of Home Affairs, Why Incrementalism Failed Against LWE, retrospective policy review.

अध्याय चार

Salwa Judum: A People's War Against Terror — And How UPA Let It Fall

[1] Ministry of Home Affairs, Government of India, Status Paper on Left Wing Extremism in Chhattisgarh, mid-2000s.

[2] South Asia Terrorism Portal (SATP), "CPI (Maoist) Operations in Bastar Division," https://www.satp.org

[3] Government of Chhattisgarh, District Administration Records for Dantewada, Bijapur and Sukma, 2000–2005.

[4] Ministry of Human Resource Development, Reports on School Closures and Disruptions in LWE-Affected Areas.

[5] Ministry of Health and Family Welfare, Field Reports on Health Worker Abductions in Bastar Region.

[6] Ministry of Home Affairs, Maoist Tactics: Targeting Development Infrastructure, internal briefs.

[7] Government of Chhattisgarh, Origins and Expansion of Salwa Judum, official background note, 2005.

[8] Mahendra Karma, Public Speeches and Interviews on Naxal Violence, 2004–2013.

[9] Election Commission of India, Records of Mahendra Karma's Electoral Career.

[10] Chhattisgarh Police, Threat Assessments and FIRs Relating to Maoist Attacks on Political Workers.

[11] Ministry of Home Affairs, Intelligence Briefings on Maoist "Jan Adalats" and Public Executions.

[12] National Human Rights Commission, Reports on Maoist Violence Against Tribal Civilians.

[13] Government of Chhattisgarh, Records on Salwa Judum Rallies and Camps, 2005–2007.

[14] Central Reserve Police Force, Field Reports on Community Intelligence During Salwa Judum Phase.

[15] Ministry of Home Affairs, Impact of Civilian Cooperation on Anti-Maoist Operations, internal assessment.

[16] Women and Child Development Department, Chhattisgarh, Reports on Forced Recruitment of Girls by Maoists.

[17] South Asia Terrorism Portal, "Bal Sangham and Child Cadres of CPI (Maoist) ."

[18] Ministry of Home Affairs, Psychological Warfare and Maoist Control Mechanisms, policy note.

[19] Amnesty International and Human Rights Watch, Reports on Salwa Judum, mid-2000s.

[20] Indian Express, Hindu, and other national dailies, Coverage of Alleged Human Rights Violations by Salwa Judum.

[21] Ministry of Home Affairs, Internal Reviews on Allegations Against Salwa Judum Participants.

[22] Government of India, Cabinet and Home Ministry Notes on Civilian Mobilisation in LWE Areas.

[23] Ministry of Home Affairs, Parliamentary Replies on Salwa Judum, Lok Sabha and Rajya Sabha Debates.

[24] Supreme Court of India, Nandini Sundar & Ors. v. State of Chhattisgarh (2011) 7 SCC 547.

[25] Justice B. Sudershan Reddy, Majority Opinion in Nandini Sundar judgment.

[26] Supreme Court of India, Observations on Special Police Officers (SPOs) in LWE Areas.

[27] Government of Chhattisgarh, Post-Judgment Reports on Closure of Salwa Judum Camps.

[28] Ministry of Home Affairs, Security Vacuum After Disbanding Salwa Judum, internal assessment.

[29] South Asia Terrorism Portal, "Resurgence of Maoist Violence in Bastar Post-2011."

[30] Ministry of Home Affairs, Intelligence Inputs on Maoist Retaliation Against Former Judum Supporters.

[31] Parliamentary Standing Committee on Home Affairs, Discussions on Salwa Judum Aftermath.

[32] Government of India, Decision Not to Seek Review of Nandini Sundar Judgment, Cabinet-level discussions (reported).

[33] Chhattisgarh Police, Threat Perception Reports on Mahendra Karma, 2011–2013.

[34] Ministry of Home Affairs, Maoist Communications and Hit-List Recoveries.

[35] Government of Chhattisgarh, Darbha Valley Ambush Report, May 25, 2013.

[36] Election Commission of India, Records of Assassinated Political Leaders in Darbha Valley.

[37] National Investigation Agency & State Police, Forensic and Operational Findings on Darbha Attack.

[38] Maoist Statements and Pamphlets Recovered Post-Darbha Ambush.

[39] Ministry of Home Affairs, Targeted Political Assassinations by CPI (Maoist) .

[40] Media and Police Documentation on Brutal Killing of Mahendra Karma.

[41] South Asia Terrorism Portal, "Fatalities in Darbha Valley Attack."

[42] Ministry of Home Affairs, Assessment on Collapse of Civilian Resistance After Karma's Death.

[43] Indian Express, Hindu and regional media reports on reactions to Karma's assassination.

[44] Statements by civil society groups and political commentators following Darbha killings.

[45] Election Commission of India, Notification on Vice-Presidential Candidates, 2025.

[46] Political analyses on Congress nomination of Justice B. Sudershan Reddy, national media.

[47] Ministry of Home Affairs, Legacy of Salwa Judum: Operational and Psychological Dimensions, retrospective note.

[48] Interviews of former Bastar police officers and administrators (reported).

[49] Ministry of Home Affairs, Evolution of Counter-Naxal Strategy Post-2013.

[50] Central Armed Police Forces, Lessons-Learnt Reports on Community Participation in Counterinsurgency.

[51] Institute for Defence Studies and Analyses (IDSA), Civilian Agency in Internal Security Conflicts.

[52] Comparative studies on Village Defence Committees in Jammu & Kashmir, MHA archives.

[53] Ministry of Home Affairs, Role of Civilian Cooperation in Defeating Insurgencies, policy papers.

[54] Government of Chhattisgarh, Records on Post-Judum Development and Security Stabilisation.

[55] National Security Advisory Board, Reflections on Salwa Judum in Internal Security Reviews.

[56] Ministry of Home Affairs, Psychological Dimensions of Counterinsurgency in Bastar.

[57] Parliamentary Debates on Salwa Judum, constitutional limits and security consequences.

[58] Oral histories and local documentation from Dantewada and Sukma districts (compiled by state authorities).

[59] Ministry of Tribal Affairs, Tribal Agency and Resistance Movements, background notes.

[60] Ministry of Home Affairs, Lessons from Salwa Judum for Future Counter-Extremism Policy, internal transition brief.

अध्याय पाँच

10 Steps of Home Minister Amit Shah to End Naxal Terror

[1] Ministry of Home Affairs, Government of India, Left Wing Extremism Division: Background and Fatality Data, https://www.mha.gov.in

[2] South Asia Terrorism Portal (SATP), "Fatalities in Maoist Violence since 2000," https://www.satp.org

[3] Ministry of Home Affairs, Annual Report (2013–14), sections on LWE-affected districts.

[4] Central Reserve Police Force, Dantewada (Chintalnar) After-Action Report, April 2010.

[5] Ministry of Railways and Ministry of Home Affairs, Jnaneswari Express Derailment Inquiry Report, 2010.

[6] Government of Chhattisgarh, Darbha Valley Ambush Report, May 25, 2013.

[7] Ministry of Home Affairs, Sukma Attack Briefing, April 2017.

[8] Maharashtra Police & MHA, Gadchiroli IED Blast Report, May 2019.

[9] Ministry of Home Affairs, District-wise LWE Trend Analysis (2009–2014).

[10] Ministry of Home Affairs, Security Preparedness and CRPF Modernisation, post-2014 reforms.

[11] Central Reserve Police Force, Expansion of CoBRA Battalions, internal deployment data.

[12] Ministry of Home Affairs, Violence Reduction Metrics in LWE Areas (2014–2019).

[13] Government of India, Gazette Notification, Appointment of Amit Shah as Union Home Minister, May 31, 2019.

[14] Ministry of Home Affairs, Abrogation of Article 370: Security Preparedness Note, August 2019.

[15] Parliament of India, Lok Sabha Debates, Speech by Home Minister Amit Shah on Article 370, August 5, 2019.

[16] Ministry of Home Affairs, Data on Preventive Detentions and OGW Neutralisation in J&K, 2019–2020.

[17] Government of Jammu & Kashmir, Stone-Pelting and Terror Incident Statistics, post-2019.

[18] Ministry of Home Affairs, Lessons from J&K Stabilisation for Internal Security, policy review.

[19] Home Minister Amit Shah, Internal Security Review Meetings (reported), 2019–2020.

[20] Ministry of Home Affairs, Statements on LWE during COVID-19 period, 2020–2021.

[21] Intelligence Bureau assessments on Maoist logistics disruption during lockdowns.

[22] Ministry of Home Affairs, Speech by HM Amit Shah in Chhattisgarh, March 2025.

[23] Rajya Sabha Proceedings, Statement on March 31, 2026 deadline for Naxal-free India.

[24] Ministry of Home Affairs, Unified Command Structure for LWE Operations, internal circulars.

[25] Multi-Agency Centre (MAC), Operational Integration Reports, post-2019.

[26] Ministry of Home Affairs, Inter-State Coordination Mechanism on LWE, meeting records.

[27] Ministry of Home Affairs, Security Related Expenditure (SRE) and Special Infrastructure Scheme (SIS) data.

[28] Ministry of Road Transport & Highways / CPWD / BRO, Road Construction in LWE Areas, progress reports.

[29] Ministry of Home Affairs, Ambush Reduction and Corridor Denial Metrics, 2020–2022.

[30] Intelligence Bureau, Maoist Mobility and Corridor Mapping, classified summaries cited in Parliament.

[31] Ministry of Home Affairs, Three-Stage Doctrine: Clear–Hold–Develop, operational directive.

[32] Central Reserve Police Force, Expansion and Training Records of CoBRA Units.

[33] Jungle Warfare Schools, Training Module Enhancements (Chittoor, Kanker, Kharagpur).

[34] Ministry of Home Affairs, Deployment of UAVs and ISR Assets in LWE Zones.

[35] Andhra Pradesh Police, Greyhounds Counter-Insurgency Model, background studies.

[36] Ministry of Home Affairs, Encounter and Neutralisation Data (2020–2024).

[37] Ministry of Home Affairs, Surrender and Defection Trends among CPI (Maoist) .

[38] National Intelligence Grid (NATGRID), Integration Status Reports (post-2019).

[39] Ministry of Home Affairs, Reward and Informant Protection Policy Updates.

[40] Intelligence Bureau and State Police, Joint HUMINT Breakthrough Reports.

[41] South Asia Terrorism Portal, Profile of Madvi Hidma and major attacks attributed to him.

[42] Ministry of Home Affairs, Official Briefing on Elimination of Madvi Hidma (reported).

[43] MHA, District Classification of LWE Severity, 2025 update.

[44] Ministry of Home Affairs, Operation Kagar: Operational Overview, internal briefings.

[45] Government of Chhattisgarh, Territorial Clearance Reports, Bastar Division.

[46] Ministry of Home Affairs, Data on Abujhmarh and North Bastar clearance.

[47] Chhattisgarh Police, Mass Surrender Events Documentation.

[48] Maharashtra Police, Gadchiroli Anti-Maoist Operations Summary, 2019–2025.

[49] Ministry of Home Affairs, Reduction of Red Corridor Geography, trend analysis.

[50] Ministry of Home Affairs, Revised Naxal Surrender-cum-Rehabilitation Policy, 2020.

[51] State Governments of Chhattisgarh, Odisha and Maharashtra, Surrender Rehabilitation Outcomes.

[52] Ministry of Home Affairs, Statements Rejecting Ceasefire-Based Negotiations with Maoists.

[53] Ministry of Home Affairs, Surrender Statistics Nationwide, 2019–2025.

[54] Ministry of Tribal Affairs, Rehabilitation and Livelihood Integration Reports.

[55] Ministry of Home Affairs, SAMADHAN Framework Documentation.

[56] Ministry of Road Transport & Highways, Road Construction in LWE Areas, cumulative data.

[57] Ministry of Health and Family Welfare, Health Infrastructure Expansion in LWE Districts.

[58] Ministry of Tribal Affairs, Eklavya Model Residential Schools Progress Reports.

[59] Ministry of Rural Development, SHG Expansion and Livelihood Missions in LWE Areas.

[60] Ministry of Power, Village Electrification Data in LWE Zones, 2024–25.

[61] Ministry of Home Affairs, Incentive Scheme for Naxal-Free Villages.

[62] Ministry of Home Affairs, HM Amit Shah's Field Visit Briefings (Bastar, Narayanpur, Bijapur).

[63] Government of India, Enhancement of Ex-Gratia for Martyred Security Personnel, 2024.

[64] Ministry of Home Affairs, Establishment of Forensic and Intelligence Facilities in LWE Zones.

[65] Maoist Surrender Events Reported during HM Shah's Bastar Visits, 2025.

[66] Ministry of Home Affairs, Leadership Decapitation Strategy, internal assessments.

[67] Intelligence Bureau, Reports on Collapse of CPI (Maoist) Central Committee.

[68] Ministry of Home Affairs, Raipur "Naxal-Mukt Bharat" Summit Proceedings, September 2025.

[69] Ministry of Home Affairs, Violence Reduction Metrics (2019–2025).

[70] Ministry of Finance & NITI Aayog, Investment Inflows into Former LWE Districts.

[71] Ministry of Home Affairs, Transition Brief: Towards a Naxal-Free India, 2026 outlook.

अध्याय छह

Operation Kagar — The Endgame Begins (March–November 2025)

[1] Ministry of Home Affairs, Government of India, Statement by Union Home Minister on Naxal-Free India by March 31, 2026, Internal Security Review Meeting, March 31, 2025.

[2] Rajya Sabha Secretariat, Proceedings and Statements on Left-Wing Extremism, Budget Session 2025.

[3] Ministry of Home Affairs, Historical Overview of Left-Wing Extremism, LWE Division.

[4] South Asia Terrorism Portal (SATP), "Timeline of Major Maoist Attacks in India," https://www.satp.org

[5] Central Reserve Police Force, Dantewada (Chintalnar) After-Action Report, April 2010.

[6] Government of Chhattisgarh, Bastar Division: Administrative Accessibility and Security Reports, 2000–2024.

[7] Ministry of Road Transport & Highways, Road Penetration Data in LWE Areas, 2019–2025.

[8] Ministry of Communications, Mobile Tower Expansion in LWE-Affected Districts, 2021–2025.

[9] Ministry of Home Affairs, Surrender-cum-Rehabilitation Policy Impact Assessment, 2024.

[10] Intelligence Bureau, CPI (Maoist) Leadership Attrition and Structural Weakening, internal assessment cited in Parliamentary Committees.

[11] Ministry of Home Affairs, Operation Kagar: Strategic Concept Note, classified briefings (reported).

[12] Multi-Agency Centre (MAC), Intelligence Integration Reports for LWE Operations, 2024–2025.

[13] Ministry of Home Affairs, Inter-State Unified Command Meeting Minutes, January–March 2025.

[14] National Technical Research Organisation (NTRO), UAV and ISR Deployment in LWE Zones, operational summaries.

[15] Central Armed Police Forces, Technology-Enabled Counter-Insurgency Operations, 2024–2025.

[16] Ministry of Home Affairs, Change in Operational Posture Post-March 2025 Declaration, internal note.

[17] Chhattisgarh Police, Karreguttalu Hills Operation Report, April–May 2025.

[18] Central Reserve Police Force & DRG, Joint After-Action Report, April 21–May 14, 2025.

[19] Ministry of Home Affairs, Seizure and Arms Recovery Data, Bastar Operations, 2025.

[20] South Bastar District Administration, Villager Outreach and Surrender Requests Post-Operations, May 2025.

[21] Ministry of Home Affairs, Encounter Statistics in Bastar Zone, April–May 2025.

[22] Chhattisgarh Police, Dantewada–Bijapur Axis Engagement Logs, April–May 2025.

[23] Intelligence Bureau, Intercept Analysis: Maoist Internal Communications, April–May 2025.

[24] Andhra Pradesh Police (Greyhounds), Operation Sankalp Field Report, May 7, 2025.

[25] Ministry of Home Affairs, Joint Operations with Greyhounds, CRPF and DRG, 2025.

[26] Government of Chhattisgarh, Gender Composition of CPI (Maoist) Cadres, operational findings.

[27] Ministry of Home Affairs, Zero-Fatality Engagements in High-Risk Zones, 2025.

[28] Ministry of Home Affairs, Abujhmarh Operational Mapping, pre-2025 classified assessments.

[29] CRPF & DRG, Abujhmarh Encounter After-Action Report, May 21–23, 2025.

[30] Intelligence Bureau, Confirmation of Neutralisation of Nambala Keshav Rao (Basavaraju), May 2025.

[31] South Asia Terrorism Portal, Profile of Nambala Keshav Rao (Basavaraju).

[32] Ministry of Home Affairs, Attribution Records of Dantewada (2010) and Jhiram Ghati (2013) Attacks.

[33] Ministry of Home Affairs, Monthly Fatality Matrix, May 2025.

[34] Ministry of Home Affairs, Psychological Impact Assessment of Leadership Losses, 2025.

[35] Ministry of Home Affairs, Post-May 2025 Maoist Collapse Indicators, internal review.

[36] Intelligence Bureau, Command Chain Fracture Analysis, June 2025.

[37] Ministry of Home Affairs, Shift from Kinetic Operations to Isolation Strategy, June–July 2025.

[38] State Police (Chhattisgarh), Surrender Records, Bijapur and Sukma, June 2025.

[39] Parliamentary Standing Committee on Home Affairs, Oral Evidence on Surrender Trends, 2025.

[40] Telangana Police, Damarathogu Forest Encounter Report, July 2025.

[41] Kerala Police, Arrest of Maoist Couriers, July 2025.

[42] Ministry of Rural Development, Restart of Infrastructure Projects in LWE Areas, July 2025.

[43] Intelligence Bureau, Early-Warning Indicators of Maoist Retaliation, August 2025.

[44] Ministry of Home Affairs, Surrender Statistics, June–August 2025.

[45] NTRO, Heat-Signature Mapping of Abujhmarh and Araku Valley, August 2025.

[46] Chhattisgarh Police, Narayanpur–Dantewada Tri-Junction Reconnaissance Reports.

[47] Ministry of Home Affairs, Decision Notes on September 2025 Operations.

[48] CRPF, STF & DRG, Joint After-Action Report, September 15, 2025 Encounter.

[49] Intelligence Bureau, Identification of Dandakaranya Special Zonal Committee Commanders.

[50] Andhra Pradesh Police, Araku Valley Political Assassination Case Files, September 2025.

[51] Greyhounds, Follow-Up Neutralisation Report, Araku Valley, September 2025.

[52] Ministry of Home Affairs, Red Corridor Contraction Map, September 2025.

[53] Ministry of Home Affairs, District Classification of LWE Severity, Q3 2025.

[54] Ministry of Home Affairs, October 2025 Border Clearance Operations, situation reports.

[55] CRPF & State Police, Dantewada–Narayanpur Joint Operation Report, October 4, 2025.

[56] Ministry of Home Affairs, Seizure of Maoist Tactical Documents, October 2025.

[57] Andhra Pradesh Police (Greyhounds), Chitrakonda Encounter Report, October 24, 2025.

[58] Ministry of Home Affairs, Loss of Maoist Fallback Zones, October 2025 assessment.

[59] Intelligence Bureau, Tracking of Madvi Hidma, pre-November 2025 briefings.

[60] South Asia Terrorism Portal, Profile of Madvi Hidma.

[61] Andhra Pradesh Police (Greyhounds), Maredumilli Encounter After-Action Report, November 18, 2025.

[62] Ministry of Home Affairs, Confirmation of Neutralisation of Madvi Hidma and Associates.

[63] Intelligence Bureau, Post-Hidma Collapse Analysis, November 2025.

[64] Chhattisgarh Police, Surrenders Following Hidma's Death, November 22–28, 2025.

[65] Ministry of Home Affairs, Urban Maoist Protest Activity Monitoring, November 2025.

[66] Ministry of Home Affairs, Final Maoist Presence Assessment, November 29, 2025.

[67] Ministry of Home Affairs, Countdown to March 31, 2026, internal transition brief.

[68] South Asia Terrorism Portal, Fatality Trends 2024–2025.

[69] Ministry of Home Affairs, Comparative Violence Reduction Metrics, 2019–2025.

[70] National Security Advisory Board, Endgame Phase of LWE Counter-Insurgency, strategic reflections.

अध्याय आठ

Urban Naxals – The White Collar Enabler and Sustainer of Orchestrated Anarchy

[1] Prime Minister's Office, Selected Speeches of Prime Minister Narendra Modi on Internal Security and National Unity, 2017–2025.

[2] Bharatiya Janata Party, Political Resolution on Left-Wing Extremism and Urban Sympathisers, National Executive Documents.

[3] Ministry of Home Affairs, Government of India, CPI (Maoist) : Urban Strategy and Over-Ground Networks, LWE Division briefing papers.

[4] Communist Party of India (Maoist), Urban Perspective, Party Document, 2004 (seized literature).

[5] Charu Majumdar, Historic Eight Documents, CPI (ML), late 1960s.

[6] South Asia Terrorism Portal (SATP), "Urban Networks of CPI (Maoist)," analytical dossiers.

[7] Vivek Agnihotri, Urban Naxals, Garuda Prakashan, 2017.

[8] Pune Police, Bhima Koregaon Investigation Status Reports, 2018–2019.

[9] National Investigation Agency (NIA), Charge Sheets in Bhima Koregaon Case, 2019–2023.

[10] Ministry of Home Affairs, Parliamentary Replies on Bhima Koregaon Investigations, Lok Sabha & Rajya Sabha.

[11] Prime Minister Narendra Modi, Public Rally Speeches, Gujarat (2017), Bhopal (2023), Kurukshetra (2024), Wardha (2024).

[12] Prime Minister Narendra Modi, Address to Parliament, Budget Session 2022.

[13] Prime Minister Narendra Modi, Ramnath Goenka Memorial Lecture, 2025.

[14] Prime Minister Narendra Modi, Republic Summit Address, 2025.

[15] Ministry of Home Affairs, Andolanjivi Phenomenon and Protest Economies, internal analysis.

[16] Intelligence Bureau, Narrative Warfare and Demoralisation Campaigns Against Security Forces, classified extracts cited in Standing Committees.

[17] Outlook Magazine, Arundhati Roy, "Mr Chidambaram's War," November 2009.

[18] Arundhati Roy, Walking with the Comrades, Outlook / Penguin India, 2011.

[19] The Guardian (UK), Interviews with Arundhati Roy following Dantewada attack, April 2010.

[20] Tehelka Magazine, Post-Dantewada Interviews and Commentary, 2010.

[21] Ministry of Home Affairs, Attribution Report on Dantewada (Chintalnar) Attack, April 2010.

[22] P. Chidambaram, Statements as Union Home Minister on Maoist Violence, 2010.

[23] Chhattisgarh High Court, Public Interest Litigation regarding glorification of Maoist violence, 2010.

[24] Supreme Court of India, Nandini Sundar & Ors. v. State of Chhattisgarh, (2011) 7 SCC 547.

[25] Ramachandra Guha, "Adivasis, Naxalites and Indian Democracy," Economic & Political Weekly, August 2007.

[26] Walter Fernandes, Displacement Studies cited in EPW and Planning Commission reports.

[27] Swarajya Magazine, "The Aestheticisation of Violence: How Ramachandra Guha Romanticised Naxalism," 2018.

[28] ThePrint, Interviews with Ramachandra Guha on Maoism, 2021.

[29] The Telegraph, Ramachandra Guha Columns and Interviews, 2023.

[30] Jean Drèze, "Maoism and the Indian State," Economic & Political Weekly, November 2010.

[31] Jean Drèze & Nandini Sundar, Fact-Finding Reports on Salwa Judum, 2006–2010.

[32] Supreme Court of India, Observations citing reports on Salwa Judum, 2011.

[33] Ministry of Home Affairs, Casualty Attribution in Dantewada (2010) and Sukma (2017) Attacks.

[34] Amit Bhaduri, "Development or Developmental Terrorism?" Economic & Political Weekly, 2007.

[35] Amit Bhaduri, Interviews in Tehelka, 2010.

[36] Pune Police, Sympathiser Network Analysis, seized documents cited in charge-sheets.

[37] Ministry of Home Affairs, Academic and Ideological Nodes Linked to LWE, internal briefings.

[38] Gautam Navlakha, Days of the Cage, Penguin India.

[39] Gautam Navlakha, Articles in Economic & Political Weekly, 2000–2011.

[40] Government of India, Records of Maoist-Proposed Peace Interlocutors, 2011.

[41] National Investigation Agency, Arrest Memo and Charge Sheet against Gautam Navlakha, 2019.

[42] Supreme Court of India, Bail Orders in Bhima Koregaon Case, 2022.

[43] National Investigation Agency, Pending Charges under UAPA against Gautam Navlakha, status as of December 2025.

[44] Raipur Sessions Court, State of Chhattisgarh v. Binayak Sen, Judgment, December 2010.

[45] Chhattisgarh Police, Prison Visit Records and Seizure Memos, 2005–2007.

[46] Amnesty International, Statements on Binayak Sen Case, 2010–2011.

[47] Supreme Court of India, Bail Order in Binayak Sen Case, April 2011.

[48] Chhattisgarh High Court, Pending Appeals in Binayak Sen Matter, status reports.

[49] Independent Citizens' Initiative, War in Central India, Fact-Finding Report, 2006.

[50] Supreme Court of India, Nandini Sundar Case, Orders on Disbanding SPOs and Salwa Judum, 2011.

[51] Ministry of Home Affairs, Post-Judgment Counter-Insurgency Doctrine Review, 2012.

[52] Chhattisgarh Government, Chhattisgarh Auxiliary Armed Police Force Act, 2011.

[53] Supreme Court of India, Closure Orders in Salwa Judum Contempt Proceedings, May 2025.

[54] Chhattisgarh Police, FIR No. ___/2016, Tongpal Police Station.

[55] National Human Rights Commission, Observations on FIR Against Nandini Sundar, 2017.

[56] Sukma Police, Closure Report and Withdrawal of Charges, February 2019.

[57] Ministry of Home Affairs, Urban–Rural Symbiosis in LWE, analytical note.

[58] South Asia Terrorism Portal, Civilian and Security Force Fatalities due to Maoism, 2000–2025.

[59] Parliamentary Standing Committee on Home Affairs, Reports on Ideological Ecosystems of LWE.

[60] National Security Advisory Board, Narrative Warfare and Internal Security, policy paper.

अध्याय नौ

When University Campuses Became Incubators of Marxist Anarchy

[1] Ministry of Home Affairs, Government of India, Status Paper on Left-Wing Extremism, annual reports 2010–2024.

[2] South Asia Terrorism Portal (SATP), District-wise LWE Affected Areas and Fatality Data, 2005–2024.

[3] Ministry of Home Affairs, Parliamentary Reply on Surrenders and Decline in LWE Violence, Lok Sabha, 2024.

[4] Intelligence Bureau, Urban Over-Ground Networks and Campus Radicalisation, internal assessments cited in Standing Committee proceedings.

[5] Prime Minister Manmohan Singh, Statement on LWE as India's "Greatest Internal Security Challenge," April 2010.

[6] Central Reserve Police Force, After-Action Report: Dantewada (Chintalnar) Ambush, April 6, 2010.

[7] Ministry of Home Affairs, Attribution Dossier on CPI (Maoist) Claim of Responsibility for Dantewada Attack.

[8] CPI (Maoist) , Press Statement on Dantewada Operation, April 2010 (seized and archived).

[9] Times Now, NDTV, CNN-IBN, Video Footage and Reports on JNU Meetings Following Dantewada, April 2010.

[10] Jawaharlal Nehru University Administration, Vice-Chancellor's Statement Condemning Campus Event, April 2010.

[11] The Hindu, Interview with Chhattisgarh DGP A.K. Singh on Campus Reactions to Dantewada, April 2010.

[12] Delhi Police, Medical and FIR Records on Violence Between Student Groups at JNU, April 2010.

[13] National Investigation Agency, Urban Courier Networks Linked to CPI (Maoist) , Case Briefs, 2011.

[14] University of Hyderabad & Jadavpur University, Campus Incident Reports on Maoist-Sympathy Posters and Events, 2010–2012.

[15] Jawaharlal Nehru University Students' Union Election Records, Affiliations of DSU, AISA and SFI.

[16] Ministry of Home Affairs, Arrest Data of Urban Sympathisers under UAPA, Parliamentary Reply, 2023.

[17] Delhi Police, Chargesheet in JNU Sedition Case, FIR No. 92/2016, filed 2019.

[18] Jawaharlal Nehru University, Internal High-Level Inquiry Committee Report on February 9, 2016 Incident.

[19] Patiala House Court, Proceedings Relating to JNU Sedition Case, 2016–2020.

[20] Delhi High Court, Observations on Video Evidence in JNU Case, 2017–2019.

[21] Government of India, Records on Afzal Guru and Maqbool Bhat Cases, Ministry of Home Affairs.

[22] Delhi Police Special Cell, Intelligence Inputs on CPI (Maoist) Urban Propaganda Cells, 2016.

[23] Ministry of Home Affairs, Financial Intelligence Inputs on Hawala Channels Linked to Maoist Urban Networks.

[24] Rahul Gandhi, Speech at Jawaharlal Nehru University, February 13, 2016.

[25] Rahul Gandhi, Twitter/X Posts on JNU Incident, February 2016.

[26] Bharatiya Janata Party, Statements by Amit Shah on JNU and Campus Radicalisation, 2016.

[27] Delhi Police, Complaint and Representations Alleging Political Abetment, February 2016.

[28] Election Commission of India, Bihar Assembly Election Results, 2020.

[29] Election Commission of India, Lok Sabha Election Results and Vote Share Data, 2019 & 2024.

[30] Carnegie Endowment for International Peace, Milan Vaishnav, Analysis on Congress and Urban Left Alignment.

[31] Ministry of Home Affairs, Citizenship Amendment Act (CAA) Explanatory Note, December 2019.

[32] Press Information Bureau, Clarifications on CAA and Impact on Indian Citizens, December 2019–January 2020.

[33] Delhi Police, FIRs and Situation Reports on Jamia Millia Islamia Violence, December 15, 2019.

[34] Delhi Police, FIRs and Investigation Reports on JNU Violence, January 5, 2020.

[35] Ministry of Home Affairs, Intelligence Inputs on Anti-CAA Mobilisation Networks.

[36] Fact-Checking Agencies (PIB Fact Check, Alt News), Documentation of False Claims on CAA.

[37] Delhi Police, Chargesheets in Delhi Riots-Related Cases, 2020–2023.

[38] Delhi Police, Arrest and Chargesheet of Sharjeel Imam, 2020.

[39] Delhi Police, Chargesheet Against Umar Khalid under UAPA, 2020.

[40] Ministry of Home Affairs, Parliamentary Replies on Anti-CAA Violence and Radical Mobilisation.

[41] University of Hyderabad Administration, Records Relating to Rohith Vemula Case, 2015–2016.

[42] Rohith Vemula Suicide Note, Public Record and Judicial References.

[43] Justice A.K. Roopanwal Commission Report, Rohith Vemula Case, 2017.

[44] Ministry of Human Resource Development, Parliamentary Reply on Rohith Vemula Case.

[45] Rahul Gandhi, Speech at University of Hyderabad, January 2016.

[46] Ambedkar Students' Association (ASA), Public Statements and Protest Literature, 2015–2016.

[47] Jawaharlal Nehru University & University of Hyderabad, Posters and Event Records Referencing Naxalbari and Maoist Leaders.

[48] Osmania University Police Records, Campus Disturbances and Maoist Iconography Displays, 2017–2020.

[49] Telangana Police, Intelligence Reports on Radical Cultural Events at Osmania University.

[50] Ministry of Home Affairs, Campus Radicalisation and Protest Manufacturing Models, internal analytical note.

[51] Delhi Police, Continuity Analysis Between Campus Protests and Anti-CAA Mobilisation.

[52] Ministry of Home Affairs, Review Note on Containment of Orchestrated Campus-Led Anarchy, 2020–2024.

अध्याय दस

MODI FOR TRIBALS

[1] Ministry of Home Affairs, Government of India, Status Paper on Left Wing Extremism, annual editions (2014–2024).

[2] Ministry of Home Affairs, Parliamentary Replies on LWE-affected districts, Lok Sabha and Rajya Sabha Debates (2014–2024).

[3] South Asia Terrorism Portal, Fatalities in Left Wing Extremism: India, cumulative data sets.

[4] Prime Minister's Office, Speeches of Prime Minister Narendra Modi on tribal development and LWE eradication, compiled addresses (2014–2025).

[5] Ministry of Tribal Affairs, Government of India, Annual Reports (2014–2024).

[6] NITI Aayog, Aspirational Districts Programme: Progress and Delta Rankings, official dashboards and assessment reports.

[7] United Nations Development Programme (UNDP) & NITI Aayog, Transformational Governance in Aspirational Districts, joint study.

[8] Ministry of Jal Shakti, Government of India, Swachh Bharat Mission (Gramin) Progress Reports.

[9] National Annual Rural Sanitation Survey (NARSS), Ministry of Jal Shakti (2017–2021).

[10] World Health Organization & UNICEF, Joint Monitoring Programme on Sanitation and Drinking Water, India country reports.

[11] Ministry of Jal Shakti, Jal Jeevan Mission: Rural Household Tap Connections, district-wise coverage reports.

[12] Comptroller and Auditor General of India, Performance Audit of Drinking Water Schemes, selected state audits.

[13] Ministry of Petroleum and Natural Gas, Government of India, Pradhan Mantri Ujjwala Yojana: Implementation and Coverage Reports.

[14] Indian Council of Medical Research (ICMR), Studies on Indoor Air Pollution and Biomass Fuel Usage in Tribal Areas.

[15] World Bank, Clean Cooking and Energy Transition in Rural India, sectoral assessments.

[16] Ministry of Health and Family Welfare, Government of India, Mission Indradhanush and Intensified Mission Indradhanush Reports.

[17] National Family Health Survey (NFHS-4 and NFHS-5), International Institute for Population Sciences.

[18] Ministry of Women and Child Development, Government of India, POSHAN Abhiyaan Monitoring Reports.

[19] Sample Registration System (SRS), Registrar General of India, Maternal and Infant Mortality Estimates.

[20] Ministry of Rural Development, Government of India, Pradhan Mantri Awas Yojana (Gramin) Progress Reports.

[21] Unique Identification Authority of India (UIDAI) and Ministry of Finance, Aadhaar and Financial Inclusion Data, Direct Benefit Transfer assessments.

[22] Election Commission of India, Electoral Participation Data from Tribal-Dominated Constituencies.

[23] Ministry of Tribal Affairs, Notification declaring Janjatiya Gaurav Divas (Birsa Munda Jayanti).

[24] Government of Jharkhand, Birsa Munda Museum Project Documentation, Ranchi.

[25] National Archives of India, Records on Santhal Hul (1855) and early tribal uprisings.

[26] Anthropological Survey of India, Tribal Resistance Movements in Colonial India.

[27] NCERT and Ministry of Education, Curriculum Revisions on Tribal Freedom Fighters, post-2020.

[28] Ministry of Home Affairs & NITI Aayog, Internal Notes on Development-Led Counter-Insurgency Strategy.

[29] RAND Corporation and World Bank studies on governance-based counter-insurgency models, comparative assessments.

[30] National Statistical Office (NSO), Periodic Labour Force Survey data for Scheduled Tribe populations.

[31] Ministry of Skill Development and Entrepreneurship, Tribal Skill Development and Livelihood Reports.

[32] Ministry of Health and Family Welfare, Reports on institutional deliveries and primary healthcare expansion in tribal districts.

[33] Planning Commission / NITI Aayog, Economic Cost of Left Wing Extremism, background policy papers.

[34] Prime Minister's Office, Addresses on Sabka Saath, Sabka Vikas with specific reference to tribal integration.

[35] Ministry of Tribal Affairs, Van Dhan Yojana and Livelihood Empowerment Reports.

[36] Ministry of Environment, Forest and Climate Change, Forest Rights Act Implementation Status Reports.

[37] Parliamentary Standing Committee on Social Justice and Empowerment, Reports on Tribal Welfare Schemes.

[38] National Council of Applied Economic Research (NCAER), Studies on welfare penetration in tribal districts.

[39] Intelligence Bureau assessments cited in Parliamentary Committee reports on decline of Maoist recruitment.

[40] Ministry of Home Affairs, Internal Security Situation in Tribal Areas, transition briefs (2014 vs post-2019).

अध्याय ग्यारह

FROM NAXAL DENS TO ECONOMIC POWERHOUSES – A New Dawn

[1] Ministry of Home Affairs, Government of India, Status Paper on Left Wing Extremism, annual editions (2014–2025).

[2] Ministry of Home Affairs, Parliamentary Replies on LWE violence, surrenders, and affected districts, Lok Sabha and Rajya Sabha Debates (2014–2025).

[3] South Asia Terrorism Portal, Left Wing Extremism: India Fatalities and Trend Analysis.

[4] Prime Minister's Office, Addresses of Prime Minister Narendra Modi on Bastar, Gadchiroli, and LWE-affected regions (2019–2025).

[5] Ministry of Home Affairs, Guidelines and Assessments on Surrender-cum-Rehabilitation Policies, Chhattisgarh and Maharashtra.

[6] Government of Chhattisgarh, Home Department, Surrendered Naxal Rehabilitation Data, Bastar Division.

[7] Government of Maharashtra, Home Department, Rehabilitation Policy for Surrendered Naxalites, Gadchiroli District.

[8] NITI Aayog, Aspirational Districts Programme: Framework, Delta Rankings, and Outcome Indicators.

[9] United Nations Development Programme (UNDP) & NITI Aayog, Transformational Governance in Aspirational Districts.

[10] Ministry of Road Transport and Highways & Ministry of Rural Development, Road Connectivity in LWE Areas, PMGSY and LWE Road Projects.

[11] Ministry of Railways, Government of India, New Rail Line Projects in Bastar Region, Dallirajhara–Jagdalpur Line.

[12] Ministry of Power, Government of India, DDUGJY and Saubhagya Electrification Reports for LWE-affected districts.

[13] Department of Telecommunications & Universal Service Obligation Fund (USOF), Mobile and Broadband Connectivity in LWE Areas.

[14] BharatNet Programme, Ministry of Communications, Rural Optical Fibre Coverage Reports.

[15] Government of Chhattisgarh, Amcho Bastar, Amcho Police Community Policing Programme Documentation.

[16] Government of Chhattisgarh, Niyad Nellanar Yojana (Model Village Development Scheme) Progress Reports.

[17] Ministry of Education, Government of India, Reopening and Expansion of Schools in LWE-Affected Areas.

[18] Ministry of Health and Family Welfare, Upgradation of District Hospitals and Medical Colleges in Tribal Areas.

[19] National Family Health Survey (NFHS-4 and NFHS-5), District-level Health Indicators for Bastar and Gadchiroli.

[20] Sample Registration System (SRS), Registrar General of India, Maternal and Child Mortality Estimates.

[21] National Mineral Development Corporation (NMDC), Annual Reports and Mining Expansion Projects in Bailadila Sector.

[22] Ministry of Steel, Government of India, Nagarnar Steel Plant Project Documentation.

[23] Government of Maharashtra, Industries Department, Industrial Investment Proposals in Gadchiroli District.

[24] Lloyds Metals and Energy Limited, Public Disclosures on Integrated Steel and Mining Projects in Gadchiroli.

[25] Ministry of Mines, Government of India, Auction and Exploration of Mineral Blocks in LWE Areas.

[26] Ministry of Tribal Affairs, Government of India, Van Dhan Yojana and Minor Forest Produce (MFP) Livelihood Reports.

[27] Tribal Cooperative Marketing Development Federation of India (TRIFED), TRIFOOD Processing Parks Documentation.

[28] Ministry of Environment, Forest and Climate Change, Forest and Non-Timber Forest Produce (NTFP) Utilisation Reports.

[29] Government of Maharashtra, Energy Department, Bamboo-Based Bio-Energy and Ethanol Policy Documents.

[30] Ministry of Petroleum and Natural Gas, National Bio-Ethanol Blending Programme Reports.

[31] Ministry of New and Renewable Energy, Biomass and Bio-Energy Projects in Tribal Districts.

[32] Ministry of Skill Development and Entrepreneurship, Skill Development Initiatives in Aspirational and LWE-Affected Districts.

[33] Ministry of Tribal Affairs & Ministry of Education, Eklavya Model Residential Schools (EMRS) Progress Reports.

[34] Election Commission of India, Voter Turnout Data from Tribal and Former LWE-Affected Districts.

[35] National Statistical Office (NSO), District Domestic Product and Per Capita Income Estimates.

[36] Planning Commission / NITI Aayog, Economic Cost of Left Wing Extremism and Developmental Lag, background policy papers.

[37] World Bank and RAND Corporation studies on Post-Conflict Economic Revival and Governance-Led Growth Models.

[38] Ministry of Home Affairs, Internal Security Transition Briefs: Pre-2014 vs Post-2019 LWE Scenario.

[39] Intelligence Bureau assessments cited in Parliamentary Standing Committee reports on decline in Maoist recruitment and influence.

[40] Prime Minister's Office, Statements and speeches outlining India @2047 and the role of Tier-3 cities and aspirational districts.

आभार

हम अपने प्रकाशक, मंजुल पब्लिशिंग हाउस और विकास रखेजा जी का दिल से धन्यवाद करते हैं और उनकी संपादकीय टीम के प्रबंध संपादक सुशांत झा और वरिष्ठ संपादक शिवानी खरे का भी, जिन्होंने इस पुस्तक पर हमारा भरोसा बनाए रखा और इसे रिकॉर्ड समय में पूरा करने में अपनी पूरी मेहनत लगाई।

साथ ही अपनी साहित्यिक एजेंट लिपिका भूषण का भी आभारी हूँ, जिन्होंने हर मुश्किल घड़ी में पूरी सक्रियता और कुशलता दिखाई। इस पुस्तक के लिए सुमित कौशिक का भी विशेष आभार है, जो पिछले कुछ वर्षों से कई प्रोजेक्ट्स पर अपना विचार और समय देते रहे हैं।

मैं (तुहिन सिन्हा) अपनी पत्नी कोरल और बेटे नीव के प्रति भी बेहद आभारी हूँ, जिनकी समझ और सहयोग ने मुझे अपनी राह पर बिना किसी रुकावट के चलने की आज़ादी दी। मैं अपने पाठकों के प्रति हमेशा ऋणी रहूँगा। 2006 से आपने हमारी किताबों और विषयों को विश्वास और उत्साह के साथ अपनाया, आपकी यह आत्मीयता मुझे सदैव प्रेरित करती है।

मैं (डॉ. अलोक कुमार द्विवेदी) अपने सह-लेखक और मार्गदर्शक श्री तुहिन सिन्हा जी का विशेष आभार प्रकट करना चाहता हूँ, जिनके आत्मिक भाव ने इस पुस्तक को मूर्त रूप में लाने की प्रेरणा दी। साथ ही, मैं अपने दादा-दादी, माता-पिता, चाचा, बड़ी बहन पूर्णिमा और छोटे भाई आशुतोष का

आभार व्यक्त करना चाहता हूँ, जिन्होंने इस कार्य को लेकर लगातार अपनी स्वीकृति और सहायता प्रदान की।

इस पुस्तक के लेखन में छत्तीसगढ़ भाजपा के प्रदेश उपाध्यक्ष और "अखिल भारतीय घर वापसी आंदोलन" के प्रमुख श्री प्रबल प्रताप सिंह जूदेव जी की महती प्रेरणा रही जिनका सम्पूर्ण जीवन आदिवासी संस्कृति को बचाने और सनातन की रक्षा हेतु कृत संकल्पित है। उनके साथ हुआ विमर्श इस विषय को आगे बढ़ाने में काफी सहयोगपूर्ण रहा।

अमेरिका में रह रहे प्रसिद्ध भारतीय वैज्ञानिक प्रो. बलराम सिंह जी का हृदय से आभार जिन्होंने वैचारिक रूप से एक वैश्विक दृष्टि विकसित करने में सदैव मदद की।

इस पुस्तक के लिए परमपिता रूप प्रणव का पुलकित भाव प्रेरित लक्ष्य रहा, जिसकी प्रेरणा से ही ऋतंभरा प्रज्ञा किसी महत्त्वपूर्ण कार्य के लिए प्रतिष्ठित होती है।

अंत में, प्रधानमंत्री नरेन्द्र मोदी और गृह मंत्री अमित शाह का आभार एवं धन्यवाद है, जिन्होंने भारत से नक्सलवाद को खत्म करने में अपनी दृढ़ राजनीतिक इच्छाशक्ति दिखाई। उनके नेतृत्व से अब उन क्षेत्रों में नई प्रगति और समृद्धि की उम्मीद है जो कभी नक्सल प्रभावित थे।